我对冬天的感觉／人与老鼠／说茶／吃饭／喜欢苏东坡／闲聊／择友／雅兴／上街看灯／女人的轮廓／我叫吴芒莱／一种人生／公公婆婆／家里的厨事／想想真可怕／牛仔之夜／抬杠／享受生病／免开尊口／夜半惊魂／和平日子的恐惧／一诺千金／看拍卖／家里的小动物／有关烟事／不妨发发少年狂／人格的力量无法抗拒／书生放牛

中华散文珍藏版

方方散文

人民文学出版社

图书在版编目（CIP）数据

方方散文/方方著. —北京：人民文学出版社，2015
（中华散文珍藏版）
ISBN 978-7-02-010943-2

Ⅰ.①方… Ⅱ.①方… Ⅲ.①散文集—中国—当代 Ⅳ.①I267

中国版本图书馆 CIP 数据核字（2015）第 093787 号

责任编辑 杜 丽
装帧设计 刘 静
责任印制 王景林

出版发行 人民文学出版社
社　　址 北京市朝内大街 166 号
邮政编码 100705
网　　址 http://www.rw-cn.com

印　　刷 北京市松源印刷有限公司
经　　销 全国新华书店等

字　　数 302 千字
开　　本 880 毫米×1230 毫米 1/32
印　　张 10.125 插页 3
印　　数 1—10000
版　　次 2016 年 4 月北京第 1 版
印　　次 2016 年 4 月第 1 次印刷

书　　号 978-7-02-010943-2
定　　价 32.00 元

作者像

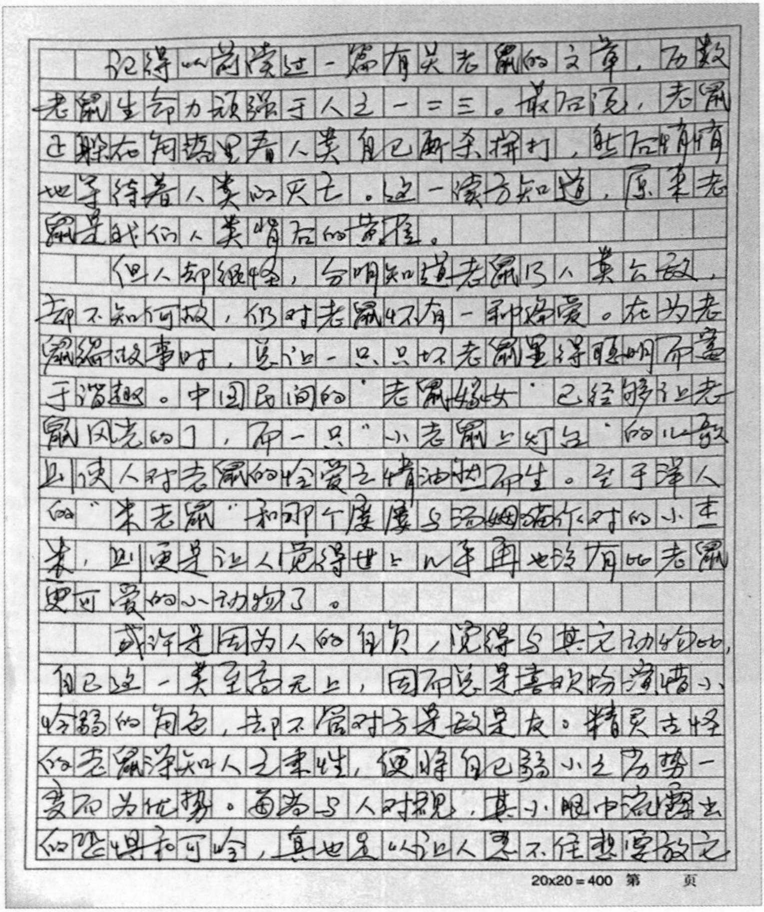

记得以前读过一篇有关老鼠的文章，历数老鼠生命力顽强于人之一二三。最后说，老鼠正躲在角落里看人类自己厮杀拼打，然后悄悄地等待着人类的灭亡。这一读方知道，原来老鼠是我们人类背后的黄雀。

但人都很怪，分明知道老鼠乃人类公敌，却不知何故，仍对老鼠怀有一种偏爱。在为老鼠编故事时，总让一只只小老鼠显得聪明而富于谐趣。中国民间的"老鼠嫁女"已经够让老鼠风光的了，而一只"小老鼠上灯台"的儿歌更使人对老鼠的怜爱之情油然而生。至于洋人的"米老鼠"和那个屡屡与汤姆猫作对的小杰米，则更是让人觉得世上几乎再也没有比老鼠更可爱的小动物了。

或许是因为人的自负，觉得与其它动物比，自己这一类至高无上，因而总是喜欢扮演慈悲、怜弱的角色，却不管对方是敌是友。精灵古怪的老鼠深知人之秉性，便将自己弱小之劣势一变而为优势。当面与人对视，其小眼中流露出的恐惧和可怜，真也足以让人忍不住想要放它

20x20=400 第 页

作者手迹

出 版 说 明

为了全面展示二十世纪以来中华散文的创作成就，我社于2005年4月编辑出版了“中华散文插图珍藏版系列”。到目前为止，已经出版了四辑五十位现当代文学大家的散文集，其目的是要将“五四”新文学革命以来近百年间的中华散文作一次全方位地展示和总结。为此，该系列书也成了“人文版”散文的标志性出版物，在作家、读者和图书市场中产生了极大的影响。

这套“中华散文珍藏版”是在此基础上的精选，其宗旨是进一步扩大散文的社会影响力，优中选优，精益求精，为读者，特别是为青年读者提供一套散文阅读范本。

人民文学出版社一直秉承读者至上、质量第一的出版原则，但愿这套书的出版，能为多元思潮中的人们洒下一捧甘霖。

人民文学出版社编辑部

目　录

日常随记

博客闲话

往事回首

文学闲话

我对冬天的感觉

许久前，一个朋友问我：你曾经单身一人在武汉过了好长一段日子，那时怎么没有想过去南方？朋友的话让我好一阵发怔。是呀，那时为什么就没想去深圳或珠海什么的呢？而但凡那时去了南方的人差不多也都发了财，偶尔相见时在我等面前摆出的阔气实在也有“羡煞我也”之感呀。只是想了好一会儿，才说出一个最没有出息的理由：不喜欢南方的气候，因为那边没有冬天。朋友听罢做哑然失笑状。我自是知道这不是个很好的理由，但细细一想，又何尝不是个理由呢？

我是个喜欢四季分明的人。不喜欢南方含糊不清的季节。尤其不喜欢南方漫长得无边际的温暖。这种温暖是一种浸透着潮湿意味的暖意。潮湿得让你觉得暧昧无处不在。南方城市对人的刺激，是来自灯红酒绿和玉盏催传，来自无顶级的豪华和无休止的欲望。它能让你的每一块肌肉绷起的同时也让它们彻底松懈，让你的每一根神经亢奋的同时也让它们彻底疲惫。它却没有一个刺骨的冬天来重新激活那些肌肉和神经，也没有冬季天然的苍凉提示人们在感官的疲惫中留有清醒。在那些永不消散的暖意中，与生俱来的敏锐和痛楚全都被融化了。这是我觉得甚为乏味的。

而我则一向对一年四季中的冬天有着格外的偏爱之情。我喜欢那种冰凉而湿润的风吹扑面颊和嘴唇的感受；也喜欢寒意索索地钻入骨髓，使走在街上的你蓦然间就有了一份唯我独醒的觉悟；还喜欢狂风夹着大雪在窗外呼啸而你却坐在熊熊的火炉边阅读一本好书的氛围；更喜欢在风雪交加的早晨独自躺在被子里，进行无边的遐想。

当大雪落下来的时候，大地一片白茫茫的。早晨、中午或者黄昏，你穿着厚厚的棉衣，拄杖踏雪而行。这时候你看到黑色的枯枝垫衬在灰白的天空里，硬朗而孤独。没有飞翔的鸟类，也没有为生命的消失或潜伏而开放的色彩。冬天就是如此这般地把它的纯洁和苍凉、轻盈和厚重、单调和庄严全部都展示在你的眼前。仿佛是让你从它的基调上来认识你的一生，让你在它的背景下升华你自己。这时候的天空或许会出太阳。虽然比起夏日的阳光，这太阳所释放的能量是太微太弱了，可是在天地一片寒冷中，它只要来到，便能使你接收到它的暖意。使你觉得它比任何时候更显得伟大。于是太阳因为冬天的缘故而在你心中拥有非常的地位。而这时候的土地或许会有坚韧的植物冒出一两片绿色。比起春天绿荫杨柳万千条的时候，这绿色简直只是万卷长文中的一个逗点，实在是不值一提。但是它的成活和绽放，令你觉得生命链的坚不可摧和生命力的蓬勃旺盛。于是你会对生命的意义有了全新的理解。所以，我有时觉得冬天是一个人的思想和理性发育的季节。

有一年的冬天，我在冰天雪地的日子里去了南方。我在那里待了近一个月之久。由此错过了寒冷。回来后，总觉得有一种怅然若失感在心头萦绕不去，仿佛期待着什么，却什么也没有到来。及至第二年，第一场大雪下下来的时候，快乐立即就冲击而来。终于我明白自己去年期待的就是这场雪。

我不喜欢没有风雪的冬天。如果整整一个冬天都是暖洋洋过来的，那么我便会感到冬天不仅背叛了它自己，也背叛了我们这些热爱它的人，并由此而感到万般失落。

人与老鼠

记得很早以前读过一篇有关老鼠的文章，历数老鼠生命力顽强于人之一二三，最后说，老鼠正躲在角落里看人类自己厮杀拼打，然后悄悄地等待着人类的灭亡。这一读方知道，原来老鼠是我们人类背后的黄雀。

但人却很怪，分明知道老鼠乃人类公敌，却不知何故，仍对老鼠怀有一种偏爱。在为老鼠编故事时，总让一只只坏老鼠显得聪明而富于谐趣。中国民间的“老鼠嫁女”已经够让老鼠风光的了，而一只“小老鼠上灯台”的儿歌则使人对老鼠的怜爱之情油然而生。至于洋人的“米老鼠”和那个屡屡与汤姆猫作对的小杰瑞，则更是让人觉得世上几乎再也没有比老鼠更可爱的小动物了。

或许是因为人的自负，觉得与其他动物比，自己这一类至高无上，因而总是喜欢扮演惜小怜弱的角色，却不管对方是敌是友。精灵古怪的老鼠深知人之秉性，便将自己弱小之劣势一变而为优势。每当与人对视，其小眼中流露出的恐惧和可怜，真也足以让人忍不住想要放它一马，这正是老鼠聪明过人之处也。

记得我原先住在电视台集体宿舍时，因是一楼，潮湿而阴暗，故而成为老鼠的天堂，人鼠同室便是自然。半夜里，常能听到老鼠东捣捣西抓抓以及啃咬木头的声音，那时的我们便唱：“这一带常有鬼出没往返……”这是京剧样板戏《智取威虎山》中的唱段。倘在夏天，稍一下雨，水便趁势进屋，住在下面的老鼠纷然上窜，满床满桌地跑。因鼠而发出的尖叫，是雨水天里我们宿舍的主响。最可怖的是一掀被子，里面慌慌张张地逃出一只鼠来，那一瞬足令人魂飞魄散。

据说全世界的女人都怕老鼠。有一个卡通片，说有一个女妖怪，如何如何地法力无边，谁都拿她没办法。后来一个小孩子想了个主意，抓了一只老鼠，往女妖怪面前一放，女妖怪以及众女妖都吓得屁滚尿流，完败于鼠。我们宿舍住有四五个女孩子，长期与鼠共处。看了这个动画片，大家都笑，世界上最大胆的女人都在这儿，因为我们与鼠同居。

话虽是这么笑说，但老鼠毕竟可恶，所以终是有一天，我们一致决定灭鼠。不知是谁弄来了老鼠夹子。老鼠太多，而且万没料到会有同室操戈之灾，所以它们完全无视置于室内捕捉它的机关，仍像以往一样大摇大摆地出出入入，见有好吃的便上。这使得我们的老鼠夹子几乎不得空闲，一会儿便夹上一个。每一只被夹的老鼠都会发出一阵大受惊吓的吱吱声，可怜巴巴的一副神情望着我们。几乎就动摇我们猎杀它们的决心。原本大家都咬牙切齿地打算抓一只便用火烧死一只，被那目光所动，便下不了手。最后，选用了稍温和一点的手段，用水淹死它们。有过这样的捕捉行动后，老鼠收敛了它以往的嚣张，而我们却因为老鼠那副哀伤欲绝的表情，也容忍了它们的存在。

不过最有趣的老鼠与人的故事是听我父亲说的。父亲说有一回他们下工地，一帮工程师都住在工地一间破仓库里。屋角有一桶米。一天晚上，米桶里发出窸窸窣窣的声音。一听便知是老鼠。他们每天吃的饭都出自这米桶，既不能让老鼠掠夺，也不能让米桶里尽是鼠屎。于是他们决定把老鼠弄出来。可是怎么才能把老鼠弄出来呢？有人说，把老鼠打死。但立刻有人反对，说老鼠死在了米桶里该有多恶心。又有人说，放水淹死老鼠。反对声又起：那缸里的米不都给泡了？还有人说：用被子把缸捂住，里面没有空气，老鼠便会闷死。反对的人更多，米里有只死老鼠，那米又怎能吃？本来一些工程师已经都睡觉了，为了这只老鼠，便都爬起来参加了讨论。一说："把缸整体覆过来，让米把它压死。"反驳是："废话，压得死吗？"一说："干脆把缸盖打开，我们把缸包围，它往外一跑我们就把它打死。"又有反驳："老鼠那么小，一个缝就钻走了，我们包围得了吗？"一说："弄点老鼠药，叫它一吃就死。"反驳便更加激烈："想制造投毒案呀？老鼠药都是毒药，沾在米上，人吃了不也一样死？"

老鼠却满不在乎人们的讨论，依然在缸里簌簌地跑来跑去。一屋人讨论进行了大半夜，也没个结果，只好作罢。第二天一早，一个炊事员前来打米做饭。大家一听见他进来，便都醒来。一个个屏住气，看他怎么处理这只老鼠。炊事员打开米桶一看，见有一只鼠，便关盖出门。只一会儿，他拿着一根火钳再次进入，掀开桶盖，信手一夹，便将老鼠夹了出来。全过程利索得只几秒钟，令一群工程师目瞪口呆。

我父亲说时哈哈大笑，然后说他们事后为此而作的结论是：秀才遇到鼠，脑子不清楚。

说　茶

喝茶在中国，实在是有着太久远的历史。为此围绕一个"茶"字，足可以出一套系列丛书。

一个"茶"字，可以写一部文化史。喝茶素有俗饮及雅品之分。俗饮乃在大众场合，多聚而饮之。最初或许只是类似路边凉棚，供人解解渴而已。南北旅人同坐一桌，饮茶时不免东西南北中地闲谈，其间或许谈成一笔生意，又或许谈成一门亲事，再又或将东一丁西一点的事凑合谈成一个完整不过的民间故事。久之老板便晓得饮茶既如此有助谈兴，莫如再建造得舒服些，令其舒服着长谈。长谈便得多饮，多饮自是可多赚。那么发财便不是个梦想。南方有茶，北方也有茶。南北方的老板都会如是盘算，为此茶馆茶楼茶亭茶院纷然而起，舒服程度强似路边凉棚百倍。不仅吸引来往旅人，当地居民亦风靡而至。人们在此或小憩或长坐，或约会或巧遇。清茶一杯，指点江山，高谈阔论，天下事便尽在一壶茶中。间或有人前来弹琴唱曲敲鼓说书，中国历史加民间传说便与氤氲茶香融为一体，代代相传。既有了茶馆茶楼茶亭茶院，就得有人为之设计与建筑。如此，就又有建筑艺术添新篇章。雅品则可分为两种，一为文人骚客聚而饮之，饮时必写诗唱和，共笔作画，一闲对百忙，真风雅不过；另一为独人独马，独处一地，独饮一壶。择清幽地，就地汲水煮茗。水必活水，茶必好叶，茶具亦必上等品位，讲质讲色讲形。倘条件具备，背靠碧绿之山，面对清澈之水，一张竹几，一块石凳，且有几枝竹或菊相伴左右。茶煮在炉上，水火相战，如听松涛；斟入杯中，清芬扑鼻。喝茶喝到这地步，也算进入佳境了。如此一来，就又有了茶具的高度讲究。陶器及瓷器便于饮茶雅品中情不自禁地从造型到用色，从胎质到烧制都精致起来。

一个“茶”字也可以写一部外交史。远说一千多年前，日本最澄禅师在浙江天台山留学，返回时将中国茶籽带了回去，便有了中国茶的第一次走出国门。以后又有茶籽到印度、英国、斯里兰卡、马来西亚、印度尼西亚………这里可以举出一连串拗口的国名。不仅茶籽出国门，亦有直接弄茶树而去的。更有将制茶巧匠设法控为自己的雇员。十九世纪中叶以前，世界茶叶市场为中国独霸。新中国成立后，中国则主动派出技术人员前往几内亚呀，摩洛哥呀等地进行指导帮助种茶。如今世界产茶量首户是印度。将这些过程以及过程中发生的所有故事都写出来，一部外交史也就写得差不多了。

一个“茶”字又可以写一部诗史。诗史可为两部分：一是诗人为茶而作的诗；二是诗人因茶事而作的诗及与茶有关的诗人故事。关于茶，诗人实在是写得太多了。西汉扬雄《蜀都赋》中曰“百华投春，隆隐芬芳。蔓茗荧郁，翠紫青黄”，尽写茶之色味；唐人韦应物之咏茶诗“洁性不可污，为饮涤尘烦。此物信灵味，本自出山原”，则道出茶之本质。“正如酣醉后，醒酒却需茶”，此为明人王阳明所写；“自汲淞江桥下水，垂虹亭上试新茶”，为宋人杨万里所写；“蜀茶寄到但惊新，渭水煎来始觉珍”，乃唐人白居易所作。又如陆游写“村女卖秋茶，怀茶就井煎”。此类诗作如一一举例出来，我的文章又如何能写得完？泡茶对茶叶讲究这是无疑的。除了茶，便是讲究水了。能使茶汤鲜爽度最好的水实为泉水。我国的泉少说也有十万处。泉和泉的质量自是大不相同。于是好品茶者便依泉水之泡茶好坏排出先后名次。泉一出名，便成风景。如杭州虎跑泉，北京玉泉，又如济南趵突泉，无锡惠泉、苏州观音泉等等，等等。一成风景，便又令无数诗人墨客雅兴发作，诗作亦如泉水汩汩而出，历史也因之浪漫了许多。说到浪漫，诗人还真是浪漫。据传李清照当年与其夫赵明诚常在饭后，坐在自家的“归来堂”里，一边烹茶一边翻书打赌考记忆，输者罚饮茶数杯。这是何等有趣的生活，诗人之情操及生活之格调实在让人羡慕不已。一部诗史照如此脉络展开来是不是已经很为丰富了？

“茶”字还可以写一部禅史。茶道与禅有许多精神是相通的。茶道讲究和、敬、清、寂，而禅又如何不是？“茶”还可以写一部应酬史，而今个个机关、企业、公司年年都要举办茶话会，贫者仅只一杯清茶，富者茶外尚有红包，全国几十个省，多如牛毛的机关企业公司，茶话的方式千奇百怪。想要就此著上一书，还真不知从何处落笔。

茶茶茶，人说宁可一日无油盐，不可一日无茶饮。如此这般，茶话又怎是这一篇文章说得完的？

吃饭

明人袁宏道在谈到人生五大快活时说，其中一大快活是为“目极世间之色，耳极世间之声，身极世间之安，口极世间之谭”。谭即谈也。这使我觉得古人对精神上的需求、也就是对畅谈的需要超过了对口味上的需要。这实在很了不起，因为换了今人，他很可能将口谈之需要写为“口极世间之味”。否则我们就很难解释全中国三步一岗、五步一哨的饭馆里如何有着那么多前去光顾的食客。

下饭馆聚众吃饭，是现行中国人生活中很重要的一件事。因为诸多的事情公事公办都是死路一条，而在酒意蒙眬间、腹犹果圆时，却可以做成一切做不成的事。大事小事皆同一理，官人百姓都一个样。于是吃吃喝喝自然而成为风气。既成风气，必是得到众人的认同，这一来也就难说如此这般对或不对，因为人人都不能免俗，便不如听其自然好了。

当然，今人在尽享世间之口味之时，也是要尽兴一谈的。同什么人吃饭，谈话的内容和谈话的气氛也大不一样。近年中，有三顿饭给我留下很深的印象。一次是一帮干部子弟请朋友吃饭，我因也算个熟人，便连带着也请了。饭间，这些或多或少也都有点要职的子弟们在指点江山、遥想当年之风光后，便纷然希望在座人到了一定年龄都能找好一个退路，以便坐在一个最佳位置上。甲的位置可使他们走到哪里皆有人管饭，乙的位置可使他们病老之时提供最好的医疗条件，丙的位置可使子女将来有得依靠，诸如此类。事业是什么？就是大家相互提携，相互照应，既有钱也有权。如此，人生的一切便都有了。谈话始终充满轻松而愉快的调子。一顿饭下来，大家都红光满面十分尽兴。我在一边没话可说，因为这个世界是他们的，与我无关。

隔不几日，又一朋友请北京几个著名的经济学家吃饭，让我作陪。几乎是同一地点，饭间的气氛与头几日却全然不同。这些学者们一直围绕着国家的经济形势谈个没完。话题涉及着遍地开花似的腐败，以及采取如何有力措施可以反腐败，以及世纪交替之年中国呈现如何的局面，等等。他们见多识广，所有谈话的内容都很沉重很宏大。谈及深处，一个个皆忧心忡忡，无视于桌上的酒菜，仿佛国家振兴全都是他们肩上的责任，忧国忧民之心溢于言表。让无力插言的我大为震动，一顿饭吃得很是压抑。

又一次，我的二哥由东北来武汉出差。我便也随俗，请二哥到饭馆吃一顿饭，并让大哥和我先生作陪。大哥、二哥和我先生三人都在大学里教书，清贫成习惯，自然极少到饭馆里去消费。即使我口口声声说用稿费请客，他们仍然也只挑着便宜的菜肴点上桌来。这三人全是学理工科的出身，大学毕业后就没有离开过校园，难免书生气十足。恰我二哥和我先生都刚获悉自己的科研项目拿到了“国家自然科学基金”，于是这顿饭几乎叫他们开成了学术讨论会。他们谈得眉飞色舞，引用一些对我来说完全陌生的词语和概念。那种对科学的热情、对学术的执着以及对酒菜的淡泊，令人觉得这些书生们整个地与我们这个讲究现实的社会隔绝着。纵然自己一个月才几百元的工资，过着勉强养家糊口的生活，却依然全身心地投入那些枯燥、烦琐而艰难的研究。并且兴致勃勃，对科学的未来持一副浪漫情怀。

这三顿饭，让我吃出许多感慨，觉得人和人真是太不相同了。

1982年，大学毕业分到电视台一个月

在大学时专门为照相所拍

喜欢苏东坡

很多年前，大约我还是一个初中生。有一年学校组织学农劳动，这是我们那个时代的中学生必不可少的课程，我们就去了黄州。

在劳动间隙中，语文老师建议我们去四十里外的东坡赤壁看看，然后稍稍为我们介绍了一下苏东坡。那时我们虽已上了中学，可当时的教科书里并没有古代诗文，所以我们中大部分人都并不知道苏东坡其人其事。我因父亲同我讲过苏小妹的故事，总算也还知道苏小妹的哥哥就是叫的这个名字。

当时的黄州赤壁远没有现在这样花团锦簇，就好像是一个废墟，一片荒凉。浩浩长江从醉仙亭下流过（我前两年去时，在东坡赤壁已看不太见长江了，醉仙亭下是一个人工小湖），语文老师在“二赋堂”前为我们讲解前后赤壁赋；在《念奴娇·赤壁怀古》的碑文前为我们朗诵“大江东去，浪淘尽，千古风流人物……”，老师讲得很有激情，大约也是压抑了许久，这给一直阅读“文革”散文的我带来了很大的震惊。

劳动结束一回家，便从父亲那里要了关于苏东坡的诗文一一读来。从此也算是对中国古代的一个诗人略有所知了。因为有了这样一层原因，每读苏子诗文就觉得比别的诗人更为亲切，亲切得就仿佛是自己老早认识的一个熟人。而当自己的书读得更深一点的时候，当自己对中国文化了解得更多一点的时候，当自己的阅历也更丰富一些的时候，就越发觉得自己少年时期认识的苏东坡尤其地让我喜欢，也越发觉得天下文人再没有比苏东坡更伟大更潇洒更可爱的了，无论为文还是为人。

中华几千年的文明史中，名标青史的文人多如牛毛，被后人格外喜欢的诗人亦不计其数。但往往诗文作得好的，可人并不可爱；人品相当不错的，诗文却不过尔尔。而像苏东坡这样诗文书画和人品道德都趋于完美、都富于魅力者实在也是凤毛麟角。所以，我总觉得自从有了苏东坡后，除去李白之外的其他中国文人都在他的光照对比下显得黯然失色。

喜欢苏东坡当然最先是由他的诗文开始。对于苏子诗文，用什么样的溢美之词都不觉得有过。在中国，如若游历名山名水，如若中秋月下饮酒，人们往往会情不自禁地提到苏东坡，仿佛离了苏东坡，山、水、月、酒都会大为逊色。历史上最具文化意义的山是庐山，将庐山写得最有意味的诗是苏东坡（不识庐山真面目，只缘身在此山中）；最具文化意义的水是西湖，将西湖写得最为传神的诗也是苏东坡（若将西湖比西子，浓妆淡抹总相宜）；而中秋，自有了苏东坡大醉而作的“明月几时有？把酒问青天”后，其他便都“馀词尽废”。无论苏东坡是在思亲，或在怀旧，无论他自品孤傲，或自作潇洒，无论他心情畅快，或心情苦闷，总而言之，但凡他有所作，其作品都几乎可列入同类作品的“之最”。当年神宗陛下每逢“举箸不食”时，人们就知道他必是在读苏东坡的文章；学者章元弼家有美妻，可因太爱苏子诗文，每日读之不肯放手，其妻难以忍受，章便为苏而休了妻。一个人的才华到了这种地步，实在是让人除却佩服和仰慕，再无话说。

苏东坡之让无数的后人崇敬和偏爱，除了他的才华盖世，还因为他的既智慧又仁厚、既旷达又幽默、既儒雅又豪放、既富于正义又富于情感的天性所致。他的性格色彩层次丰富，太具魅力，人们不由自主地为他倾倒。他的人生经历也算是够坎坷的了。因为太才华出众而一生受小人陷害:坐牢于京城,遭贬于黄州,远放于惠州,浪迹于天涯,最后还上了个“元祐党人碑”,累及子女。观其一生,其实他并没有过多少太平宁静的日子,然而他也并没有因了这些而整日里蓬头垢面哀哀切切,见人便“痛诉革命家史”。困惑虽有过,烦恼也有过,但这些到底也还是如同烟去,从他悟性非凡的心里只作穿行而从不停滞。他依然我行我素地热爱着生活,乐观着人生,使他的天才横溢一生:他一戏墨,就创立了中国文人画;他一写字,就有着惊世的书法流芳千年;他一好吃,就传出“东坡肉”、“东坡饼”诸类佳肴;他一穿戴,就使“东坡帽”、“东坡屐”民间长存;他一说笑,就让和尚成为名僧;……如此等等,仿佛只要苏东坡稍一动弹,就会留下一道浓重的文化色彩。一个人能活到如此地步,那该是件多么有趣的事。中国的文化倘若将苏东坡连根须带枝蔓地挖取出来,我相信整个中国文化史都会因之而失重。正是有了苏东坡的存在,有了他的生活态度和人生精神的存在,才让我们后人真正见识到什么叫作天才诗人,什么叫作大家气度。

我喜欢苏东坡有些入迷,甚至听不得别人不喜欢苏东坡。如有听之,便一定是红下脸来,意欲一争高低。这种态度,使得朋友不由询问:如果你同苏东坡活在同一时代,你是不是会嫁给他?只要苏东坡肯娶我的话,回答自然是肯定的。他们不知道,能成为世上第一个阅读苏东坡诗文的人、能一天到晚听到苏东坡谈笑风生的人该是怎样的幸福!

闲 聊

闲聊是一种最为放松的对话方式。对于那些喜欢正襟危坐,严肃着面孔,高谈阔论天下大事、五洲四海南极北极皆装胸中的人显然不宜。那样的人适宜做伟人。还对于那些表情不算严正,但只要开口,内容却都是你来我往,非常具体实际的人也不宜。这样的人适宜做商人。我们在屏幕上见过诸多的伟人和商人,看着他们东边会议西边接见或是南边招商北边谈判。每天重大的新闻几乎全由他们占领,全然可见他们的辛劳。一个人一旦辛劳了,他何尝还有时间或者心情歪躺在沙发上抽着香烟同一帮狐朋狗友闲着聊天呢。面对这样的人你跟他说闲聊是人生的对话方式之一种,是何等何等令人感觉舒服之类,他不嗤你一鼻子那只能算你运气。在他们心里你这等闲下来不看报学习或不设法赚钱的人还不就跟游手好闲之二流子一样?!

闲聊也是一种最放松的消闲方式。有人一旦闲了,便忙忙地呼朋唤友,要么围坐一桌打麻将,一打一个通宵,呵欠连天,眼内遍布红丝。本是为了消闲,却不料反倒比不闲时更累。还有人永不厌烦出入于歌厅舞蹈厅以及卡拉 OK 包房,将歌舞升平填满自己所有空洞着的日子,假以情意缠绵的乐曲把平淡无味枯燥不过的生活点缀得有如蜜糖浸泡。虽说不至累人,但却代价太大。若你对他说最好的消闲方式莫如聊天,一定也会遭到他顽强的攻击。他会谴责你在浪费生命,作践青春,不懂得人活着就该享受生活。在他们心里,你自然又成了迂腐保守、泥古不化的呆子。

作为对话方式，闲聊是平等的，最可让人处在天然的状态下进行。聊者此时的思路四处逛荡，毫无拘泥。上天入地，老婆孩子，宇宙太空，豆腐白菜，念头转到哪里言语便可到哪里。真要探讨点问题，也可胡说八道。斩钉截铁可以，似是而非也可以；仰头问天可以，愤然不服亦是可以。大可不必拿出纹丝不能动摇的结论。闲聊完全可以只有过程没有结论，它给人享受的也更在过程而非结论。喜欢闲聊的人都知道，在轻松的谈笑间，在有意无意之中，常常能获取价值无边的新知。

作为消闲方式，闲聊又显示出了一种雅致和节俭。当你和你的朋友（一个或是两三个，不可太多，但一定是朋友）相聚时，当一杯咖啡或一杯新茶散发着清香的气息或当一缕青烟在眼前由浓至淡时，当你们或斜靠皮椅或半卧沙发或席而坐地时，你们的话题便如清香如青烟随意动荡。边上或有音乐，于是你们便聊黑鸭子、成方圆、卡朋特什么的，还谈那支到处传唱的《大中国》歌中一句“家里盘着两条龙”的词给人感觉上的威胁和难受。电视机也许也正开着，它多半播着一部拙劣的国产电视剧，但也可能是国际新闻，你们的话题便有可能从国内到国际。或关于爱情或关于波黑战争甚至谈阿拉法特如果穿上西装会是什么样子。当然孩子和文学也都是少不了要多谈几句的。总之这时的你们，身边任何一件事都可以让你们的话题转变内容。在如此的闲聊中，享受的是交谈的形式，而交谈的内容却被悄悄地淡化掉了。

显然，列出上述种种，充分表明我自己是一个喜欢闲聊的人。因为有此爱好，文中便有近乎强词之嫌。同时也因我曾在报纸上开过一个“闲聊斋”的栏目，很自然地我也有点“爱斋主义”，故大谈闲聊之妙。只是有一句话无论如何都得说：如果聊天不是择闲而聊，而是不加选择时间地点地聊个没完，且渗透在一切行为之中

(比方非闲时——工作时间也聊),那么如此聊天便是一种可怕的“病态”,这病很是误国误民,铲除它我半点意见也没有。

择友

每个人都有自己的朋友，因此每个人都有自己择友的方式。有些人一见面即可称兄道弟；有的人上了酒桌几杯酒下肚，酒友亦都为朋友；亦有人同身边人皆反目为仇，朋友却全都是远距离的；还有的人彼此相交几十年后方在某日顿然觉悟：某某才是我的朋友呀。

对于朋友的定位，不同的人亦有不同的标准：有些人将朋友的名单定在名人或官人的范围内，有的人却只要拍自己马屁的便以朋友相待，还有的人秉持对我有用即朋友的原则，当然亦有人将朋友标准定得老高，严格到只有才学、品行、家世及相貌均为一流方可引以为友。在这个世界上，择友的方式和标准虽不尽相同，但每个人都有着自己充分的理由和思路。

因为职业缘故，我认识的人也算满多。但严格地说来我的朋友却非常有数。我不属于那种见面一次即可称对方为朋友的人。有些人同我素无交往，偶遇一次，便将我划入他的朋友圈子。虽然我表面上不说什么，但心里却绝不认这个账。我知道对于我来说他只不过是我的一个熟人而已。熟人和朋友是不可相提并论的。

我的朋友多是同我有过一段自然交往的时间。我们在交往中相互了解了对方的性格和品行，彼此欣赏和认同对方，不算太短的时间使得我们相处熟稔得大可以放松自己，于是而引以为友。在我来说，缺少这样一个时间过程，纵然认识了，可是知之不深，彼此内心依然陌生，相距依然很远，又如何算得了是朋友？至于地位多高、名声多大抑或家庭背景、学问高低等等外在条件，都不是我选择朋友的重要参考系数。重要的是交往时间和在这时间中的融洽与默契的程度。缺少了这个条件，无论如何的好人，都只是熟人而已。同朋友说话可以不设防，为朋友可以两肋插刀，看朋友可以不辞辛苦，有大事可以同朋友商量，有难处可以找朋友讨主意，苦闷不过时，也可以一股脑地倒与朋友；而对熟人，这些却都不一定。

相当多的人交朋友喜欢交那些距自己生活圈比较远的人，所谓贵远贱近。因为彼此完全不存在利益上的冲突，于是可以无话不谈。至于双方是否真正了解、性格是否真正投合倒很次要。这是一种很普遍也很浅薄的择友方式。这样的朋友我很怀疑是否真能经得起考验，因为在这样远距离的交往中几乎没有考验的机会。一旦有事，朋友反目大约也是在所难免的了。其实对于一个无法与身边的同事或同学相处、也从不同他们交朋友的人，我也很难认同。因为这样的人，多半将自己的利益看得比什么都重，重到了但凡有可能与自家利益相冲突，无论谁对谁错，都引以为仇。利益成了衡量朋友的标准，而作为交友中最重要的人格、品德以及性格的投合与否倒成了无所谓的事。这样的人若引我为其友我也是断断不敢做的。

我倒是更喜欢同身边朝夕相处的人做朋友。我从工厂到大学，又从大学到电视台到作家协会，总有几个十分铁杆的朋友。这样的朋友，你进他家门，肚子饿了可以找他要吃的，口渴了自己寻最好的茶叶泡茶，你忙得没空时，将孩子放在他家里任由他管，为什么问题你可以同他吵个天翻地覆，但中午又会在一起喝酒……反之也一样。因为相处时间长久，知之颇深，长短处优缺点皆了然于心，说起话来砍头去尾亦知其意，熟稔和亲密得可略去小节，如此交往真是舒服得很。

当然还有一种朋友是属于“神交”的。日常既无多少往来，见面亦无多少话讲，但却彼此心心相印，共同认可和欣赏。如此朋友，纯是享受精神快乐，少了些人间气息，另当别论。

雅　兴

我对中国古典文学一直怀有特别的兴趣。无论朋友们怎么将西方作品谈论个天花乱坠，我还是觉得只有捧起一本中国的老书才更能使我产生读兴。其原因主要是因为我非常喜欢中国古典文学所表现出来的那种惊人优雅。这种雅不是刻意地做出来的，更不是暴发户式的以典雅做包装，而是来自几千年的文明浸入骨髓式的炮制，是经过几千年时间的优胜劣汰后凝聚而成。正是因有这种深厚的文化为其底蕴，中国古典式的优雅在文人笔下才能成为一种自然而然的流露。无论我们读诗、读经、读史赋、读词曲、读杂剧、读笔记、读小说、读尺牍、读文论诸如此类，让人最能强烈感受到的便是它文质彬彬气，读时能产生把自己读成一个纯粹文人的感觉。

正因为中国古书多优雅，故而我觉得在此书堆上成长起来的中国老派文人的行为方式也颇有雅致。这种雅致一直渗入到他们的吃喝玩乐之中。常见书中写老式的文人，但逢相聚，便对酒吟诗，联句填词，泚笔挥就，所谓雅人深致，令今天的我们唯有羡慕和向往。

前不久读上海三联书店出版的《名人画像》一书，其中读到程千帆先生一篇写黄侃先生的纪念文章。程先生说当年黄侃先生在南京任教时，“颇有文酒登临之乐”。每逢春秋佳日，便与当时中央、金陵两大学中文系的先生们，集会一起，登高赋诗。程先生手边至今还保存着一件珍贵的文物，那便是一九二九年，黄侃邀陈伯弢、王伯沆、胡翔冬、胡小石、汪辟疆（我的伯祖父啊！）、王晓湘六位先生在鸡鸣寺豁蒙楼所写的《豁蒙楼联句》的手迹。这七位先生集会之中，兴起而作诗，一时竟无纸笔，当下便找鸡鸣寺和尚讨得一支破笔，在两张长条毛边纸上写下自作诗句，每人四句，联成一诗，并摘出自己名字中一字，署其后。于是该诗便为："蒙蔽久难豁（弢），风日寒愈美（沆）。隔年袖底湖（翔），近日城畔寺（侃）。筛廊落山影（辟），压酒潋波理（石）。霜林已齐髡（晓），冰花倏撷绮（弢）。旁眺时开屏（沆），烂嚼一伸纸（翔）。人间急换世（侃），高遁谢隐几（辟）。履屯情则泰（石），风变乱方治（晓）。南鸿飞鸣嗷（弢），汉腊岁月驶（沆）。易暴吾安放（翔），乘流今欲止（侃）。且尽尊前欢（辟），复探柱下旨（石）。群履异少年（晓），楼堞空往纪（弢）。浮眉挹晴翠（沆），接叶带霜紫（翔）。钟山龙已堕（侃），埭口鸡仍起（辟）。哀乐亦可齐（石），联吟动清泚（晓）。"

这一手稿先由黄侃先生的传人黄焯先生保存。一九六四年，黄焯先生将之送给了程先生夫人沈祖棻先生，并为此手稿专作一"跋"。而今这七位先生连同黄焯和沈祖棻先生均已作古，而他们当年的雅兴却因用一支和尚破笔写在毛边纸上的联句流传了下来。让人们回想他们当年的雅事时，好不有趣。

联句亦属游戏，是雅人雅兴的游戏。可这种游戏却需要扎实的文学功底和广博的学问，是今天浮光掠影地看看书评或读得只言片语便发表言论的我们所无法一仿的。所以今天的我们但有聚会，却多是有兴无雅。基本也同老板、同官人、同市民、同打工者以及同一切聚会的老百姓一样，不是吃吃喝喝，便是跳舞唱歌，人人卡拉 OK 一番，相互痞脸调侃几句，间或讲些色情故事、民间笑话以及社会新闻以及文坛是非，诸如此类，把本该有些雅气的文人聚会全都通俗化了，没有半点的东西可值回味，可值留念。虽只是小事，可往往也让人由此叹想我们这一代人的肤浅和粗俗。

一个人失去了尊严怎么办

在“文化大革命”的中后期，我们房子旁边的墙根下盖了一间平房。房子十分狭小简陋，冬天极寒夏天极热，许叔叔和许婶婶就搬进了那里。他们没有孩子，房子勉强可住。每天上午，许叔叔便拖着一辆垃圾车，摇着一支铜铃，开始在宿舍扫地和收集垃圾。他和许婶婶负责着我们整个宿舍的清洁卫生。印象中许叔叔的蓝外套已经发白了，上面打着些补丁。他常常面无表情，很少与人讲话，更不曾见他笑过，仿佛他只知道做事，其他一切都再与他无关。

然而我知道，曾经很英武很洒脱也很热情的许叔叔是我父亲所在单位的工程师。比起我父亲这些人，他要年轻得多。正是因为年轻，青春洋溢，置身于一个老牌知识分子成堆的地方，便很容易地成为火热运动中的激进分子。隐约听说许叔叔似乎还做过一个群众组织的小头目。只是，人们都说他站错了队。在那样一个年代，何为对何为错，我们到现在也弄不清楚，但是许叔叔却因了这个缘故，被人从舒适的办公室中赶了出来，成为宿舍大院里每天垂眉低头缄默而不语的清洁工。他的旧日同事或天天与他擦肩而过，或提着垃圾桶去他的身边倒一桶垃圾。虽然彼此间都不说什么，没有白眼也没有讽刺，但对于许叔叔来说，那仍然是无比难堪的场景，是个根本没有自尊的时刻。一个人这样活着，需要怎样坚强的意志才能撑得下去呢？屈辱地活着并不是件容易的事。

比许叔叔脆弱或者说比许叔叔更自尊的是他的亲哥哥许伯伯。许伯伯也是工程师，他的资格自然比许叔叔更老一些，他的地位也要高于许叔叔很多。许伯伯一家在我们宿舍非常受人尊敬。因为许妈妈是一个待人格外亲切的老师，还因为他们家所有的小孩全都是大学生。这样的家庭在当时并不多见。许伯伯和许叔叔两兄弟住在同一宿舍区，当许叔叔每天拖着垃圾车沉重地从许伯伯家门口走过时，许伯伯心里将会有着什么样的感受呢？是伤痛？还是无奈？这一点只有许伯伯自己知道。

"文革"对于许伯伯这样的人，自然也不会轻易放过。有一天，许伯伯亦被关了起来。那时候我毕竟年龄还小，并不知道为什么关他，记得的只是有很多人都关在办公楼的地下室。那地方阴暗潮湿，不见天日。人在其中，与囚犯无二。自由与尊严都一并被人剥夺。许伯伯当然也在其间。与其他人不同的是，许伯伯以自己生命为代价进行了反抗。一时间宿舍里遍传许伯伯畏罪自杀的消息。说许伯伯被关前就把刀片放在帽子里，带了进去，然后割脉自杀。许伯伯割的是哪个部位，我吓得连问也没敢问。所幸许伯伯并没有因此而丧生，他被人及时发现，送到了机关医院。经过抢救，他活了过来。对于许妈妈和儿女们，这自是件天大的幸事。但对于决意去死的许伯伯自己呢？很难说是不是好事了。

有一天，我从医院门口过，偶然地看到那里贴着许妈妈率儿女们写的感谢信。感谢党感谢领导感谢医院救了许伯伯。看时心里竟有一种十分异样的感觉。那张贴在墙上的红纸感谢信便久久地留在了我的记忆里。许多年后，我又一次从那医院门口过，脑子里还浮出感谢信的样子。突然间，我就想，不知道当时的许伯伯是不是也怀有这样的感谢，不知道许妈妈写这份感谢信时心里又是怀着怎样的伤痛和酸楚。

我父亲说，一个人最怕被剥夺的不是财富不是地位不是身份甚至连家庭都不是，而是他的尊严。把这个丧失掉了，他活着的意义又会是什么呢？我并不认为我父亲这话说得多么对，但我却记住了它，同时也记住了许叔叔没有表情的面孔和贴在医院门口那张大红色的感谢信。

为什么你的脸上满是忧伤

一九六六年，我父亲的单位贴出了一张告示，公布了一批必须退出“富余”住房者的名单。我父亲的名字也在其中。其实那时我家住房连厨房、走廊带卫生间加起来也不过六十平方米，一家男女居住并不宽敞，但告示已出，想不退房也不行。所以，只好退了。退房后，何伯伯一家就搬到了我们隔壁，与我家门挨着门，共用厨房和厕所，就像现在的团结户一样。

刚搬来时，何伯伯并不在家。只有何妈妈和他家的小儿子何承志住在这里。因为都在同一单位，所以我们很快就知道：何伯伯是勘测处的“现行反革命”加“历史反革命”分子，早已下放到外业队。记得乍听这消息时，我大大地吃了一惊。

何家有六个儿女，其中两个在新疆，另外三个也都没住在家。何妈妈是个很风趣的人，喜欢读书，又很会烧菜，两家人虽然一起共用厨房厕所，却相处得非常融洽。他们家儿女回来没有地方住时，便到我家来挤；而我母亲有时外出就让我在何家吃饭。两家人从来都没有发生过冲突，真有一种亲如一家的味道。但“文革”期间何伯伯却是很少很少回家。何家人中，我最后见到的人就是他。只是从我第一次见到何伯伯起，就觉得何伯伯脸上始终有一种淡淡的哀容。

邻居做久了，我渐渐地了解到何伯伯一生的经历。这是很让一个旁观者觉得惨痛不已的经历。何伯伯上个世纪三十年代毕业于北京大学，学的是地质，曾经是李四光的学生。后来成为地质工程师。因要修建三峡，被作为高级人才专门请来武汉工作。我见过何伯伯年轻时的照片，英俊潇洒，并且脸上颇有几分傲气，与我后来认识的何伯伯在气质上有着天壤之别。大约在五十年代末，残酷的政治运动，使何伯伯从他一生的高峰中一直跌到低谷，谁也没有弄清他到底是什么原因被弄成这样。他被下放到勘测外业队，从此便在那里的伙房里烧火做饭，一直到“文革”结束，他才退休回家。

退休后的何伯伯，沉默寡言，在很长的时间里，见什么人都客客气气，点头哈腰，就连我们这些小孩子，倘若相遇，他也是忙不迭地让路。无论旁人说什么，他都会温和地附和，仿佛已成习惯。在我成人后，一想起当年何伯伯的样子，就觉得“改造”这两个字实在是可怕。因为何妈妈身体不好，何伯伯承担了所有的家务事情，煮饭买菜倒垃圾，他什么事都会做。除了他温文尔雅的说话外，你从他其他方面很难想象得到他当年曾经是中国最著名学府的毕业生，更难想到他曾是一个颇有建树的高级工程师。

但更惨痛的事情并没有结束。何妈妈在何伯伯退休没多久便一病而逝。因了何伯伯的问题而负气去了新疆的何家二哥也接着病故。二哥的死，何伯伯哭得非常伤心。因为二哥是何家非常出色的一个儿子。他长得很帅，多才多艺，学习又好，却因了何伯伯的问题，他没能上成大学，一气之下，去了新疆。哭泣时的何伯伯一定是把儿子的早逝归咎到自己的身上。这或许是何伯伯一生伤痛中之最痛。

以后，何伯伯就同小儿子住在一起。帮他做家务和带孩子。不知什么时候起，何伯伯开始写书。那一定是他当年就想要写的学术论著。他每天在做完家务之后，便趴在桌前不停地写呀写的。有时还跑到远远的图书馆查找资料。一天又一天，一年又一年，在极其艰难的条件下，何伯伯仍然坚持著书不停，真所谓耗尽心血。有一天，何伯伯终于把书写完，可是…可是……又有哪家出版社会出版这样一本书呢？

何伯伯终于因病住进了医院。那时我已搬家，很难同何伯伯见一次面。住院期间，何伯伯很想见我，他的小儿子便专门给我打了个电话。于是我急急忙忙地赶去医院。那天何伯伯精神很好，但他已经不能说什么话了。见到我，他的脸上露出一点点笑容，但只一会儿，便又回他以前满是忧伤的表情。这是在很多年里我看熟悉的表情。那副表情令人难以忘怀，也令我不停地自问：是什么原因使一个有才华的知识分子一生充满痛苦和悲伤呢？究竟有什么了不得的事情，非要让一个人付出他一生的生命来作为代价呢？

何伯伯用心血写成的那本书，像何伯伯的命运一样悲哀：它无声无息地躺在某个角落里，恐怕永无出版之日。

善良一生难道就会真有善报?

花伯伯家同我家是世交。这个交情一直能追溯到我母亲上中学的时候。花伯伯的妻子静湘阿姨是我母亲二姐的同学。当我母亲去九江一所名为“儒励”的教会学校读书时,母亲的二姐便将母亲托付给了静湘阿姨。这大约是六十年前的事情。自此后,我母亲同静湘阿姨的友谊一直延续着,直到母亲去世。因为静湘阿姨的缘故,多少年来,花家对于我家来说,就如同一门亲戚。

在我见过的人中,再也没有比花伯伯脾气更好的人了。我几乎从来就没有见他生过气。他哪怕跟最不讲道理的人或最顽劣的小孩说话也都是笑意满面,轻言细语。尤其对小孩,不论哪家的,在花伯伯眼里,都是自己的孩子。他在他们中间,脸上总会由衷地露出欢喜之情,然后从口袋里摸出一把糖来。记得上个世纪六十年代末,花伯伯带我上街,我难得一次出门,出去了便满街乱窜,花伯伯便跟在我后面在人群里跑来跑去,不阻止我也不批评我,仿佛遂了我的意也是他最大的乐趣。这件事给了我极深的印象,当时甚至想到要是大人都像花伯伯这样多好呵。花伯伯对小孩的热爱,不分任何等级,也没有任何止境。或许是因为花伯伯信教的缘故。

花伯伯曾经在日本学医,回国后就当了医生。抗战期间,我父母在昆明时,花家也在那里。花伯伯开了一家诊所,常常有些穷苦的病人看病没钱,花伯伯便不收费。这且不说,还经常地把自己口袋里的钱拿出来让病人拿去买药。我母亲常说,花伯伯这个人心肠最好了。

我家和花家有着不解的缘分。我父母离开昆明后,几经周折,搬到了南京,而花家竟也去到南京;尔后,我父亲又因工作调动来了武汉,此时的花家亦在我家之前先行迁来了武汉。两家大人坐在一起时,就常常奇怪,说是职业又不相同,事先也没约好,怎么一走就走到了一起?并且竟一连走了三座城市,也不晓得是什么缘故。在武汉几十年中,花家几乎是我家唯一可以走动的亲戚——尽管两家并未有血缘之亲。

但在一九五七年,善良的好脾气的花伯伯竟被打成"右派"。从此花家便生活在阴影之中。花伯伯被打"右派"的原因,疑是因为花伯伯喜欢写一些普及卫生常识的小文章。如果说这一类的小文章也能对国家造成伤害,可真是让当今人笑掉大牙。然而花伯伯却因了它们断送了自己的一生:他再也没有当医生的资格了。他的生活内容只剩下了"改造"。"改造"这两个字,对于中国知识分子,有着一言难尽内涵。在这只庞大的"改造"大军里,花伯伯同大家一样,只能低头认罪,唯命是从。

二十世纪六十年代末,花伯伯被安排在医院负责里挂号。这样的事虽然不应该由花伯伯这样的人来做,但被改造过的花伯伯竟也没有半句怨言。他带着他永远的笑容和谦和,很敬业很认真地做这份简单得不必有任何医学知识即可以做的工作。认真得让你觉得这个人怎么就这么天真呢?等到七十年代,花伯伯终于等来了平反的一天,但他却已经老了。而且很快就得了病。所有他应该得到的东西比方房子,都因了这"老"而不再有他的一份。老而病弱的花伯伯在床上躺了七年,一家人就始终住在两间很小很小的房子里,用着公共的厨房和公共厕所,很痛苦也很无奈。

我最后一次见到花伯伯时,他已经不能开口说话。那是我在

1985年，与《人民文学》杂志编辑向前在湘西

我当工人时代

一次出差的前夕。正是那天，我离开后几分钟，花伯伯便离世而去。当我出差回来再去花家时，却只看到花伯伯的一份遗嘱。遗嘱上写着要把自己的尸体给医院留作解剖用，还写着，他的丧葬费和抚恤金不必发了，请用那些钱买些点糖果给幼儿园的小孩子们吃。读着那样的遗嘱，我心里有些难过，也有些茫然，我想像花伯伯这样的人，他对他生活的这个世界是怀着怎样的一副慈悲情怀呢？为什么生活那样恶对于他，他却永远以善来回敬生活？

中国有句老话，叫作“善有善报”。我曾经对这句话深怀敬意。然而，当我看到了花伯伯的善良一生却又坎坷的一生的经历，便觉得生活给我们的感受与书本给我们的道理，相距十分遥远。甚至有时会狠狠地想，人一生总是善良是不是就合适？

上街看灯

年代似乎是隔得太远了，说给小孩子们听就好像是在说一个十分悠远的故事。面对着一双双惊异地不可理喻的目光，告诉他们，我们儿时曾经有过的莫大快乐就只不过上街看灯时，他们人人都会大笑出声，觉得你们真是老土呀。是呀，同现在这些通过旅行、通过电视、通过电脑，什么都见识过的小孩比，我们的童年真的是很土很土。在今天小孩子的心目中，街上的各类彩灯早已看熟了眼，仿佛已经不是一道风景，而是一个理所当然的存在。天天都有，时时可见。并且满街满房满树都是灯火灿然，想要不看都不行。然而，我们做小孩子时，那些璀璨的灯光却只在年节时分偶然地闪现在我们的眼边，日常生活中则只是一个梦幻。

我家住在一个叫“刘家庙”的机关宿舍里，四周均是农民的菜地，最近的电车站离我们那里也得走二十多分钟。每逢年节，没有电视亦没有什么可玩之地，我和我的小哥哥便有一种寂寞难挨的感觉，常常吵闹，想要出门去玩。不知是哪一年，母亲终于作出决定，带我们上街看灯。

印象中头一次上街看灯时我还没有上小学。而我的小哥哥也只是一个刚进校门的小学生。母亲一手牵一个，沿着一家仓库的高墙走向大路。这是一段非常黑的小路，路边的菜地中还有两座坟包。当时的治安很好，妇女儿童走夜路从未有恐惧感。母亲一路走一路为我们讲故事，在有星光的夜空下，那些故事被晚风吹拂得又神秘又动人。那时候楼房很少，我们要经过一所技校，一家空军医院，才能到我们看灯最重要的一站：父亲单位的科学院大楼。技校的灯只是用普通的灯泡将大门上的铁架围了一个圈，而空军医院的灯却更为简单，简单得配不上它所拥有的那座气派的大门。记得我们经常讨论：空军为什么不会把灯弄得好看一点？这样他们在天上开飞机时也可以看得清楚一点呀？讨论自然是没有结果的。而我父亲单位的科学院大楼却从来都不让我们失望。大楼其实只在四五层高，房形像一个“山”字，灰色的墙面，是远近最豪华的大楼。它的灯挂从屋顶一直垂下来，呈“人”字形。小灯是尖椒模样，红黄蓝绿交错置放。记得我小哥哥第一次见这灯时，便惊呼道：“啊，好多小辣椒呀。”他这一声叫喊，成为我家永远的笑柄，每次上街看灯都要被大人们翻出来笑上一通。站在科学院的大楼台阶上，我们拍起手来高唱：红灯绿灯，爹爹婆婆下农村。

汉口的江汉饭店一般来说是我们看灯的终点。而我们拐弯抹角地步行至此，已经耗去近两个钟头的时间。江汉饭店的灯串虽没有科学院大楼的气派，但它们却闪闪烁烁着不断变幻，给人以缤纷之感。我和小哥哥总是要反反复复地数着它闪烁的次数，不断为一些莫名其妙的数字欢呼，而那一刻的母亲，便满带着笑意望着我们。

看灯回到家，多已是很晚很晚，人亦累得够呛。但自从有了第一次后，我们年年都盼望着这个日子。而我们看灯的队伍也年年壮大。先是我的二哥加入，后来又有邻家小孩尾随，再后来，连我父亲也兴致勃勃地跟着我们去了一次。一直到“文革”，不知从哪一年起，突然大家就没有了兴致，同时街上也突然就没有了灯。

其实现在想想在那样的夜晚，被母亲牵着手，走上很远的路，有时还顶着风，去到远处的街上看灯，真的就有一种说不出的情绪在此刻的心中涌动。只不过是一种普通的电灯而已，却给少年的我们带去了那样多的快乐，那是一种怎样简洁的生活和单纯的兴意呢？但它留在心中的韵味却是这样的绵长。只要在日历上看到那日子，仿佛想都不用想，少年时代的灯便和母亲的笑意一起在心里亮了起来。

女人的轮廓

一　女人抽烟

虽说戒烟的宣传愈来愈多，甚至专门有人写书称吸烟为“第五种威胁”（前四种是战争、饥荒、瘟疫、污染），但是抽烟的人数依然未见递减。一个朋友调侃说：我这辈子什么都没学会，就只学会了抽烟，你还让我戒掉，是不是太残酷了？另一个朋友则分析得出：抽烟和不抽烟相比，平均寿命只短三天。为这三天而不抽烟，未免不值。大约正是有了这样一些言之凿凿的理论出现，才使得人们不顾医生劝阻，仍将抽烟当作人生的享受。

武汉市这两年曾发布过两个禁令：一是禁止在城里放鞭炮。此令一下，全民立即执行，贯彻落实得漂漂亮亮。另一个便是禁止在公共场所吸烟。及至今天，这令也没法执行下去。大约因为管事的人，比方警察也想抽烟，比方主持会议的人也是烟主，大家抽，乐得他也抽，又何乐而不为？如此便管不胜管。就拿我所在的《今日名流》杂志社来说，社长主编副主编加起来一共五人，三女二男，不抽烟的只有我一个。开起会来，他们四人互相递烟你来我往的，煞是亲热。只一会儿，屋里空气便发青了。想要说有令禁烟，肯定只会遭来攻击。倘要投票决定许不许会上抽烟，“敌”多我寡，四比一，我必然落得惨败。为此也只能罢了罢了。只是在自家连连咳嗽时勤跑点医院，照照肺部，以免不小心叫他们熏出癌细胞来。

有趣的是现在女性抽烟者也越来越多了。老早以前，如果我们看到一个女人抽烟，便会觉得她像个女特务，而现在完全是另一种感觉。我认识许多抽烟的女性，那几乎都是些十分自信而又有点儿本事的人。拿我们杂志社来说，两个极其能干的女性副主编，分别毕业于武大和北大的中文系，估计毕业没多久就加入了抽烟一族。坐在编辑部里看稿时，青烟从她们头顶上一股一股地往外冒，真正是让人觉得学问高深。因为此故，我一旦看到别的女人抽烟，便条件反射似的生出肃然敬意，心说这人定是了不得的。

因为工作之需，我常和我编辑部年轻的副主编楚风女士一道外出办事。她便是北大毕业很能抽烟的那一个。楚风的一手文章写得很是棒的，内容深刻而文字又轻灵，可谓才女。我们所要办的事多是同一些陌生人并且多是陌生的男人商谈。因不同性别，不便婆婆妈妈，再又彼此不熟，故难免会谈气氛生硬。稍不小心，就无话可说。我没什么调节气氛的本事，一见无话可说了，心里就干急。有楚风在场时便不同了。一般来讲，她身上是从不带烟的。谈着话时，对方男士自己抽烟，顺带客气地问我们可要。我不抽烟自是在对方意料之中，而楚风却伸手要接下，倒是让递烟的男士感到意外。一见女士也抽烟，必然就来劲了，又是递烟又是点火，双方对着抽上几口，议论一下国烟和洋烟的差别以及一天抽多少之类，气氛立即就松快下来。楚风便成了主角。我心安理得地退居二线，喝着茶听他们对谈，只在关键地方偶尔地插几句嘴，很是惬意。在这种氛围下，要办的事多半是办得成的。男士们面对女士十之八九要显示风度，为此经常在我们告辞时，对方都会塞两盒烟给楚风，更阔绰者甚至当即要手下人去买两条烟送上，令楚风乐不可支。为此我常同楚风叹说：女人抽烟可真有它妙不可言之处呀。

但我丈夫却常说：你要抽烟就别回家！不知道那些好给女士

拿烟的男士们对自己老婆是否也如此这般地说。

二 女人看球

我相信女人比男人多拥有一份爱国主义精神，比方看球，女人多喜欢看自己国家的球队打球，尤其是自己国家的球队多半会赢时，女人们的干劲就更加大得多。前些年，中国女排何等风光，那时全中国的女人差不多人人都谈排球，对女排队员姓甚名谁家住哪里有没有男朋友都了如指掌，一说起来便如数家珍。电视机前欢呼雀跃的几乎都是女人，以致许多男人都产生逆反心理：哼，排球这种雕虫小技有什么好看的？后来中国女排水平不行了，总是输来输去的，女人们的兴致也减了去，渐渐地也不晓得女排队员究竟是些什么人。

女人们对乒乓球也有兴趣，究其原因，还是因为中国女乒常打常胜，女人们觉得做一个胜利者国家的公民自是要多出一份荣耀，故对女乒是厚爱有加。但有电视转播，也不顾男人要看武打片的要求，偏要一睹女乒赢时的场面，以示支持。前些时，女篮打赢了古巴，又打赢了澳大利亚，女人们又来了劲，一腔热情都恨不能献给女篮，纵然最后输给了巴西，但毕竟也是亚军且是有史以来第一次，女人们哪能不为之高兴？还不等着下次看她们拿冠军？

女人并非心胸褊狭，只爱看同性的运动。其实女人也爱看男人的项目，就像足球。有一年小组赛时，中国队险些闯关出线，将本洲那些强手都踩在脚下，女人们一见快要赢了，也都急急忙忙地关心起足球来，每天跟在男人后面一场场地往下看。看不看得懂都无关紧要，就只想看个中国人赢。不料中国队功亏一篑，输给了中国香港队，多少女人为之挥泪如雨，泣不成声。女人难以承受自家失败的痛苦，所以女人爱看的都是中国多半必赢的球赛。中国足球队偏不让女人的心理得到满足，一输再输，输得女人对它没有信心，也没了兴致。女人既对中国足球不感兴趣，你想想，她怎么又会对外国的足球感兴趣呢？

这就是四年一度的世界足球杯赛，大多女人们兴致淡然的主要原因。看着男人们一个个紧张忙碌着操心着担忧着算计着每一场比赛，女人们便不禁觉得好笑：都是些外国人的事，赢了输了都同你中国人不相干，你连一分钱奖金也拿不着，你着的哪门子急呢？所以女人们在比赛的昼夜中表现得十分平静，一点都不像是生活中有一桩大事正在进行，她们觉得看足球赛远没有看身边这些为别人的球赛而神魂颠倒的男人有趣。

男人对此不屑，一嗤道：女人头发长，目光浅，哪里懂得看球的乐趣？但女人说：何必要看自己国家必输的球？我们包容你们这些看外国人打球的男人不就挺好？所以我总是对男人笑说，女人看球赛比你们多一份爱国主义内容哩。

三　女人购物

逛商场实在是女人的一大嗜好，这种嗜好甚至不在于有钱和没钱之差别，一个女人一旦进了商场，你要她一物不购地出门，那简直是存心要与她过不去。所以为了让女人开心，许多男人尤其是充当情人的男人总是一边在心里狠狠地骂娘，一边却又不得不潇洒着风度掏钱。一句名言便由此而传开：商场永远是男人的心头之痛。

商场最欢迎的是那些容易情绪化的女人。因为这样的女人在高兴时会去商场大肆购物，以张扬自己的快乐；不高兴时也会去商场，以发泄自己的郁闷。至于买的东西实用不实用，或是家里能有多少钱可提供在此“疯买”，都不在考虑之内。所以女人们也常有一句口头禅，叫做“花钱买心情”。我大概就属于这样一类。

像我这样的人，童年因有父亲的一份还算不错的工资作为背景，故而没有经历过穷人的艰难，也没有珍惜钱的习惯，再加上耳边不断有教导曰：钱乃身外之物。由此而没有养成算计着花钱的习惯，富或贫时，都坚持着有多少钱就敢花多少的原则。因为这个毛病，所以我家里所有的钱都基本上由先生统一管理。

我的先生一怕我逛商场，二怕我开笔会。前者自然是因为我花钱没有节制的缘故，而后者则是因为同一帮富裕女作家们（跟她们比，我就是个穷人了）扎着堆逛商店，起哄似的购物，兴头上倾尽钱袋，却常常买回一些全无用处的东西。比方有一次我在海南一高兴便放肆地买了些什么珍珠粉、养颜宝之类，说来也都不算便宜，可买回来的意义却只是在家里占地方。直到前不久的一天，觉得这些玩意实在无用至极，只好一扔了之。

我也时常地想要控制自己胡乱购物的病态，如我不打算买的东西我便不看。所以不久前在成都闲逛商扬，同去的朋友要买鞋，我便宁可在外面等候，也坚决不去看鞋柜。不料同事看中一双鞋，硬叫我帮忙参谋一下。我这一参谋的结果是：要买鞋的同事只买了一双鞋，而不打算买鞋的我却一下子买了两双！原因简单不过：卖鞋人的态度太好了。我从来没有碰到过这么友善的售货员，由此而心下大快，便不顾家里已有五六双皮凉鞋闲放在架，当下就掏出几百元买下了那伙计的鞋架上的两双。

要命的是从成都回来即去北京，在陪作家蒋子丹等人看鞋之时，一边暗自告诫自己不可以再买鞋的同时，一边依然隐忍不住，又背回一双。掐指一算，一个月的工资几乎全变成了鞋。回武汉，朋友见我又背鞋回来便有些惊讶，说你这是拿钱出气呀。我亦只好自我调侃：虽说人穷，可花起钱来志也不短。

四 女人爱花

将女人比作花，是最为通常不过的比喻，通常得甚至有些俗气。俗气的缘故也是因为最不会用比喻的人也知道如此去形容可爱的女人。这一来人们就听到了很多有关女人与花的话题。"女人十八一枝花。""一朵好花插在牛屎上。""花容月貌。如花似玉。""水性杨花。"诸如此类。

花的优点是艳丽爽目，弱点便是娇弱了些，这些都很有女人特质。而女人也是极其爱花的。这种怜香惜玉之情结许是因香草美人的比喻历史悠久，以致女人业已情不自禁将花归于自己同类的缘故。惺惺相惜，女人爱花也就很自然了。

女人对花的热爱是男人所无法相比的。男人一般不爱花，而只是爱用花。比方用花去讨好自己喜欢的女人，用花去送病人，用花献外来宾客，等等。花在女人手上是有如自己一样的生命，而在男人手上便只是工具而已。既是工具，故而不需要用时，男人常常对花持不屑一顾的态度。

有一回，我去湖北一个叫当阳县的地方公干，作家映泉那一阵蛰居在当阳的邻县远安写长篇《桃花湾的娘儿们》。当阳一文友说好不容易来一趟，干脆我们一起去看望看望映泉同志。于是他骑了一辆摩托，我坐后座，不惜长途跋涉奔往远安。在当阳至远安的途中，满山都开着杜鹃花。既是看望映泉，沿途采上些杜鹃花送上想必更有意义。为此我们不顾头天下过小雨，山路难爬，兴致勃勃地采得一大把色彩缤纷的杜鹃花。经两个小时的奔波，我们终于找到了映泉的家，一见面我便把花递上，满以为他会因了我们的雅致和浪漫而喜出望外。因为那时节送花还只是电影里外国人的礼节。却不料映泉很是淡然地接过花，又很淡然地说了一句：这种花我们这里多的是。然后顺手便将那把鲜艳欲滴的花放进了撮箕里。那种视花如垃圾的神态与动作真正是让人刻骨铭心。

还有一回,也就是今年七月,我在北京开全国青年联合会。在人民大会堂的开幕式上,许多的少先队员上台向就座于前排的中央领导献花。开会时,鲜花便一直摆放在领导们的面前。及至会一散,领导们全都扬长而去,却只有一个人拿起了桌上那把花,并将之高高地举过头顶,唯恐花被碰着。这位领导人是陈慕华同志——前排就座的领导中唯一的一个女性。

我叫吴芒莱

他从小车的前座扭过头对我们说："我叫吴芒莱。"说时露出两排白牙，仿佛是两道细细的白漆在他浅棕色的脸上随意地划了两下。

小车行驶在仰光花径一般的道路上。正是北方飞雪的十二月里，而仰光的太阳却炫耀般贴着天空，很是慷慨地放射它的光芒，把它所有能去的地方都照得明晃晃地刺人眼目。街上到处是穿短袖和沙龙（它仿佛我们的筒裙，只是更细更长些罢了）的男人女人。每个人脚上都趿踏着一双"人"字形拖鞋。热乎乎的空气扑鼻而来，那味道颇像七月的武汉。想起早上在北京我们穿着大衣、皮靴还冻得哆哆嗦嗦的情状，便陡然生出一种恍若隔世之感。

吴芒莱说这是缅甸最冷的季节。他与我们交谈操的是英语。缅甸知识分子能说英语的人极多，不像我们，离了翻译小龚，全都傻瓜一样只会咧着嘴呵呵地干笑。

初来乍到，彼此不熟，我们在车上更多的是沉默。过了一会儿，吴芒莱拿出一张照片递给我们。照片上是一个胖乎乎的小姑娘，眼睛大而深奥。吴芒莱以一种得意的口气说："这是我的女儿，她一岁多了。"看着照片上的小姑娘，不由得我想起我那未满周岁的女儿。我对吴芒莱说："我也有一个女儿，她过几天满一岁。"吴芒莱听罢，忙从前座扭过身子，歉意地打着手势，嘴里不停地"Sorry，Sorry"。想不到他竟是这么个敏感且善解人意的男人。

我们在缅甸旅行十四天，吴芒莱是全陪。初始，我和小龚都记不住他的名字，于是图省事管化叫“莱”。头几次叫“莱”，吴芒莱总是一副茫然的样子。后来才弄清，缅甸人无姓，只有名字。“吴”是“U”的译音，即“先生”之意，是尊称。仅叫名字是不礼貌的。此时我才恍然大悟，明白了缅甸人何故那么多人姓“吴”。

我们的另一个全陪是缅甸作协的秘书长吴妙丹，吴芒莱称他为“我们的头儿”。他是吴妙丹手下一个儿童刊物的编辑。既是手下的人，具体的杂活儿自然是吴芒莱的事了。因为矮而壮，再加上总是这里那里地忙忙碌碌，他便给人一种一刻不停地窜来窜去的感觉。而在忙得最要命时，他仍能十分周全地对我们笑笑，关照一番，生怕客人受到冷落。

缅甸最多的是佛塔。在蒲甘便有“扬手指处便是佛塔”一说。我们一路看塔拜佛，每进重要之塔，还必须脱光鞋袜，赤脚而入。因对缅甸历史了解甚少，看塔便只能凭直觉来感觉历史，只能在一种宗教氛围中想当然。缅甸的佛教徒很多。我们的朋友吴芒莱亦是其中虔诚的一名。行程中，他几乎见塔便拜，双膝跪下，双手合于胸前，嘴里嘀嘀咕咕地说一阵什么之后，便伏身磕头，三伏三磕。起后多是要掏出钱包，捐献些缅币给佛爷。他干这些时，非常严肃，非常慎重，这使得我们私下里笑他时都又带着几分肃然起敬的意味。

元月七日这天是我女儿周岁生日。那天我们正从东枝返回仰光。一清早，使馆文化处老李同志特意告我：吴芒莱请他对我说，他凌晨四时即起床为我女儿做了祈祷。祈祷佛保佑我女儿。我听后半天未语，心里却是万分感动。一直挂念女儿，尤其是她生日的这天。吴芒莱的祈祷如一剂安慰药。

相处时间长了，渐渐地大家都熟了，熟得几乎忽略了国别。而吴芒莱便又成了最使我们快乐的人物，他教我们缅语“谢谢”、“你好”等，我们亦都教他说汉语。他是个颇有语言天才的人，很快就学会并运用那些常用的礼貌语。客套话教得差不多了，便有点使坏，教吴芒莱用汉语骂起人来。起先，吴芒莱不知其意，一往如前地以极严肃极虔诚的态度跟着说，他的神态和语言令一车人笑得天翻地覆。待他明白这些话的意思后，自己不觉仰面大笑。

吴芒莱梦寐以求的便是来中国旅行。长城、黄河、长江都对他有极大的诱惑。他说他有许多祈祷都是请佛祖保佑他能去中国。他还说他的祈祷是很灵验的。他说这些话绝不是因为我们是中国人为了表示友谊而信口说说。吴芒莱是个真诚的人，他的眼睛他的孩子般的面孔都透露出他想去中国的诚挚和真切之心，这种渴望里甚至还带有一种迫切。他的心思使我们代表团所有成员都为之着急，不知道自己该怎样帮忙才能使吴芒莱实现自己的愿望。我们也确实为他想了不少办法。

临走前，吴芒莱终于学会了一首中国歌：“妹妹你大胆地往前走。”吴芒莱唱得很认真，而且没事就唱几句，我们都喜欢听。临别时我们说：希望他来中国时，能在长城上，在黄河岸、长江边，在洞庭湖畔再次听他高唱“妹妹你大胆地往前走”。

一种人生

我认识一个女孩叫炻，这当然不是她先前的名字。她出生在一个非常偏僻的山村里，她住的地方距远离省城的小县城尚有一段路程，我想那至少是两天的步行时间才能完成的。炻是家中长女，大名叫姣香，她的父亲是村里多少有点开明的人，所以使她得以有幸上学。炻的老师是一个成分不好的红卫兵大学生，“文革”中间分配而去。他爱好一点文学，给有那么点儿灵气的炻不少影响。老师在“文革”结束后调回省城，留下一部分文学书籍送给了炻。这些书开拓了炻想入非非的空间。炻变得和她的伙伴们不一样了，这个差异就在于炻对自己的现状产生了强烈的不满，她渴望过另一种生活，就像书里的人一样。她不知道应该怎样才能改变自己，于是心里生出深深的苦闷，她难以向人启齿内心所思，于是诉诸笔端。后来便渐渐写开了小说。终于有一天，她的小说发表了，笔名是“炻”。因为她的年龄小且又是一个偏远的乡下女孩，作品的乡土气息给生活在城里的人耳目一新之感，故而引起省城一些搞文学的人的注意。他们开始和她通信，给她寄书，并邀请她参加一些文学活动，将她作为有前途的新秀加以培养。炻自然也懂得珍惜自己的机会，因为这一切是多么的来之不易。

不久，省城一所大学开了作家班，许多人都向主办单位推荐了炻，炻也积极地为自己的事作了点奔波。总之她是很顺利地进了大学，和类似她的其他人一样直接从三年级读起，并且参加全国统一分配。两年的时间很快就过去了，毕业时，炻轻轻松松地进了北京，她做了一所大学中文系的老师，这所大学有许多的外国人，炻在选择去向时多少用了点心。

炻意气风发地进了北京，她知道改变自己的命运、过那种她理想中的生活已不是一件有难度的事儿了。如她所料，她很快结识了几个外国人——她的学生，他们对这个年龄小小、个头亦小小的女老师十分友善，她热情、温和、善解人意、颇重感情，而且还是个作家，他们都很喜欢像她这样的东方女性，为此他们中有些回国后依然和炻保持通信来往。炻时而寄些有关中国文化方面的书到国外，虽然这需要一些钱，并且她的父亲常常写信希望她能寄点钱回家，但炻一点也不在乎，我行我素，她深知她将来一定能补偿现在对她父亲的亏欠。果然不多久一个朋友来信说为炻争取到一笔可观的奖学金，问炻可情愿去欧洲留学。炻的回答自然是肯定的。很快她便办齐了一切手续，甚至来不及回她那个小山村去向父母辞行，便匆匆登机远行。在飞机上，炻对自己的努力感到满意，但心情并不兴奋。炻实在是一个太理智的女孩。她十分能够把握自己。她对自己提的要求是永远不要消沉，永远不要嚣张，永远保持沉静。一个女孩在这样的时刻为自己提出这样的要求，真不是一般的人所能做到。

在欧洲，要能心情平静地生活下去也不是那么容易的事，炻却始终从容不迫。她有奖学金，然后又在朋友帮助下找了份不错的工作。和她昔日有过的生活相比，她觉得她有足够的韧劲来对付这一切，为此她的乡愁与她的满足比较起来委实要淡得多。

前不久，炻衣锦还乡，她抹着淡妆，神情平和，衣服的质地和式样都十分讲究。她的谈吐一如以前一样质朴随和，委实没有那种小人得志之态。她的一切都变了，只是普通话中夹带的她的乡下口音，却依然浓重。她的确没有嚣张，但得意却也难免，尤其在那些曾经瞧她不起的人面前。她为她的父亲买了很多的东西，她的一家人都为她感到自豪，只是当她的父亲问起她的婚姻时，她显出一种深深的疲倦。她说她这一生都不要结婚，但是她会为自己养一个孩子。

我想她一定为自己的命运付出过代价，这是每个人在同命运搏斗时都必须付出的。所不同的只是各人付出的东西不一样。只要她自己觉得值得，也就没有什么好说的，这也是一种人生，人人都应当理解。并且还得承认她是个强者。

公公婆婆

公　公

公公当年留学日本，想必是那段生活给了他不可磨灭的印象，尤其对祖国的情感。我觉得只有漂泊在外的游子方能更为深切地体会到祖国的意义。否则我们就不好理解何故身在异乡并且不愿回来的人们，一旦讲起对祖国的热爱时，比身在国内的人更容易热泪盈眶。

不过公公是老早就回来了的人，他属于老派的爱国人士。大约在上个世纪三十年代，公公回来后便在大学里做教授，一直到今天。新中国成立前夕，公公的一些亲友纷然撤到台湾，台湾的某大学也邀公公去那里教书，可公公根本未加考虑就推辞了。此后在国内的几十年中，公公同很多的教授一样，挨过批判，住过牛棚，历经磨难。很多年后，他的儿女们都同他开玩笑说，当初你要是走了，你就不会吃这么多苦头了。公公并未作声，但脸上却是冷冷的，仿佛是说你们懂得什么。

公公现在已是九十三岁的高龄了。所有的任职都已退光，只是一个在家里安度晚年、比周围人都要年长的老人。他的行动虽不及前几年敏捷，但也能在小阿姨的搀扶下，偶尔下楼散散步，遇上朋友聊几句天。去年的一天晚上，公公异想天开地自己爬到高凳上去修电源插头，结果不小心从凳子上摔了下来，晕了过去，头上摔出个血口，把家里人都急得个半死，连忙送往医院。婆婆说："你都什么年龄了，你还敢爬高凳子。"公公说："我觉得我可以呀。"结果公公真的什么事都没有，当夜就回了家，第二天便同大家有说有笑了。一个九十多岁高龄的人，生命力如此顽强，真是不能不让人服气。

公公的头脑是极其清醒的，最重要的是他仍如年轻时一样对国事投入莫大的关心。公公每天要阅读大量的报纸杂志。晚上七点的《新闻联播》，公公是雷打不动地要看的。无论这时候他所喜爱的哪个孙辈想要同他抢电视机，都只会遭到公公严词拒绝。我女儿毛妹是公公的第十个孙辈，在家里自然娇横霸道。有一次为看动画片，她同公公"较量"了一场，结果在公公毫不留情的暴吼下败下阵来。她的父亲亦是家里最小，平常也是娇惯得够呛，这时他对自己的女儿说："你抢爷爷的《新闻联播》，那不是找死？连我都不敢哩。"所以，现在的毛妹只要遇上公公看新闻的时间，便自觉地到隔壁房间看另一台破彩电去。

公公白天大多的时间便是读书看报。每次我携孩子去公婆家，公公只要见到我的拎包里装着带给他的报刊，便喜笑颜开，用他一口浓重的湖南话说："我就是要这个，我就是喜欢这个。"至于你们买了别的什么，他毫无兴趣。公公曾经做过农工民主党湖北省的主委，前几年还常常出去开会，知道许多外面的事情，九十岁以后，出门便少了，想要知道外部世界的事情，便只有电视和报刊这唯一的渠道。这样，他对斗室之外出现什么样的新事情，都有一种急切想要得知清楚的欲望。中国的老式知识分子，对国家的所有的事——无论政治、经济以及外交都分外关心，这似乎是一种很特别的情结。

今年的七月，香港回归，公公每天都焦急地等待着这个日子的到来。六月底，谢晋导演拍摄的《鸦片战争》在武汉公演。公公一定要让女儿和保姆搀扶着到电影院去看这部电影。天热路远，从家里走到电影院，对于年轻人来说，只有十几分钟的路，可对于公公这样九十多岁的人来说，却得走上半个多小时。在公公固执坚持下，家里人只好让他去了。公公看完电影回来，一直处在激动之中，结果一夜没能入睡。第二天就病倒了，几天后便住进了医院。近一个月，方才恢复体力。大家私下里笑说：都九十多岁了，香港回归关你什么事儿？

可我知道，公公要是听到这句话，心里一定很反感。

婆 婆

婆婆已经八十四岁了，但她头脑清醒，行动敏捷，极少生病。夏天的时候，婆婆很喜欢穿着大花的衣裙，看上去一点也不像个八十多岁的人，不要说认识她的那些老人都羡慕她的身体，就是我们这些晚辈也都对她的这种状态羡慕不已。

婆婆在她很年轻的时候在日本学医，没有来得及毕业，因为要跟亦在日本读书的公公结婚，便放弃了学业。婆婆家是大家庭，家里人都反对她找公公这样的人做丈夫。一是公公比较穷，二是公公身体不好，活不长（结果公公似乎非要争口气，成了他们家活得最长的一个人）。婆婆执意要嫁，她家里无奈，也只好依了她。从此照顾公公便成了婆婆一生的主要事业。像许多老式的知识分子一样，公公在家也是饭来张口，衣来伸手，从不做任何家务事的人。除了自己的公务之外，公公在家里主要做的就是看书看报以及饭菜端上桌后品评一下饭菜的味道。而家里所有的鸡零狗碎的事，一应俱全，皆由婆婆张罗。比方煤气炉坏了，保险丝断了，等等，也都是婆婆的“公务”。至于给公公泡茶，削水果，倒洗脚水之类，更是理所当然是由婆婆担当。公公如果高兴，在家里谈笑风生，婆婆就格外开心，就像是自己“事业有成”的样子。

婆婆为公公生了七个孩子，我们这些晚辈都想象不出来她是怎么将这七个小孩子拉扯大的。我女儿的爹是孩子中最小的一个。我曾听他说，“文革”初期，一帮造反的人来家里找公公的麻烦。婆婆让公公在房间里不要作声，自己则挺身而出，大声地与那些前来生事的人争吵，挡着他们，坚决不让他们见公公。那年月的婆婆不光是照顾公公，而且也自作主张地承担起保护公公的责任。我听后大为感动，觉得婆婆真是勇敢，因为我知道很多的女人在那样的关键时候，常常只会哭泣，只会吓得发抖的。所以我常说，别看公公做了几十年教授桃李满天下什么的，离开了婆婆，公公寸步难行。我女儿的爹平常很想自己也扮演公公的角色，让我也像婆婆侍候公公那样来侍候他，但对我为婆婆作的评价却深表同意。真的，女人的贡献是整个社会的表面难以看见的。公公今年轻轻松松地走进了他的九十岁里，像以前一样嗓门洪亮，思维清晰，每天依然要看书看报看电视新闻和品评饭菜，偶有儿女们回家时，还要讨论一下天下大事，感慨世界变化之剧烈。这样的精神状态和身体状态，其中有多少是婆婆的功劳呢？

婆婆其实是一个很喜欢玩的人。她常常跟公公一起出去旅行。四年前，她去了张家界，而且在一根拐杖的帮助下，爬上了黄狮寨。这真是了不起的行动。记得我三十岁那年爬黄狮寨时，累得几乎不想上到顶。而婆婆爬黄狮界时已经八十岁了。我不知道还有没有比她年龄更老了人到过那地方。如果没有，登上黄狮界最年长者，就得算我家婆婆了。去年，婆婆的几个亲戚从台湾到了上海，婆婆坚持要去上海看望她们。去的时候，我先生出差到上海，陪婆婆同行，半夜抵达上海。在沪期间，亲戚相见，多少话都讲不完，婆婆几乎每天都很晚才睡觉。为了给孙辈的孩子们带点礼物，又跟着亲戚大逛了一场街。返回时，只有婆婆一个人了，家里人不放心她坐火车，于是买了飞机票并将她托给飞机上的人。前后这么折腾十来天,居然一点也不疲倦。下飞机一回到家里,连休息的意思都没有,就又转悠在厨房里了。那种旺盛的生命力,真叫我们这些做了一点事就成天叫累的年轻人惭愧。

偶尔,婆婆也为家务同公公闹点小矛盾。有一次,家里煤气用完了,正好那几天保姆辞职而去,我们又都没有回家。公公便要求婆婆自己去换煤气。婆婆大为生气。后来我们去时,婆婆便告状,说:“他只知道我比他年轻六岁,应该我去换煤气。他也不想想,我也八十四岁了,我换得动气?!我要跟他离婚。”

婆婆说这话时,一副很恼火的样子。公公在一边,像个知错的孩子,一声不吭。我们倒为这事笑了好久。

家里的厨事

结婚之后，最让人感到头疼的便是汹涌如潮无休无止的家务事。而头疼之中最头疼的则是日复一日的做饭炒菜。

记得小时候，家里厨事全是母亲操办，我是从来不下厨房的。大约在我读四年级时，母亲生病住了院。家里剩下了一向只动嘴的父亲、我和两个哥哥。父亲自是享受派，厨房便只好由我们兄妹三人分担：我负责煮饭，我的二哥负责炒菜，小哥则当“买办”。煮饭比较起来这活是最简单的事。我只需每天十点钟回家（那时正搞停课“闹革命”），把炉子一开，米一淘，兑上相应的水便行了。至于煮没煮熟或有没有煳，一概不予过问，有时甚至连锅盖都没盖，人就走了。致使我的哥哥们三天两天在医院向我母亲告状。后来哥哥都下了乡，但母亲的病又好了，母亲重新回到了厨房，这使我始终没能实践过炒菜，并且刚学会的煮饭技术又给忘记了。有一回家里来了客人，恰逢母亲外出未归。临近吃晚饭时间，客人要走，而这客通常是要在我家吃饭的，于是我拼命挽留之。客人留下了，我煮上了饭，又洗了菜，架上锅后，发现自己不知从何下手，十分地难堪。母亲却迟迟不回，我急得不得了。我一面客气地与客人应酬，一面却趁其不备，溜之乎也。大约到晚上十点我才悠悠哉哉从外面回家，客人已早走了。我母亲又好气又好笑，骂了我一顿。据母亲说，客人等着等着，突然发现这家里连一个主人都没有了，只好自己进了厨房，自己炒了菜。正盛菜时，母亲回来了。母亲说：“你给人留下一辈子的笑话。”果然如此，我每次遇见那位客人，都跑不脱遭他一顿奚落。那年我二十岁。

之后上了大学，在大学里开小灶学会了炒鸡蛋。之后又分配到了电视台，在那里，虽是单身，日子却过得有滋有味：每天早晨因懒得去食堂买早餐，便食三五片饼干加一杯牛奶，中午则吃食堂，晚上自己开伙。所谓开伙，也就是用电饭煲煮点饭。下饭的菜是母亲家里的小保姆给做好了的。那年月我每星期六回家，为解决下周的菜肴问题，颇动了一点脑筋：专门买了套有三个碗的不锈钢手提饭盒。周六回家，空盒去，满盒归。吃到星期三菜完了，星期四便邀朋友下餐馆，轮流做东，星期五则奔至出版社一同学家去改善伙食，同学已成了家，他和夫人均善烹饪，这给我带来不少口福。

要命的是在我还不会做菜的时候，我要结婚了。初始我的朋友和我自己都想得挺美，结婚之后，让先生做菜又有什么不好！而今善做厨事的男人多如牛毛，没准我先生亦是其中一位哩！谁料想他头一回露脸便显示出不擅此行的苗头。先生首次在我这儿吃饭时，见我笨手笨脚切土豆，便一挽袖子，说我来吧，我自以为是天下第一臭切手，不想先生切了十来刀下去后，叫我一看，他这“切手”比我还臭。土豆丝切得如门杠，我只好换他下场。暗想居然比我差的还大有人在。一来不免生出几分得意，二来又生出更多忧虑：糟糕，以后家里的厨事岂不落在了我的身上。

事情果然如我所料。先生在家为幼，自小被宠惯了，直到成年成家，亦是进家门便找一舒服的坐处看报纸，一直看到他母亲唤他吃饭。上了饭桌，好菜大吃，差菜不看，筷到之处，且漫加评论。先生带着如此的风度同我结了婚，大有将老传统延续下去的意味。我虽不断进行斗争，但也不愿吃“门杠”，便只好“自己动手，丰衣足食”了。在厨房里，用现在的俗语来说，乃为“摸着石头过河”，边做边学，三两分钟即尝尝味道，以便保证此菜入嘴不吐。

想学好烹饪的心是极诚的。曾三番五次上书店，买了好几本如何做菜的书。粤菜菜谱、川菜菜谱、大众菜谱等等，看得两眼发直。愈看愈不敢下手。书中皆谓炒菜，油几克、生粉几克、盐几许、糖几许，作料更是五花八门，原以为目不识丁的家庭妇女皆能做得很自如的厨事为粗活，却不料它倒复杂得比解哥德巴赫猜想还让人头疼。而我的基础则是连书中所提"生抽"为何物都不知道。不得已而抛书。大叹"理论是灰色的"同时，只得凭文学想象力来操刀持铲。

世上无难事，只怕有心人，做下去，终究也能行。渐渐地，我的手艺有所长进，只是不敢应付客人。有回先生的几个老友来家做客，我决心亮一手，好好做一点菜。不料首次做"土豆烧牛肉"即告失败，我无论如何也不明白那牛肉为什么死烧活烧都烧它不烂！而土豆已让我煮成了泥浆！先前声称上道"苏联共产主义"的菜肴的，我看见客人们一边费力地嚼牛肉一边寻牙签剔牙，方知共产主义也不是那么好进入的。又一回，先生的几个同学又应邀来吃饭了。我不再做牛肉而选做了鳝鱼。先生买回的鳝鱼是杀好了的。我麻利地一冲一洗，剁成碎段，放了不少的油和作料，本以为不会差于餐馆的味道，可吃时，左吃右吃皆觉得不对头。客人们许是客气，频频点头说不错，先生却是对之不伸筷子。待客走后，我将剩余的反复察看，寻找原因，终于发现我没能将鱼肚子的肠子之类取出来！就这么烧给他们吃了！先生斥我糊涂，而我辩说我根本不晓得鳝鱼还有肠子。两个争完，相约对他的同学保密，免得他们晓得了一年之内想起都还会作呕。

此后，但凡来客，便去餐馆端菜，有时索性径直去那里吃。这倒省下了我的操作之劳。又一天，几个同学扬言要吃我的大户。"白玫瑰"是部队办的餐厅，我们迷信解放军，觉得他们那里一定公道，绝不会如个体餐馆，半卖半诈。不料那天，载们一行五人，只点了几样不起眼的大众菜，居然花去了一百多块，且人人皆只半饱。气得一伙人一起发誓：从此不去“白玫瑰”。

回家后拨拉算盘，觉得见客即上餐馆，委实不合算。吃得人不爽快不说，时间上亦太限制，经济上则更是吃亏。为此，决定还是自我奋斗一番，努力提高自己的烹饪技术。几月“苦练”下来，居然初见成效，连一向知我根底并小视我的几个铁杆朋友，在我这儿吃客饭时亦高称“不错”——虽然他们说是为了下次再来做点理论上的准备。众人如此，我也满意，因为，至少他们都不愿给“白玫瑰”一个“下次”。

生了孩子，请了小保姆，人口倍增，厨房的工作量更加大了。先生虽然切菜如土豆萝卜之类仍像“门杠”，但也在操持中学出了两手“绝活”：烧鱼和糖醋排骨。虽则我自知我做这两道菜比他强，虽则所有的辅助工作比如刮姜剥蒜刮鱼切辣椒等等得由我或保姆来做，他则宛如特级厨师般大摇大摆地到炉子前挥几下锅铲，但我仍愿俯首称臣。毕竟，可偷得小憩片刻，亦可品尝别一种风格的菜肴。

先生手艺虽粗，嘴却精细。每餐必三菜一汤。不喜欢吃食堂（很多人图方便每天至少吃一顿大锅饭菜），不喜欢吃面条（亦很多家将此物作为简易方便之快餐），更不吃剩饭剩菜。这就显示出我们家的厨事更为繁重。但是先生又有着他最为突出的优点，即一旦见得菜好饭佳，便两眼放出光彩，喜笑颜开，惊呼大叹，不断地叫好，且边吃边叫，仿佛天下的好事都摊在他一人身上，欢喜之情，溢于言表。这就给了人继续为他变着法做好菜并着意投其所好的情绪。大凡主妇都喜欢自己的食客吃得容光焕发地高兴，能做到这一步，再苦再累也自有一种满足，这种满足甚至不下于她的食客。我想，我也未能免俗。

科学的发达,使主妇们的工具不断地变化。由煤炉而煤气炉而电子打火炉,随潮流,我们又添了电烤箱,再后,又添了微波炉。可惜电烤箱只用来烤几回红薯,所耗电费足以压倒红薯本身的价钱,而微波炉更惨,只派上了热热剩菜的用场,两炉未能发挥烧烤鸡鸭鱼肉的作用,关键则是:我还没学会!

先生抚炉再三,感慨万千。极其认真地让我学会烤鸡烧鱼烧肉的技术!他自己却没想去学一学!以便做出像“温州烤鸡”那样的鸡,和像书上摆着的那样的菜——《微波炉烧菜》一书上刊有极其诱人的用微波炉烧出来的美肴的照片。

历史的重任无条件地落在我的肩上,我继续操练厨事,以适应“炉”子发展的需要。这真是:三百六十行,行行无止境,肚皮要装饭,厨事就没完。

青春怎能不悔

曾经看过本地一个知青艺术团的演出。当年的知青们穿着旧时服装,挥动着旧时的舞蹈手势,激动而兴奋地表演着同样也是旧时的节目。他们中许多是下岗工人,也还有些是提前退休的职工,当然也有过好日子的人。虽然他们的身份不尽相同,可脸上的沧桑却都是一样的明显。眼角业已皱巴巴了,双鬓也发白,只是他们的神情却仿佛自己依然年轻。特别是舞蹈着的女知青们,腰自然有些粗,动作也颇僵硬,这也难怪,她们中有人已做了奶奶。但她们却激情似火。他们纵情歌舞,也纵情欢笑,在歌中怀想自己曾经有过的岁月,在舞中忘却天天都在的烦恼,就仿佛重新找回了青春。虽然泪水已然在眼眶之中晃荡,他们却仍然微笑着说:我们青春无悔。我为他们的这种豪迈感动得不知道说什么才好。

但不久前,我碰到一个下岗的老三届知青,说起这场演出,我问他对于当年的下乡是不是也觉得“青春无悔”。他粗着嗓门说:那都是屁话!他说千把万的知青,有几多过得自在的?有几多实现了自己理想的?就那么几个发了财的人,升了官的人,运气比别人好的人,觉得有点耀祖光宗了,在那里“鬼做”(武汉话指假模假式的意思)。生怕上千万过得不怎么样的知青不晓得他正走鸿运。叫他下岗,叫他退休,叫他找不到工作,上街拉板车或者痞着脸求老板打份工,看他还会不会说青春无悔。我要是不下乡,会落到今天?几多像我一样的知青,因为下了乡,中途辍学，到现在是要文化没文化，要技术没技术，要本事没本事，思想观念还正统得不敢干一点出格的事。人都被毁了，还谈什么"无悔"？他说话时显得很义愤，偏激自是难免。但却不无道理。

我其实很能理解"青春无悔"一说，但从理智上却觉得青春应该是有悔的。我的三个哥哥中有两个是知青。他们一个下乡五年，一个下乡七年。我送过他们，接过他们，深知他们在乡下的生活经历，也深知他们的前前后后的心情。因为这个的缘故，我对知青总是怀有深深的崇敬，对知青的文学也尤其喜欢，尽管那些作品中充满着革命的浪漫主义。

我觉得知青下乡，虽然当时在某种程度上缓解了国家的就业压力，沟通了城乡隔阂，也的确让许多青年在乡村得到了锻炼，了解了世间生活，对人生有了更为深刻的理解。但是它却是一种政府强制行为，是政治暴力的结果。上千万的青年人面对这种政治暴力，没有任何个人意志的选择。不能深造，不能求学，不能实现任何个人的理想，不能追求任何个人的爱好，不能顾及家庭有没有困难。下乡是他们唯一的选择，要么回老家，要么便按政府统一划片下到指定地点，仅此一条出路。倘若想设法留在城里，便为全社会所不耻，甚至更糟。处在这样状态下的人，几乎就不是人了。正值求学的人，中断了求学的机会；正值学艺的年龄，也丧失了学艺的条件。青春固然也可以去种地，但是用这样的方式来迫使千万人同时离家去学种地，竟然还会无悔？我常想，如果不是一种敷衍应酬或是随口说说而已，那么就未免太矫情了。

"青春无悔"在我的眼里从来都是老知青们一种无奈的宣言。只因为他们在自己的青春岁月中，没有任何选择余地地下了乡。乡村生活早已糅进了他们的经历之中，糅进了他们的生命之中。他们不愿意轻易否定自己生命中的这段经历，哪怕这段经历是被动造成的。于是他们把那一块还带着血色的伤疤，稍稍修饰一下，将它变成了鲜艳的花朵。其实，如果真的把青春找回来了，他们还会像当年一样，满怀着激情，唱着歌儿下乡去吗？想必不会。所以他们虽是既歌又舞，而内心一定都还能明白这“无悔”的岁月，不过是心头的一块创痛而已。如果有人硬要说他的下乡经历就是“无悔”，那也无话可说，只但愿是出自真心。

1986年冬，在湘南采访女书传人

1986年，与蒋子丹在呼伦贝尔草原上

想想真可怕

一天上午，偶然看到一个娱乐节目。节目中，两个主持人为三个漂亮的女孩子出了一个游戏。主持人拿出五个画有动物图案的牌子，上面分别是狮子、猴子、兔子、牛、马。主持人说，在一个战乱的年代，你要逃亡，只好把这五个动物丢掉，请你排一下次序，你最先丢什么，最后丢什么。三个女孩子分别把五个动物的遗弃次序都排了一遍，前四个都有差异，只有第五个动物三个女孩子是完全相同的选择，就是留下了马。每个女孩子都陈述了自己丢弃的理由。在谈到最后为何留下马的时候，女孩子们一致地说：因为马跑得比较快，可以带着我逃跑。

在她们选择完后，主持人方说，这是个小测验，每个动物都有一种寓意。当然主持人也特别强调了这只是游戏。然后，他们翻开了牌子背后的内容。这五个动物代表的是父母、朋友、爱人、自尊和事业。具体哪个动物代表哪一样，我记不得了，记得的只是：马代表着事业。这样一来，三个女孩子，有的最先扔掉的是父母，有的最先扔掉的是自尊，有的最先扔掉的是爱情，而最后留下的都是事业。倘若说这仅仅是游戏，女孩子根据自己的喜好，先扔和后扔动物，完全不足介意，因为这只是为了博人一笑。但主持人此刻却又提出了一个问题：如果让你知道动物背后的内容，你还这样选择吗？女孩子们这时候的回答，就不是游戏了。令人惊愕令人可怕令人心寒令人齿冷令人遗憾的是，女孩子全都毫不犹豫地回答说：还是这样选择！这就是说，她们的事业比自尊比亲情比友谊甚至比父母都要重要得多！

对于女性，我是极其赞成她们必须有自己的事业的，因为女性不独立不拥有自己的一片天空，便永远在这个社会上站不起来。对于那些勇于在事业上打拼的女性，哪怕人们称她们为女强人或铁女人，我都依然拥戴和钦佩她们。她们比那些只作为一根藤缠在男人这棵树上的小女子们、比那些装嗲装弱装天真无知装娇柔无助以讨得男人喜欢的所谓“东方女性”要可爱可敬一千倍一万倍。鉴于这点，一个女性，把事业看得比自尊（主持人解释说这个自尊指的只是外表的东西）比朋友甚至比爱人要重，我觉得还可以勉强理解。但是，倘若事业重要到宁要事业而不要父母的地步，我就实在无法认同。

我们的血肉之躯是父母赐予，他们用心血把我们扶养成人，当我们长成之后，父母已经耗完了他们的气力，他们成了这个世界的弱者，只有儿女是唯一可以帮助他们的人。想想他们曾经冒着风雨背我们去医院的情景，想想他们勒紧腰带而不让我们挨饿的情景，想想他们一口水一口饭一把屎一把尿喂养和照顾我们的辛苦，想想吧，想想他们曾经为我们所付出的一切，同他们养育恩情和代价相比，事业又能有多重呢？我相信，让父母来做这样的选择，他们一定是把自己都舍出去了，而要保住自己的儿女。

其实，我们也无法批评这三个女孩子的自私。多少年来，我们的教育总有一个误区存在。当我们宣传某个典型人物时，常常大力鼓吹其父母病重或死亡时，他因工作而忍痛没有前去看望父母云云。而且这样的典型人物特别多。我就是不明白，为什么我们的典型人物总是把父母放在最不重要的位置上呢？为什么全身心去工作而偏把父母忽略不计，便成了一个人的闪光点呢？我经常是不相信那些典型的。我觉得他们中一些人或许正是一个不孝之子，懒得为父母承担责任而端出工作搪塞。我甚至不信，暂时放一下你的工作，前去安慰和照顾你老迈的父母，未必就对国家对事业有了多大影响，而父母却可能会因为没能见到你而抱憾而含恨终身。旧式中国父母去世须守孝三年传统，固不值得提倡，但对那些为了所谓事业而不管不顾父母的做法，难道就应该提倡？一个连父母都可以不在乎的人，你还能指望他对人类其他会有一副好良心？

我们无法批评这三个女孩还有一个原因，就是她们和我们都身处在一个强调自我的、强调科学，强调竞争、强调独立的时代，正是这些冰冷而强硬的东西，使我们坚强，使我们高瞻远瞩，或许也使我们人生不败。但它们却渐渐地挤走了我们内心中最温暖最人情最感动的东西，它强化了我们打拼、争夺甚至复仇的意识，却淡化了我们不忘恩情、看重情意以及滴水之恩当涌泉相报的义气，而这些东西正是区分一个有生命的人和一个机器的人的界限。我们悲伤的是我们人性的感觉越来越少，而机器人的感觉却越来越浓。

三个女孩子的选择代表着的决不仅仅是她们三个个体，而是代表着一个时代的风气，代表着一代人的观念。这让每一个行将老去的人仔细想想，真觉得有点可怕。

牛仔之夜

从波士顿飞行了大约三个小时，我们抵达了亚特兰大。虽然已是秋天，可是一下飞机，我仍然被亚特兰大的闷热呛了一口。根据美方为我做的安排，今晚我将去参加一个“牛仔之夜”的活动。

曾经看过不少西部片，美国西部牛仔威武剽悍、英俊潇洒的形象真是永看不厌。我几乎想象不出来，这么个“牛仔之夜”如何度过。

我和翻译仪方一吃过晚饭便搭地铁去另一个地铁车站出口，与带领我们参加活动的人接头。因为双方互不认识，我们在车站逗留好半天，才算找见接我们的人。这时的亚特兰大已经下起了大雨。汽车在雨中拐弯抹角不知走了多远。亚特兰大高楼的灯火在雨水中拖着长长的光带，漂浮一般，悬在空中，美得令人惊叹。

“牛仔之夜”在一个类似文化中心的俱乐部中举行。门厅处一座木马架上披挂着当年牛仔们用过的东西：马鞍、绳子、枪以及兽头等等。整个活动有如一场演出。由当地的诗人和乡村歌手共同出演。台上亦搭有马架，挂着皮绳和兽头，模拟的篝火也十分逼真。灯光暗后，走出几个男人。其中之一站起来，说了一些似乎开场语的话。仪方告诉我，他在介绍他们这次活动的构想。男人说完话，便开始朗诵诗。

直到此时，我方明白，“牛仔之夜”，主要是诗歌朗诵活动。

诗人们轮番地在台上朗诵，台下的观众时常哄地大笑起来。因为语言障碍，我一点也不知道他们笑些什么。仪方说诗里有许多牛仔们自己特定的语言，连口音都跟当年牛仔似的，所以很好玩。这等有趣的事我却听不进心，私下里便连连叹息自己何故没能把英语学好。于是我只能去感受场上和场下的气氛。

在诗人们朗诵之时，台上始终坐着一个歌手。他的胡子已经白了，但眼睛却十分明亮。他怀抱吉他，坐在高凳上，姿态似乎是坐在一张高吧台前。他的身后有一支由三四人组成的小小电声乐队。每当一个诗人朗诵完一首诗，歌手便开始唱歌。他的歌声忧郁而苍凉，有一种从遥远遥远而来的感觉，一声声都直接进入你的心。音乐是比诗更能不讲国界不讲民族不讲信仰而轻易与你沟通的艺术。诗要靠语言为工具，而音乐只需要你用心去倾听，你就什么都听懂了。我听不懂牛仔的诗，但却被牛仔的音乐深深感动。这股音乐就带着我在西部奇丽的山岩中和草原间奔跑。四周的山上，印第安人头上的羽毛在阳光下晃动，弓箭挟着风从头顶上穿过。马的嘶鸣声响彻云霄。当然也有歌。突然间，你似乎就明白，牛仔原来是这样的。

“牛仔之夜”获得成功是自然的。其实它的观众因为大雨缘故去得并不多。但所去之人中，相当一部人都作牛仔打扮。他们身穿马甲，下穿牛仔裤，头戴牛仔帽，脖子上缠着丝巾，脚上还蹬着一双高筒皮靴。颜色搭配得热烈而鲜艳，把美国人的天真与浪漫表现得一览无余。他们许多人同诗人同歌手本身就是熟人，活动完后，大家便在一起说笑，也跟我闲聊。我对歌手说，我太喜欢他的歌了。于是他高兴了，拿出一个盒带送给我，并且在我脸上亲吻了一下。我拿着盒带正高兴，突然遭此一吻，吓一大跳，心说不知这是不是牛仔的做派。

一个诗人也上前来，向我打听了几句中国，然后也送给我一个盒带,说磁带里是他自己写自己朗诵的诗作。然后又告诉我:牛仔不光是一种精神,牛仔更是一种境界。

诗人就是诗人,说出的话果然意味绵长。我觉得他说得太好了。

抬　杠

抬杠，字典上有两种释义：一是指争辩的意思，另一是指用大杠抬运灵柩。这两者间究竟有何勾连，真是不得而知。也不知是不是杠棺之时，因人多而时常斗嘴，故而将争辩引申为抬杠。

抬杠不是什么人都能干的，这活儿需要水平。绝对不能把抬杠和吵架混为一谈，一如街头顿足捶胸的泼男泼女。抬杠是有它的逻辑性的，而非吵架那样胡搅蛮缠。我以为好抬杠的人一定是一个勤于思考的人，他有一种对问题不追究到底死不罢休的精神。他不在乎别人怎么看他，也不在乎别人心里舒服不舒服，他需要的只是把问题弄清楚，其他的他都视而不见。

其实喜欢抬杠的人还不老少。那是因为抬杠给我们平淡得几乎寡味的生活带来许多的活力，给我们雷同得有如重复的日子生出点点波折，给我们疲惫得近于忧伤的内心激发一些欢悦，而活力、波折和欢悦实在是我们生活中不可缺少的内容。在层次高一点的抬杠者中，抬杠过程乃是他思路最为敏捷，神志最为清醒的时候，鲜活的观点，精辟的见解往往如同涌泉之水，汩汩而出。虽然难免偏颇，难免杂乱，甚至直奔极端，但是真知灼见却在其间大放异彩。这是俗人们所永远不可理喻也永远难以体味的。记得大学期间我们寝室里常常进行“南北大战”，整日里杠子抬得“梆梆”响，主题就是南方的面食做得好吃还是北方的面食做得好吃。寝室六个同学，南北方人各半，各抒己见，恨不得从南北方种麦子土壤的同异讨论到南北方商店所供应点心的优劣。这杠子从大学一年级开始一直抬到毕业，至今未果。回想起来真是其乐无穷。

我基本上也应算在好抬杠者之列，曾有同事戏称我为“杠子队员”。在我多年的抬杠生涯中积累了不少经验，除深知抬杠之快感而外，亦深知抬杠之奥妙。

其一，认清对象。抬杠的对手最好是朋友，或为相交多年的熟人。忌生人，因为生人易于为维护自尊而战，生恐丢失脸面；忌小孩，因为小孩不懂事，易于翻脸不认人；忌老人，因为老人逻辑业已混乱，并且固执、任性，易使人有理也讲不通；最当要忌的还是领导。因为抬杠最需平等，在抬杠者眼里只有对手和他的观点，而无地位级别职务高下诸如此类。倘若视对方的来头故意顺其言或逆其言，那么抬杠就没有什么意思了。

其二，注意方式。切勿出口伤人，动用污辱性语言，甚至动粗。高水平的抬杠靠的是学识的渊博，见闻的多广，靠才华、机智、幽默和言语的表达能力。

其三，宽容大度。抬杠之中自然带有强烈的情绪色彩，拍案而起者、怒不可遏者、悠然自得者、从容不迫者等等，大有人在。有如一场战争，赢家喜，输家哀，观者评头论足，指点江山。这是最自然不过的了。只是事后情绪平静，恢复常态，乃当会心一笑，倘若因此而生隔膜，抬杠的乐趣也就荡然无存。

所以我说，抬杠最能展示一个人的潇洒。

抬杠的人大约最讨厌做有修养状的人。此种人好挑起论争，一旦引起你的兴趣意欲与之争个明白时，他却又摆一副莫测高深，不屑与你道来的架势。仿佛他早已真理在握，同你争辩未免有失身份。无论你怎样急切地想把问题弄清楚，他就是王顾左右而言他，甚至居高临下般地朝你微微而笑，一派大家风度地拍拍你的肩，在观者面前显示他的涵养。抬杠的人一旦遇到这样的人，便犹如击鼓者面前无鼓，有的只是一块海绵，其焦躁可想而知。凡遇此况，我大约也不例外。

享受生病

去医院看病被我列为和平日子的恐怖之一。为此每逢生病,多是能不去看便不去看,在方便门诊开点药了事。这样的次数多了,有时不免将可以治好的病积留下来,在趁你不注意时一起发作,那时不去医院恐怕也不行了。

今年五月,我便被狠狠地发作了一次。先是一直在外奔波,颇为劳累;后又伤风感冒,咽喉化脓;再接着女儿出水痘发高烧,只顾得日夜护理她而忽略了对自己的调养。终于,没等女儿好彻底,我自己便倒下了。开始是头疼欲裂,跟随而来的是吃什么吐什么,一粒米一口水都不能进,如此在家足足躺了两天,任人劝说也不肯去医院看医生。同事说,你打算用革命的精神来战胜病毒?我说是,因为我常那样。

哪晓得这次精神没敌过病毒,第三天,脸色都变灰了,站都站不太稳。家里人便强行将我弄去医院。自然是先看了一番医生脸色,又经历了一些检查,然后被收进住了医院。起先是住在普通病房,同房有四人,另三人据说均是肝炎。住院部的医生比门诊的医生相比态度可谓好极,为此我感到很是满足。说实话,我对医生的要求一向不高,只要他们能以平和的态度同我说话而不是出口伤人,我就会认定他是好医生。至于医疗水平,那似乎根本就不是我所想的问题。

不料我们作协有关部门负责同事觉得我现在是一级作家,又是作协的副主席,不该住在这地方而应当去住干部病房。虽然我再三推说无所谓，普通病房也不错，可同事们仍然全力地为这个调换奔波了大半天。居然这事被他们办成了，于是乎，我又从杂乱的普通病房搬到了几乎是老干部休养所的干部病房。去的那天，病房里的护士都在议论，说是来了个三十八岁的女高干，而实际上，我连科级都没混上。

显然是女性干部较少的缘故，干部病房里的女病人也很少。两人一间的病房便只住了我一人。病房里夏有空调，冬有暖气，并带有卫生间，食堂的伙食既便宜又好吃，且每层楼都拥有专供病人自己用的配餐间和休息玩耍的娱乐室。更了不得的是所有的医生和护士都极其地尽心尽职，耐心、周到得无可挑剔，以致我好几天都不太适应，心里惶惶的觉得欠了他们许多——毕竟原先是被吼惯了的。

经过几天的治疗，终于退了烧，也能吃进一些东西，而且也习惯了医护人员的友善态度。于是生病对于我便由恐怖一变而为轻松愉快了。一天五个小时的吊针使得以往一直看不着的时间就像是突然涌到面前来一样，令人惊喜无比。头疼一止，第一个想法便是：可以把过去没空去读的书拿来好好读读了。于是立即将近几期没来得及看的《读书》杂志细细读了一遍，又专门回家一趟将好早以来就想认真读一遍的袁宏道的诗文带去了医院。同时还带去了我的"随身听"和一堆我所喜爱而又总是没顾得上静静一听的音乐磁带。女儿的爹说你这架势好像不是去住医院而是去一个什么别墅享受生活似的。

对于我来说这样的日子又何尝不是享受？大学毕业十年有多，社会和我自己都在一天一天地变化。家庭负担的增重，俗事的增多，玩性的增大，使我坐在桌前读书的时间一天天地被挤到了生活之外，至于做卡片、记笔记、写心得更是扔去了云里雾里。朋友们坐在一起，也不再谈近期读了什么好书之类的话题了，大家也都无一例外地谈起了如何挣钱——虽然谁也没挣到什么。

但是心里对读书的渴望却并未减少。我深知自己久不读书，自有一天会变成一个不折不扣的俗物。只是面对一堆堆的家事和一起起的稿债时，又实在使自己定不下来心来去好好一读。至多是自我安慰一番：明年抽半年时间什么不干，好好读读书。而其实，在明年到来时，仍然还是放弃了读书去干了别的。一本袁宏道在桌上最醒目的地方起码放了半年多，却只是看了个前言，真是惭愧死人。

在医院的两星期里，每日听着优雅迷人的钢琴曲，读着妙语连珠的袁氏小品，叮当作响的钱声全被隔在了玻璃拉窗之外，静静的病房里只有我自己翻书的声音，那种感觉真是令人长久地怀想。

待病好了，行将出院了，我对医院则再也没有了恐怖感，有的却是一份留念，心里自说：什么时候还能再来如此享受一次呢？

免开尊口

前些日子，选美几乎泛滥成灾，似乎有城市处皆选美。选得老百姓人人开心。人家外国搞选美由年已久，咱中国占世界人口三分之一，美女如云，再不选岂不是也太让人小看了？我们的经济已经落后于人了，不能再在女人的容貌上也显得比人差。至少我们要在力所能及的单项竞争中进入一定的名次。

基于这想法，所以，全国上下，风起云涌的选美以及争先恐后地操办选美，也是实在可以理解。更兼选美于整个社会带来好处甚多，比方令许多被埋没的女孩子脱颖而出；又比方令许多企业痛快地作了次大普及的广告（选美的事一开始便能搅得整个一城人都为之操心，生怕弄了个不太美的人当了冠军而损了一城的面子？因此自美人们开始报名起就有许多的看客寝食不安）。搞广告的人自然是十分知晓这种心理，故而但凡选美，便不惜重金地掏钱赞助，以求在电视屏幕上频频出现自己的名字。再比方主办选美的单位原本很可能亏损，度日艰难，这下则可扭亏增盈，将瘪瘪的腰包鼓鼓地胀起来；还比方，这或许是最重要的，给都市寡淡如水的生活涂抹一笔重重的色彩，让电视节目变得鲜活起来；等等，等等。选美有如此多的好处，各省市又何乐而不为之？

我所居住的武汉也搞选美了。在那段日子里，几乎全城人都被这事搅得不安，都想要早早得知自己城市最漂亮的小姐究竟为谁。我自是未能免俗，但凡电视台播放选美的节目，一场也不落下，那阵式仿佛多看看漂亮小姐自己也会变得美丽起来似的。的确，能够进入决赛或半决赛的美人也委实让人赏心悦目，大饱眼福，好孬也闯过了几关，容貌、身材、姿态自是不在话下。尤其是着旗袍装的表演，在优雅的音乐伴奏下，美女们婀娜多姿，一摇三摆，款款而至，个个皆面若桃花，腰如柳枝，眉眼冲你娇柔一笑，不能不让人生出惊艳之感。

常言说“白玉有瑕”，这话真不错。每次选美选到回答问题时，你就会感到古人当真是很深刻的。但凡在对美女们提问并听答时，我们这些做观众的便觉得主持人残忍无比。因为他们明明知道几乎没有一个美女能够将所提的问题回答得像个样子，却还是照提不误。令那些花容月貌的女孩儿们当众洋相百出，窘态毕露。固然早先都是千准备万准备了的，可临到场上，谁还能记得那些佶屈聱牙的字句呢？自然皆表现为或答非所问，或结结巴巴，或胡说八道，或东扯西拉。总而言之，这一程序下来，大大让人明白了世界上的美实在也是有限的。尤其使那些长得丑的人会惊喜上天也还公平，它在创造美人的面孔时精雕细凿，却在创造她们的大脑时偷工减料，致使她们在运用脑子时，面孔失却了美丽，呆如蠢人。因而答问这一招实在是给了丑人们一个增强自信心的机会。

想必主办者一定是对观众的感觉了如指掌，所以在决赛时，他们让所有的美人将自己将要回答的问题全都背得滚瓜烂熟，熟得让人惊讶。可是毕竟背书和自己真正懂得还是有质的区别。那不是一段可以轻易抹掉的距离。故而当每一个训练有素的美女面带固定的微笑，既从容不迫又机械刻板地背诵她起码已背过一千遍的答题时，那种样子更加的令人觉得惨不忍睹。于是只有一见她们开口说话便嘴里大骂着主办者，手里急急忙忙地换频道，免得自己听了那些答话，情不自禁地会做出些“骂美”的事来，而代表我们武汉这座城市美丽程度的小姐就在她们之中。我在这城市里居住了三十几年，实在不愿做丁点儿有损于它的事情。

总想把一肚子的想法告知选美的操办者们，却总无机会。只好借诸传媒，烦请转告：今后若再有人举办选美活动，最好叫美人们免开尊口！

夜半惊魂

说来也是有一些年头的事了,那时我还在电视台工作。电视台领导挺不错,为了给我创造条件以便更好地写小说,尽管我还是单身,也尽管电视台的房子紧张得无词形容,可他们还是分给我了一套一室半一厅的房子。久居集体宿舍,陡然间搬进空荡荡的新居内,那种莫名的恐惧至今仍让人记忆犹新,尤其是在夜里熄灯之后,所有的风吹草动都令人怀疑。总是提心吊胆,恐有惨剧发生。

一天半夜,我突然觉得有人在敲门,猛地惊醒,第一个动作便是拉亮了床头的灯。果然是敲门声,而且敲得很重很急。我下意识地看了看钟,正是下半夜三点,这个时候会有谁来找呢。我很是紧张,哆哆嗦嗦地走到客厅,颤抖着问:“是谁?”

门外传来一个男人说话的声音:“请问你是不是电视台对外部的汪芳?”我说是。他又说:“请你把门打开好不好?”我说:“你是谁?”他以一个老熟人的口吻说:“我是……”他说了个名字。

我使劲地想我是否认识这么个人。我想是不是在哪个笔会上认识的作者?或许他坐火车到了这里没找到住处?也或许他真有什么急事找我?可在我的印象里这个名字太陌生了。于是我小心翼翼地问:“你找我有什么事?”他说:“你把门打开再说?”我说:“对不起,我有些不记得你了,你是哪里的?”他说:“你怎么连我都不认识了呢?我是大桥局的某某某呀。你的肚子还疼吗?”我觉得这话有些蹊跷,便说:“你是谁呀,我好像真的不认识你。”他显然有些急了,说:“你怎么会不认识呢?今天晚上我们才分的手,你说你肚子疼,是我把你送到医院去的。”我说:“你胡说,我今天连门都没出。”他说:“你不是省电视台的汪芳吗?武汉大学中文系毕业的?”我说:“是呀。”他说:“你怎么连我的声音都听不出来呢?我都听出你的声音了。”我想这样隔着门同他拌嘴也不是个事,便说:“现在是半夜,有什么事你明天到我办公室去谈吧。”他说:“不行,我现在有要紧的事,你快开门吧。”我有些恼火了,说:“我是不会开门的,有什么事请明天到台里去谈。”我的话音刚落,突然就听到另一个严厉的声音说:“找他们台长去。”然后一阵脚步响,门口的人就都走了,那至少是四五个人的脚步声。

我回到卧室里发怔,想不出在我身上发生了什么事或有什么事可能发生。但有一点对我来说不是坏事,他们真要是能找来台长,反而好了,我至少可以不那么害怕。我站起来把屋子里所有的灯都打开,用以给自己壮胆。

只一会儿,我听到了门外我们台长的叫唤。我立即拉开门,让台长进来,我对台长身后的几个陌生人不客气地说:“你们不要进来!”在我说这话时,一个声音也就是一直同我对话的那个声音显然是十分惊愕地叫了一声:“啊,不是她!”

与此同时,我看见一个身着警服的人急速地往楼上躲闪。我把门关上,问台长:“怎么回事?”台长正欲开口,我突然想起那一声惊愕,便又打住台长的话说:“哦,可能他们弄错人了。”我转身又“哗”地拉开门,冲着那几个人说:“你们是不是弄错人了?”他们所有的人都堆着笑,连声道:“对不起,对不起。”随我后面出来的台长听得此话如释重负,长舒了一口气说:“弄错了就好,弄错了就好。”然后他们几乎逃跑似的离开了我的门口。

当我熄了灯，浑身软软地重新躺倒在床上时，我不禁反复地想着台长的话，不明白台长为什么会有那种弄错了倒好的感觉。

次日，我依然同以往一样很晚才去办公室上班。一进办公室的门，同事们全都冲着我笑，然后有人说："好哇，瞒着我们在外面搞诈骗昨天让人给逮住了吧。"我说："台长来过了？"

同事们便纷纷笑说道：一大早台长就来找你了。说你把他害苦了。昨晚十二点左右，几个便衣和一个报案的人在户籍警带领下一起找到他家，说你们台里一个叫汪芳的女编辑在外面搞诈骗，人家报案了。然后讲了诈骗的过程，花去了一两个小时。最后拿出盖有公章的逮捕证，要去抓你。台长没办法，只好告诉他们你住的地方。你倒好，死活也不开门，那帮人又去找他，非要他亲自跑了一趟，弄得他一夜没睡成觉，要找你算账。

我听这么一说，大惊，忙找台长问明情况。一见台长，台长说："哎呀，你得赔我的瞌睡呀。"我说："台长，是什么诈骗案呀？"台长说："一个女的打着你的名字在外面行骗，已经好多次了，昨天晚上又骗了那个大桥局的，人家报了案。有人证物证，就来抓你了。"我说："是个什么样的女的？"台长说："他们后来才说，那个女的一米六八的个子，戴了副眼镜，自称是电视台的编辑，叫汪芳。"

我生气地说："我一米六都不到，这是很容易弄清楚的嘛。他们连这点调查都不做就闯上门来了呢，太不像话了。这属于夜闯民宅，骚扰百姓，简直可以控告他们。"台长说："你没事就好，就别再惹事了。我先还为你难过了好半天哩。想到这么好的个人怎么想不开去搞诈骗呢？"

台里人很快都知道了这事。便不断有人来对我说：在万松园路口的长途车站，有人反映了好几次说电视台一个叫汪芳的女编辑，总在车上诈骗。还有人来说：他们到荆门去采访，荆门一家宾馆的服务员告诉他们说电视台一个叫汪芳的女的，在那里住了店，账也没有结就走了。林林总总的说法不老少，听得我浑身冒冷汗。想不到我这个名字竟然还有人看中了，如此这般地加以使用，这真是比夜半敲门更加让人可怕的事情。所以好长时间里，我都在策划做一个广告，其内容乃是表明：倘有名叫汪芳者在外行骗敲诈都不是本汪芳。

和平日子的恐惧

之一

一天，早上或是下午，有人砰砰地将门敲得山响。虽然未曾有过预约，但既已打上门来，还是放开门户为妙。于是开门迎之，一人（多为男士）进门，哈哈打得轰隆隆的，又是久仰又是幸会弄你个措手不及。不知来者为谁，亦不知来意为何。恐怕唐突间得罪某方神仙，于是只得觍着笑脸与之哼哈，小心地从其言谈中分析出此为何方人士。待终于弄清此人没有门路去给小报撰写某某印象记，也不会在外去炫耀谁谁与他是老铁，可把手搭在她肩上走路之类，才算把一口大气松了下来。

便坐在沙发上与之闲谈，心里算计着如何可使其早走。来人是豪爽之徒，已将不拘小节视为自家风度。小坐片刻，便起身大踏步环视家什。三室一厅？不错，混得不错。这家具土了点。怎么买这种颜色？书柜还说得过去。哎呀呀，屋子漏雨？怎么不找我呢？我找几个人帮你修一下，实在是小意思。空调什么牌子的？希岛？直接从商店买的？嗨，要告诉了我，保险给你以出厂价买到。什么？你都没有煤气户口？这真是不公平。以后这样的事只要给我一个电话，三天内跟你解决问题。嗨，求什么作协？而今靠得住的只有朋友！

话说到如此一步，就想问这位朋友电话号码多少，现在帮忙修屋顶弄煤气户口之类可还来得及不？以及今后可还有门路买到别的什么什物的出厂价。不料未及开口，他老兄的话又岔开了。与你谈文学谈人生谈世事之公与不公以及大谈作家们也开始变得俗不可耐，并列举谁谁一心贪小便宜，什么都想开后门；谁谁一坐下就只谈钱，完全不把心思放在文学上，直谈得你再不敢开口。只暗自惭愧自己险些俗一次给他看了。很想对他说作家之所以谈钱，就像阿凡提当年面对巴依要黄金还是要真理的提问而提出要黄金一样，因为他有的是真理，没有的是黄金。作家也是如此。他们也有的是文学，缺的就是钱，这是不能不谈的。人人都对自己没有的东西充满着向往。只是转念思之，他既这样认为，莫如由他去也。真同他说起这些他不明白的道理，万一他较起真来，还不晓得他老兄要加坐到几时才肯离去。于是便打着呵欠附和他几声，算是一个交代。

他在高谈阔论中再次地坐在你的沙发上，随意地弹着烟灰，尽管你已别有用心地不再给他兑茶，他也并不在意。因为他原本就是个不拘小节的人。他只是唾沫横飞地讲他的，间或用中指或小指抠一下鼻孔，将污秽的手指头在你的沙发上或是椅子腿上擦上一擦，就地吐上两口痰（当然他还是知道用自己的鞋将痰拭擦掉的），如是状数次，视你厌恶之眼光于不顾。

终于他一拍大腿告知你他该走了，说是还有如何如何的要事正等着他去办。让你知道他来你这儿是他给了你多大的面子。于是你也只有嘴上连连地道谢，心里狠狠地骂娘。同时也糟鄙着自己的虚伪，感叹着自己的无奈，谁叫咱是礼仪之邦培养出来的呢？

要命的是他已走了好久，你把自己从一种败胃口的情绪中拯救了出来，你依然没能弄清你的这位朋友姓甚名谁！

之二

有一次你去南方或是北方，你的一个朋友闻讯你来，便急急忙忙地来你下榻的宾馆看望你。或许你与她也只是一面之交,彼此间的了解可说是极其地浅,但这并不重要。重要的是她来看你了,说明她把你放在她心目中也还比较重要的地方,使你的虚荣心得到了一种小小的满足。于是你自然也以十二分的热情接待她,为她端茶削水果什么的。并在这种非常友善的气氛中愉快地聊天。有时心里还会抒情般地想:啊,这是人生多么快意的一件事呀!

但很快她就会问这次你们同行的还有谁谁谁呀,这是个很自然的问题。你自然也会很自然地告诉她,有谁谁,谁谁谁,等等。其中一个异性的名字她可能恰好熟悉,但知之不深,她就会半带好奇地问这个人如何,很可能你对这个人印象不错,也很可能你对这个人印象不好,但无论好坏,你都不好背人面说人坏话。于是你多半只会说嗯嗯,还不错。她听了你的话,心里想法就出来了,至于她想的什么你是一点也不知道的。她便追问你他哪一点不错。你这时好像不举出一二也说不太过去,于是就将你道听途说的点滴内容一股脑都说了出来。你若说出来了这些,她则定会用一种奇怪的目光看着你,然后说出足以令你大惊失色的话来,比方说,你对他印象这么好呀?你这么了解他是不是看上他了?到这一刻你才觉出形势有点不妙。你只好解释。可任何事情一旦进入了解释阶段,就是再也说不清楚的了。她会大度地笑笑,劝你说没关系,现在时代不同了,再说我也不是外人,等等。这话令你越发地着急,越发地想要洗白自己,只是很奇怪的是你越是表白,越反而漏洞百出,让她一边更加的笑个不停。最后弄得你自己也搞不清自己有没有看上你和她一起议论的那个人以及那个人到底是个谁。

事情到此或许也就算了,顶多是使你今后见到你议论过的人暗地里有些尴尬。可怕的是她并不一定如是去想,更可能她会热心快肠地非要为你做点什么才好。比方她硬性认为你是不好意思，于是为你两肋插刀，跑到你与她一起议论过的人那儿，对他说某某爱上了你，心里很痛苦，不知你对她有没有一点意思？当然她会说上你的许多好话，大大地夸你一番，让对方产生良好的感觉，直到那时你才会真正体会到“一失言成千古恨”这一感受。从而你也觉得你再无颜面见你与她一起议论过的人。

纵如此，造成的后果也还不是最差的。被议论者若觉得他无意于你，倒也罢了，了不起你自己委屈委屈，一忍了之。倘若对方恰对你又有一点好感，一直没机会与你接近或一直怕你会给他难堪，经她这么一撮，正好来神，这局面就有一些不好收拾。你就只能像一条狗躲棍子一样躲着那老兄。如此的局面你仍可庆幸，毕竟也还没到让你觉得不可收拾的地步。最要命的是对方对你素无兴趣且还有一点看法的话，那就算你彻底撞到了枪口上了。设若他在枕边与老婆一起奚落你一顿，老婆还不算一个怎样的醋坛子则活该你走运。假使老婆又醋又恶，那则必然天下大乱。或去你家里泼骂一通，或到你单位骚扰一阵，直弄得你里外不是人，一辈子为这事洗刷不清。那时你才会懊丧地想到在某一年某一天的南方或北方，你随意谈的几句话给你的一生带来的灾难。而在你回想这些的时候你没准能收到你那个热情地去宾馆看望你的朋友寄给你的贺年卡，上面有祝你快乐一帆风顺云云。

之三

这是一个春天或是一个冬天以及是有人请我讲课或是有人请我吃饭都不重要，重要的是我遇上了这么个人。他开口说话时笑容堆得满脸，一口一个方方老师令我耳朵听起来有格外舒服之感。说来惭愧，我大约是一个虚荣心很强的人，喜欢听人家说我的好话，其理由也很简单：听好话比听坏话让人心情愉快。

至少在听了很多好话回家的这个日子，是一定不会同先生吵架的，反之就不一定。所以，一听他好话连天地夸我时，我马上就眉开眼笑，心想今晚同先生的安定团结之局面无疑已初步形成了。

他说方方老师呀，你我虽是初次见面，可我心仪已久，只是未曾得有机会，今日得以相逢，真是我三生有幸，我回去把这个消息告诉我的太太，她也会非常激动的，她也是您的崇拜者。（我估计他早早地扯出太太是怕我有对他的热情有所顾忌，虽说我是个作家，但归根结底我还是个女人，是女人就天然会对男人有所防范，想必这一点他是很能理解的。）我连忙也客气地道，请代我回去谢谢你的太太。他说我一定我一定。我们两个读你的小说经常一读就是一通宵，读完之后还激动不已，你真是了不起。这种大手笔天下少有。我认为二十世纪八十年代后中国最伟大的作家就是你，这从你第一篇小说《女大学生宿舍》的字里行间就充分显示了出来。

我原本正沉浸在可做中国二十世纪八十年代后最伟大的作家的幸福之中，叫他如此一说，幸福感顿减一半。我本想告诉他《女大学生宿舍》非我所作，可我又偏不属于那种规范化的君子，我想知道他到底想对我说些什么。便说你这一说大大地增强了我写作的自信心。他对我的话表示出一种惊讶：什么？你难道还有什么不自信的？你已经站在世界的顶峰上了，你完全可以随便地俯看芸芸众生，哪里还会有什么不自信？方方老师太谦虚了。真的，越是伟大的人物越是谦虚随和，平易近人，您看您都对我这么个小人物说了那么多的话，真让我今天做梦都会感到甜蜜。今天这个日子将使我终生难忘。……

我的汗毛在他尚无结束之意的言谈中竖了又竖，舒服之感自然业已消失了个干净，满肚子都像是饭后滞食的馊味。原先老想着人活在世天天被别人夸奖和赞颂是何等惬意的事情，甜言就是顺耳，深觉天下只有毛主席才是最幸福最自在的人，因为没有人会对他说一句不中听的话。可这一会儿，觉得毛主席其实也是不好做的。好话多了并且过火了，简直比听坏话更让人痛苦。为了让自己不再承受如此的痛苦，我只好找了个想要去厕所之类的理由逃之夭夭。我甚至不必知道他姓甚名谁，只是想他迟早还会出现。

几天后或几个月后，自有朋友电话来告，说某某他到处跟人讲方方这个人真可笑，我故意跟她说她写的《女大学生宿舍》棒极了，她居然默认了。她还以为我真的不知道《女大学生宿舍》是谁写的哩！我其实是故意试试她的。我特意说她是世界上最伟大的作家，她居然也不否认，反而笑笑地同意了。这种人，真是不知天高地厚，凭她这样的人格，永远只能做个下九流的作家。

不用去确认，这个某某君一定就是称我是二十世纪八十年代后最伟大的作家的那个人。

之四

那天我正在办公室闲聊，忽有人报：记者某某来找。这些年因写写画画出了点小名，记者来找自是常事。虽不会有半点的激动，可热情总归也是少不了的。个中原因有三：一为我自己曾经做过几年记者，有旧同行前来，自然不可怠慢；二为有相当的记者见多识广，思想深刻，我由衷地佩服；三则是多少也有几分惧怕，谁晓得同他们侃上一侃，回去后他们会在文章里写些什么?!

来人记者某某，虽说只是在一家小小报纸的供职，派头却比什么新华社、人民日报的不差半分。好在我这人素无视来头大小、款待有别之作风，一样笑容满面地领他去家中小坐。他倒也不知客气，大摇大摆往沙发上一靠，开口即道：首先说明，找你约稿是我们主编的意思，他本来是叫谁谁来的，可是谁谁不在家，只好让我来了。没法子。我说：那你完全可以不来。他说：既然领导派了，不遵命怎么行？怎么样，你就写一篇吧？我们报纸虽说不大，可认识了我们，你就不愁稿子没处寄了。你手上凡是发出去的稿，都可以交给我，我在报社也还是个有分量的人物，可以为你多挑几篇发发。既然见了面，认识了，就算朋友。我这个人为朋友办事最卖力。你把手头没有卖出去的稿子都拿出来吧。我忙说，我这人志大才疏，老想当一个著名作家，可老没成功，原因就是写作速度慢。这几个月来，什么东西也没写出，要说手头上有的也只是一篇申请修理房子的报告，我们家的屋顶漏雨。他说：哦？作家亲自写报告要求修理房屋，这稿子也有一定的特色，拿来给我看看。我觉得有趣，便双手呈上。记者某某看了报告很是遗憾地告诉我：你这排头又是单位名称，结尾又是申请人姓名，报纸上可能不方便用。我说那就算我少赚几十块钱的稿酬得了。

约稿之事告一段落，记者某某便一支烟一杯茶地同我大谈他对文学的见解，虽知他老兄那些见解价值如屁，可又不好驳他，毕竟人家自我感觉不错，驳他回去没准年都过不舒坦——那时恰值年关将近。只好东一句西一句地由他白话，哼哼哈哈地搭上一两句腔。好容易地盼到他谈兴结束，送他出门，临了，他边递给我一张名片边说：我一般不轻易给人名片的，除非是我认为这人可以够档次做我的朋友。我忙打着哈哈说：不胜荣幸，不胜荣幸。他说：不知道你写过什么样的小说，我这个人对文学一向没有兴趣，我只觉得干你们这行，太寂寞也太可怜了，路子也不广。不像我们记者，省长都得让三分。什么时候你想要调到我们报社来，给我来个电话，我肯定会帮你的。虽说我跟你是头一回见面，但你给我留下了很好的印象，你这个人不错！我说：

行,一旦有一天我失业,一定头一个就投奔你。他是很高兴地笑了,说至于稿子嘛,你那篇差了一点,再努努力吧,下点功夫,多磨一磨,总会写好的。到时候直接寄给我,我尽量想办法给你发,哪怕得罪主编也给你发。我早说过,我这人,为朋友最能两肋插刀。我忙不迭地说着谢谢,谢谢。心里却巴不得他老兄早点儿滚蛋!

很多天很多天过去了,我几乎忘记了记者某某。有一天,我去找先生一同上街,站在报栏前边等人边看报纸时,突然发现某报有作家方方印象记之类的文章,忙怀有几分激动地定睛看下去,见文中言某月某日,“我”去找方方约稿。方方见之忙递烟倒茶,十分谦虚。当即拿出稿子一篇,请“我”指正。“我”阅后,觉得稿子质量不行,便直言不讳,说你这稿如何如何没有写到要点上云云,方方倒也谦虚,对“我”之观点十分钦佩,当即表示同意,并且收回此稿,表示再改。之后则诚恳地与“我”一起谈文学之一二三,非常欣赏“我”的文学。

我阅之甚感难堪,便向上望之“我”者为谁。不料见得此名,觉得很是眼熟,却又一时想不出来。回家后便急忙寻出名片夹逐一查之,终于查出“元凶”:这正是那天来访的记者某某——觉得我够得上他的朋友档次的那个人!

一诺千金

像我们过去隔三岔五就会听到一些新口号和新名词一样，最近，“承诺”这个词在我耳边反复地响了起来。各行各业都在对社会拍胸脯作承诺。这对于老百姓来说实在是件大好事。因为我们生活中向来缺少承诺，所以对承诺的迫切需要远超出承诺者的想象。

其实，各行各业都有自己的基本职业原则或者说是行规。这些职业原则里从来就满含“承诺”。我在你商场里买了东西，你商场就得对这件东西的质量负责；我购了你的飞机票，你飞机误点你就得对我的食宿负责；我乘了你的“的士”，你就得负责把我送到我要去的地方；我交了你的水电费，你停电停水就得事先通知，如是意外，你就得限时修好；我交了电话安装费，你就得在规定时间内前来安装；我在你邮局上班规定时间去取钱，你营业人员就应该坐在那里工作而不是迟迟不到或是说今天没有钱；诸如此类。翻翻各行业的规则，这些只不过是一些最基本的东西。如果各行业把这些基本的事情都做到了，还额外地需要你承诺什么呢？遗憾的是长期以来，没有人低下头去忠实地执行自己的职业原则，反倒是张大眼睛到处寻找和翻新一些新名词来刺激自己尽职。这委实有些莫名其妙。于是，我们这些当老百姓的有时也会想，你白纸黑字写在墙上的规则都执行不了，又如何能让人相信你的这一份承诺可以兑现？更何况，引用新的口号来刺激工作热情和工作质量，人们也领教得太多了，比方

“顾客是上帝”，又比方“五讲四美三热爱”，等等。但是，这些东西一旦司空见惯后，一切又都跟什么没说一样。这一来，就不能不让人对现今的“承诺”有所担心。焉知这回是平地刮过的一阵风还是头上永远的一片天？

同时，承诺是要有准备的。这不光是心理上的准备，还得有职工素质上的准备和基本物质条件的准备。承诺者们在作承诺之前，不知道有没有想过自己做好这些准备没有。因为有些准备不是承诺者凭想象或凭响应号召的热情就能具有的。你昨天对病人还是连讽刺带讥笑地一脸厌烦，你今天就能和颜悦色，百问不厌？你几十年把顾客当奴才吼叫惯了，一作承诺你就能满面春风？你说断电事故限时解决，可你手下人员要车没车要物没物时你解决的了吗？等等。而一旦承诺无法兑现，你不也就是找出各种理由来解释自己无法兑现的原因吗？既总能找出为自己开脱的理由，那你还作什么承诺？

我们的社会常常热衷于提出各种新的词汇来引起大家的关注，并企望以此可以提高社会服务的质量。一次又一次，虽然最后总流于形式，但最最后，还会再提一个说法。汉语词汇丰富，同类的词语是总也用不完的。对此我常常觉得很难理解。总觉得这就像一只漏了的桶一样，各种语言上的新招式都是不断在上面打箍。越打越多，而桶依然下漏着。为什么呢？因为漏的地方是底。把所有“打箍”的精力都放在彻底换一个“底”上，一切都不就迎刃而解了吗？而对于社会来说，这个底就是“法”。一个社会，有法可依，有章可循，法律能真正为老百姓做主，这才有了最大的承诺。——当然，这是另外的话题了。

中国有一句老话，叫做“一诺千金”。承诺是很沉重的两个字，而不是一个流行术语。我不知道那些轻率夸口说“承诺”的单位和人们是否真能承受得起这两个字，也不知道“承诺”一旦作为口号被流行起来了,它是否还会含有它原本的意义。只是无论如何,倒也还觉得:有承诺比没有好。

1989年与女儿在武汉展览馆

1989年底在缅甸蒲甘

看拍卖

中国嘉德国际拍卖有限公司在北京举行冬季拍卖会，同学寇勤因在嘉德做副总，便来电话大谈他们这一次的拍卖活动是如何如何的激动人心。这次拍卖分为中国国画、新中国美术作品、中国油画及雕塑、古籍善本、邮品以及瓷器、珠宝翡翠等几个专场。拍卖中有许多的精品珍品，都是极让收藏家所关注的。

我虽不是收藏家（不是不想，主要是没钱满足收藏欲望），可对美术作品总有几分特殊的喜欢，尽管水平也就只是一个老百姓看画儿的程度。寇勤说此次秋季拍卖，艺术作品有三个专场，新中国美术一场中且有许多“文革”作品，这样的专场拍卖，还是首次。听到这些，不由得不令我怦然心动。

大凡在拍卖之前，所有作品都是要展出几天的。一旦成交，被人买走，藏之密室，比方傅抱石的《丽人行》、徐悲鸿的《九州无事乐耕耘》、吴作人的《解放南京号外》等，再想要亲眼一睹这些艺术作品，可就是难于上青天了。尤其傅抱石的《丽人行》。这幅被称为是傅抱石的呕心沥血之作，徐悲鸿评它为“此乃声色灵肉之大交响”，张大千亦说此为“开千年来未有之奇，真圣手也”。上个世纪五十年代中傅抱石将此画作为生日礼物送给了郭沫若。据说郭沫若将之悬挂于自家客厅，一进门便让人有满壁生辉感。还听说有一次陈毅去郭家，见得此画，惊叹不已，便找郭老借回去朝夕欣赏。陈在家中百看不厌，以至一个月过后仍未归还。郭老急了，忙派人去陈家将画索回。如此珍品，又有如此风雅有致的传闻，倘若有机会可以亲眼一见而以路途遥远之理由放弃之，岂不令人后悔一辈子？更何况以后就再也无缘得见了。如此想过，便买了张机票飞去了北京。

能亲眼一睹许多过去只见过图片或只听说过画名的艺术作品，真是人生一大福气和一大享受。但又眼睁睁地看着这些精湛的艺术作品一一拍卖，落于手持“大哥大”的买家之手，便又由衷地感到一种惆怅和几分无能为力的折磨。在拍卖艺术品的几个专场上，与拍卖师清朗而又短促的拍叫声相伴的是不时地响来响去的“BB”机和手提电话的铃声。一些老板模样的人便隔三岔五地对着手提说话，富态着面孔进出，有钱的神情溢于言表。

这的确是一个比谁更有钱的地方。忘了是哪一幅画在拍卖时，仿佛不是卖画，而是斗富，你来我往地，一个劲地往上涨钱，观者们便在拍卖师的微笑中骚动着为加价者使劲鼓掌，直到拍槌落下仍有掌声响起。傅抱石的《丽人行》叫出起价三百五十万后，在一片紧张而又扣人心弦的应答声中，拉锯似的叫到了九百八十万才一锤定音。成交价格远远地超出了估价标准。胜利当然属于那个最有钱的。

另一场拍卖善本的场面就不太一样了，少了许多“大哥大”，却多了一些戴深度近视眼且衣着质朴的人们。他们不时地记录，间或与同伴指点着谈上几句，状态安然而不动声色。拍卖过程中，我曾去洗手间，一个戴深度眼镜的人，神情沉迷地也走进了女洗手间。我对他大声地说：这是女洗手间！他方大悟，一脸难堪地逃之夭夭。我的旁边还坐着两个农民打扮的人，他们穿着既旧又土的衣服，脚边放着一摞似乎是刚从书店买来的古典书籍，虽然我没看见他们参与竞价，但他们却一直全神贯注地详细地记录，两人不时地秘密说上几句。善本不像美术作品，买回去可以悬挂于室，供人观赏并炫耀财富。善本买回去只能束之高阁，无以面向客人，也就无以展示财富。我有时想，像什么《清江河冲刷形式图》《御注道德经》《汪氏签古斋墨薮》之类，除非是自家真爱，否则他买这些干什么呢？所以我觉得，那些真正称得上收藏家的人，不是那些在艺术品拍卖场上嚣张地打着“大哥大”的小老板们，而是坐在善本拍卖场上不动声色的人，比方那个走错厕所的深度近视眼和那两个农民之类。

家里的小动物

小时候家里住房宽敞时，我是很喜欢养一点小动物的。那时家里的厕所分大便池和小便池两间。而一家人生活觉得一间厕所也就够了，于是小便池那间便成了小动物的家。最早我和哥哥合作在那里养小兔。小兔养大后，男孩子们嘴馋，竟在有一天毫不犹豫地将小兔杀掉吃了。为了这事，我痛不欲生，哭得在地上打滚，从屋里滚到屋外，但却是无论如何也不能把烧好的兔肉哭回成小兔。说起来也算是一段伤心往事。后来我又养过小鸡，正养得兴高采烈，却在一天，同全宿舍的小鸡一起发鸡瘟死掉了。自此便消解了我养小动物的兴致。

但对小动物的热爱是所有小孩的天性，当我的女儿毛妹能够下地跑的时候，小动物便成了她追逐的对象。她最先喜欢的是邻居的猫。但凡哭时，带她去看猫，她便立即破涕为笑。见她如此爱猫，她的堂姐用小篮子装着一只小猫辗转几道车，专程送来给她。然而她对猫的热爱颇失分寸。一见小猫便要紧紧抱它在怀，晚上要与小猫同盖一被。这种过分的溺爱，自然要引起小猫的反感。在一次毛妹强要小猫与她头并头睡在一起时，小猫伸出爪子毫不客气地在她脸上抓了一把。一道红色的血痕从毛妹右眼角一直斜拉到左嘴角，险些没抓瞎她的眼睛。犯下如此罪行的小猫绝不可能留它在家继续逍遥，于是她的父亲一怒之下将它礼送出了门。

又一天一个朋友送给我两只鹦鹉，我带它回家时已是晚上。

两只小鹦鹉在鸟笼里啾啾地叫得十分欢畅，立即让正欲睡觉的女儿毛妹欣喜若狂，而且立马要教鹦鹉说话。想不到的是，鹦鹉的生命太脆弱，第二天便无端死去一只。毛妹伤心之余，决心要把全部精力都用来教导剩下的那只鹦鹉。可是形单影只的小鹦鹉，郁郁寡欢地过了半个月，还是在一天早晨莫名其妙地死了。毛妹伤心得坐在阳台上放声大哭，哭得天昏地暗。见她如此悲痛，我便动了恻隐之心，信誓旦旦地许诺她一定买一对她最喜欢的小白兔回家。

去买小兔的那天是个星期天，毛妹以她难得的顺从同我一起上街。孰料还不曾走到卖小兔的市场，却遇到一个卖荷兰猪的小贩。毛妹一眼便被那些小巧可爱的荷兰猪所吸引，扯着我的衣角央求我买一对荷兰猪回家，并且表示买了荷兰猪就不买小兔。这个要求不过分。我自然给予了满足。荷兰猪买回后，见它们憨头憨脑的可爱模样，着实成为我们一家人的小宠物。我们每天都要讨论一下小荷兰猪饮食起居之类的生活问题。毛妹更是见人便炫耀她的荷兰猪如何如何。生怕别人不知道。但是不幸的事还是发生了。有一天，她领了一帮幼儿园的小朋友来家里参观荷兰猪，一个淘气的小男孩子将其中一只活生生地捏死了。“凶手”是她带来家的，毛妹连哭的理由都没有，只是沮丧地坐在床边生了许久的气。而半年后的一天，当我们全家出门的一个日子里，剩下的这一只大约因饿出来找吃的，竟是从五楼掉到了楼下。楼下的孩子将荷兰猪的尸体用树叶盖着，放在我们必经的楼道上。晚上，毛妹还没进门栋，便听到了这个噩耗，她一边哭一边上楼，蹲在小荷兰猪的尸体前痛哭流涕。然后摸着黑将小荷兰猪埋在了我们楼下的草地里。

我的一个好朋友知道毛妹喜欢小动物，于是在她过生日的那天，专门从医院的试验室里弄来一对小白兔。毛妹的生日在冬天，朋友送来时便说，太冷了，很可能养不活。我们当即表示，一定要尽心尽力地照顾好它们。然而这一年的冬天的确是冷得异常。家里开着取暖器,小兔子仍然冻得哆哆嗦嗦。我们只好用一只棉帽给它们当窝,又为它们配一个专用取暖器。就是这样,几天后,小兔子还是都死去了。送小兔来的朋友说,这不能怪你们,这个季节本来就是不养小兔的季节。为了弥补毛妹,朋友在春天的时候又送来了一只刚满月的小狗。小狗是全黑色的,只是鼻子上有一团白毛,于是我们叫它"点点"。初来乍到的点点唯一吃的东西是牛奶,为了让它吃好,我家小阿姨把新买的一袋雀巢奶粉全都变成了狗食。小狗一天天地长大,开始像一个活泼的少年,一听见叫它便欢蹦欢跳着,十分可爱。已经上小学的毛妹每天放学还没进门,便在楼梯口热烈地呼叫点点的名字,自己最爱吃的东西都要与点点分享。

但是万没料到的是这一年,武汉市首次明令规定城市不许养狗,如果发现将重罚或严惩。对于毛妹来说,这真是个晴天霹雳。当然,如果上缴三五千块钱为狗办一个"户口",然后每年再交一定数额的钱,也还可以继续喂养。只是无论毛妹提出如何的"保狗"口号,她的父亲却对此坚决地持否定态度。她的父亲是学理工科的出身,在大学当教师,拿着很少很少的工资,对这种掏半年薪水来养一条狗的做法嗤之以鼻。在这样的情况下,我的这一票便尤其地显得重要了。然而可怜的小狗在我正犹豫不决时,没有一个好的表现:它竟当着我的面将它自己屙的一团屎吃掉了。这个动作让我觉得恶心难忍,便一下子站到了毛妹父亲的旗下。小狗点点被送到了同事王的家里,让同事王找个机会送到乡下去。同事王的家离我家很近,毛妹熟知他家的路径,于是我们便告诉她说送到同事李家去了。这样一来,毛妹便每天去找同事李打听点点的消息。那种思念之情,让我们这些做大人的都有些于心不忍。同事李见她如此这般,便策划了一个点点"探亲"的活动。放学归来的毛妹，听说点点被带到办公室里，风一样地跑着赶去相见，令我几乎都后悔不该送走那只小狗。只是再打听为小狗办户口的费用，得知已上涨到了六千块钱，这是毛妹她父亲几近一年的工资。我到底还是摆不出这份潇洒。

不忍毛妹一提点点就泪水汪汪的样子，我又携她上街去买小动物。这一次她看中的是热带鱼。我们一下子买了六条回家。这一次“抚养活动”持续的时间最长。可是当冬天来临的时候，热带鱼还是陆续地死去。然后我们又养蚕。喂养工作总是由我和小阿姨承担，毛妹只是一个观察家而已。养蚕结局最为美满，所有的蚕都结了茧，并且化蛹为蛾，下了许多的小小的蚕子。下子的时候我们都很激动，守在它们的旁边看它们屙屎一样将它们的孩子“屙”在纸上。我家的蚕子多得足够来年开一家养蚕场。

又一个春天到来的时候，家里已经什么小玩意都没有了。毛妹只好到楼下去抱人家的小狗小猫。只是有一天她放学回来，突然表现得极为亢奋。原来她自作主张让小阿姨买回家四只小鸡。早春时节，小鸡极容易冻死。每死一只小鸡，毛妹便扯开嗓门，高声武气地哭上一场。于是我又责小阿姨赶紧再买几只来替补上。养鸡兴致盎然的毛妹每天从外面带几条小蚯蚓回家给小鸡加“荤”，小鸡便在如此优厚的生活条件下一天天地长大。然而问题又出现了：耐不住独自享用养鸡快乐的毛妹每个星期天便要抱着小鸡下楼去“遛鸡”，并请她的一帮小朋友们欣赏她的“宠物”。小朋友们也有几个不是“善辈”，他们把小鸡抛得高高的，训练小鸡像鸟一样地飞起来。小鸡被摔得十分惨重，毛妹因此而生气，却是控制不住场面。几次发誓说不再遛鸡，可到了阳光晴好的时候，她还是隐忍不住地抱着小鸡下了楼。结果每一次遛鸡回来，便有一只小鸡奄奄一息，隔一两天便呜呼掉。这样下来，没多久，小鸡也一一的死光了。所有死去的小鸡都被她埋在当年埋小荷兰猪的草地上。只有毛妹一个人可以指出哪一个小土堆是一座坟墓。

前不久我告诉她，在我们手上已经死了那么多的小生命，我们不能再养小动物了，得让它们去那些比较会养它们的家中。毛妹噘噘嘴，并没有表示同意。

一晃便是好几年，直到我们搬了家。新家有一个小院子，它重新唤起了我们养宠物的欲望。于是我带着毛妹到市场花了八百块钱买回刚满一个月的一只可卡犬。毛妹给它起名“可乐”。从此以后，家里的小动物才算真正与这个家融为一体并且和睦相处。

有关烟事

因为家里没有人抽烟，故而对所有关于烟的话题都无甚兴趣。有朋友赠书一册，名为《第五种威胁》，谓战争、饥荒、瘟疫、污染为人类四种威胁，而第五种威胁便是烟草。这样一读便甚觉紧张。好在很快这紧张感便在转念中消失。因为我家横直是没人抽烟的，威胁不威胁不干我事。如此便又放下心来，坦坦然然地过日子。依然不介意香烟何牌子好何牌子不好，更不关心它涨没涨价以及怎样识别真烟假烟之类。

前不久到贵州开笔会，贵阳烟厂接待我等并领我们参观车间。参观时许多人都说贵烟如何如何之好，如何如何有名望。我却一片茫然，说我怎么从来也没有听过有贵烟这一说呀，显然这话说得太外行了，令在场的人，尤其是烟民们都哄地一笑，那笑意仿佛是说没吃过猪肉未必也没有见过猪跑？真也太蠢了。

不识赫赫大名的贵烟，充分让我认识到了自己的无知。夜里回到宾馆，想想这事，心说自己竟然是一个烟盲了？便觉得好笑。自笑间，不由回想往事。一想就觉得自己当年也同烟打过不少交道。

小时候家里的父亲也是抽烟的人。记得他常常抽的是“飞马”或者是“大重九”，似乎还有“白金龙”什么的。那时我对父亲的香烟毫无兴趣，但却热心于收集香烟盒，故而也知道“老刀”、“哈德门”，甚至还晓得老百姓当年因“老刀”牌烟盒画的是个持刀海盗，故称“老刀”为“海盗”烟。就凭这，不能不说我对香烟颇有了解。像所有烟民的子女一样,我也常常肩负为父亲买烟的重任。只要父亲一声召唤,不管乐意不乐意,都得颠颠地奔入商店,而跑腿的报酬也就是得两个空烟盒。

“文革”中有一阵子,突然市场上没什么烟卖了。不要说“飞马”、“游泳”这一类烟,就连最便宜的“大公鸡”都是购者如云并且难以买到。这就急坏了父亲这样没有烟抽就不自在的烟民。起先父亲将他好不容易排队买来的烟一分为二,每次都只抽半支。这样抽过几次后,我在高中读书的二哥便提出这样的抽法实际更加浪费,因为这一来就有两个烟头,两个烟头加起来相当于等于丢了半支烟。父亲一听大悟,又改为每次抽一半即熄灭,可这样做的弊病乃是抽得一半时,往往舍不得熄火,或是边工作时边抽烟,根本就不记得熄火。只是待到一支抽完后,才后悔于自己的“超抽”。因为这个,父亲的香烟来源怎么也赶不上他抽烟的速度。在香烟断顿的时候,父亲便犹如处在水深火热之中。

父亲是一家之主,他的痛苦就是我们全家人的痛苦。母亲为了拯救受苦受难的父亲,便给我和我的哥哥们全都派上了买烟的任务。只要听说哪家商店可能有烟卖,母亲便凌晨四五点将我们叫醒,驱我们出门。等我们摸着黑跌跌撞撞到商店时,那里多半已排上了不少烟民或烟民的儿女们。当时排一次队只允许买两包烟,我和我的哥哥便重复地排队,几近中午回家时,往往能买了一条有多。虽然也只是档次最低的“大公鸡”什么的,可对于父亲来说,业已相当满意了,为此他总是十分开心。往往一边美美地抽着烟,一边夸我们能干,且偶尔对母亲说养儿女养到这时候就有收获感了。只是在父亲得意之时,他能干的儿女们多已困倦得歪倒在床上。

记得那时排队在黎明中的我,常常一边打着呵欠一边想,等将来我有了钱，一定给父亲买很多很多最好最好的烟，让他过足烟瘾。只是可惜，在我有了这样的能力时，父亲却早已离我而去。正是因为父亲的早逝，使我不再存在与香烟打交道的机会，因此我就成了一个对烟事茫然无知的人。

不妨发发少年狂

人近中年，外貌老了，心境也不自觉地老了起来。虽说无人能阻止外貌的变化，可却有人能使心境保持年轻。只是这样的境界太难达到，似我等喜欢关注社会、忧患命运偏又背负着不可摆脱的繁杂事务和家庭重累的人是无法企及的。所以我们常常在感叹生活把我们自己磨得不成为自己的同时，总想找个什么机会释放和发泄一下，虽然也不尽知自己到底想要释放或发泄什么。

一天，一帮大学同学在一起聚会。聚会无非凑份子找一家中小餐馆大吃一顿，然后畅所欲言，粪土当今万户侯一番而已。饭桌上不知谁突然说好想吃洞庭湖君山的全鱼宴。这一说，仿佛勾起大家满肚子的馋虫，令所有在场的人都动了念，于是都叹说好想吃那全鱼宴。

欲望这东西，一起来了就不好收回去。咂嘴叹息之间，便有人一本正经地敲定了出发时间及集合方式。

君山是洞庭湖中的一座小岛，在湖南。而我等人全都在湖北，隔着省份，要吃这顿宴席，当然是比较复杂些。比方要坐火车搭轮船；比方都是有单位的人，得向领导请假；比方有人身居要职要安排工作；等等。只是在那股子勃发起来的狂热劲面前，那些似乎都算不上什么了。全是学过中国文学史的人，对魏晋文人的名士派头谁个不是欣赏备至仰慕已久？王子猷雪夜访戴的潇洒又是何等的令人回味！虽则已过浪漫和任诞的年龄，可放纵自己一次的欲望，人皆心存。

居然也就去了。虽然出发那天下着雨，到了岳阳后雨且更大，轮船业已停开，设法到了君山后，又恰逢君山停电，可仍然没有让我们产生丝毫的沮丧之感。当我们坐在洞庭湖中这座小小的君山上，点着满桌的蜡烛，围坐在一起放肆地饮着啤酒并吃着我们垂涎已久的各式各样烧法的湖鱼时，其快乐和兴奋真是难以言说。纵已是站在中年的门槛上，可满桌我们的叫嚣和喧闹一点也不亚于狂放少年，人人都想要一醉方休。足足地叫那些服务员们惊异了一番。

当我等酒醉饭饱腹犹果圆着出门时，大雨已停。天也尽黑得伸手不见五指。山间小径无灯，我们一行亦未带手电筒之类，便只能人手持一蜡烛，回返宿地。这无意中的秉烛夜游，更让人生出些放浪形骸之心。于是十来个人便在这空山无人之境边走边高歌狂笑，纵情发泄。

歌子几乎从上世纪三十年代一直唱到如今的流行歌曲。国统区解放区陕北信天游夜上海的靡靡之音，诸如此类。几乎把历史复习了一遍。唱得最整齐、声势也最大的是语录歌和样板戏，这有点像我们这代人的"代歌"。从来不用想词，脱口就能唱出。唱得差不多人人都嘶哑着嗓门。整个君山，想来也就只有我们这一拨人在这个没有月亮的夜晚，在穿过山林时且行且停，且唱且嚎，搅碎了它夜复一夜的宁静。

一夜兴尽。第二日早在游客们纷纷上君山玩览时，我等便逆行而去，赶至岳阳，乘坐当天的火车返回武汉了。

毕业近十年，已好久没有自费出门了，也好久没有在火车上坐硬座了，更没有自己花钱住旅馆这一说。甚至专程前去吃的那顿全鱼宴也回想不出那究竟是什么好滋味。记得的只是：没有哪一次出门有这次这么令人快乐，这么令人怀想，这么刻骨铭心。

于是,同学再见面便都说:太开心了。回来好些天都觉得活得有味,浑身是劲。然后又相互预约:下次去少林寺。

人格的力量无法抗拒

我父亲所在单位叫长江流域规划办公室。简称叫“长办”。父亲常说它是全世界最大的一个办公室。它的下面职工有好几千人。长办是专门治理长江的。葛洲坝工程、三峡工程以及长江上许多水电站,都是他们设计的。长办的主任叫林一山。他是个级别很高的领导。我们小时候听说在湖北只有当时的省委书记王任重可以同他一比。而且还听说周总理和毛主席都特别欣赏他。一度传言毛主席曾表示不想干主席,想要跟他一起去修三峡。这当然是大领导对属下的一句玩笑话,可林一山却因了这样一些趣事,在整个长办都颇有传奇色彩。

“文化大革命”开始后,林一山受到冲击是自然的。记得那时我们宿舍院子里的红墙上到处都用墨汁写着“打倒013!”,我先不知道这些数字是什么意思,经我小哥指点,方恍然:013就是林一山。小哥还告诉我说,林一山有一只手受过伤,大字报说是他因当叛徒而受伤的。这个信息令我吃了一惊,于是想到爸爸竟在一个当过叛徒的领导下做事,真是有着万分的委屈。那时我是一个四年级的小学生。有强烈的爱憎感,但却不懂得对与错。

长办有一个俱乐部叫长江俱乐部。绿色琉璃瓦屋顶,乳黄色的外墙,很漂亮很典雅,是我们很喜欢去的地方。长办所有的庆典都在那里举行,理所当然,“文革”中所有批判大会也都在那里召开。一九六六年的一天,长江俱乐部开会批判林一山。

虽然林一山是叛徒的说法流传很广，但他在我们小孩子的心里始终有一种神秘感，我们想看看他到底是个什么样子的欲望很是强烈。于是我和几个同伴决定去看这场批判会。

长江俱乐部的看门人因我们是职工的孩子故而对我们并不严加看管。我们很轻易地混在大人堆里看开会。对于我们这个年龄的人来说，这种会议自然毫无趣味。而且林一山坐在台下的第一排位置上，我们根本都看不见他。我们盼来盼去，才好容易盼到了休场。大人们纷然出去透气，林一山却仍然坐在那里。

我们跑到他的跟前，看见他正在一个小本上记录着什么。他的手果然是受过伤的。我挤上前去说："你的手是当叛徒时受伤的吗？"林一山抬起头，严肃地说："不是，我是跟日本人打仗时受的伤。"我说："你骗人。"林一山说："我从来都不骗人！"我没来得及问后面的话，便被其他孩子挤到了一边。

回家后，我告诉父亲。父亲感叹万千，说林一山这个人是个硬骨头，他不像别的领导人那样为权宜之计从头到尾都认错。他始终很强硬，始终坚持自己的观点，他从不承认他在执行资产阶级路线。父亲过去并不喜欢林一山这个人，可在"文革"中他却对林一山的傲骨表示了极大的钦佩。因为像林一山那样不管你怎么批我斗我都坚持自己观点的做派，是父亲这类软弱的知识分子们想做而不敢的。

后来我们就听说林一山被关进了大楼的地下室——那个阴暗潮湿不见天日的地方。再后来我们又听说被囚的林一山竟找看守讨得一些沙子，然后利用遗弃在地下室的水泥和那里面长流不断的阴沟水，一捧一捧地筑起了一条小小的挡水坝。这件事是怎么传出来的，我并不清楚。但它足以让所有听说过的人都产生万分的感动。为一个人不垮的意志感动，为一个人不屈的精神感动，为一个人永不放弃的追求感动，更为一个人永远挺立的人格感动。

以后，父亲去世了，我也离开了长办的宿舍大院。可每当我想起少年往事时，总会想起在长江俱乐部的我站在第一排座位前质问林一山的情景，想起林一山认真的对答。虽然从那以后，我再也没有见到过林一山，而且我实际上也根本不真了解这个人，但我的一面之识以及那些道听途说的故事却悄然地影响着我的世界观和我的生活。

书生放牛

“文革”期间，一大批书生被赶到农村，他们中很多人都干过同一件事：放牛。在乡下，大约放牛是件最简单容易的工作，所以，我们常能见许多五六岁的小孩子或是老得不能劳动的老人出门放牛。他们仿佛学都不用学，天生便能把牛放好。但书生却不行。书生之所以是书生，便是他比别人多有一种书呆气，即使让他们放牛，也不例外。曾经有两个书生放牛的故事让我笑得几乎跌倒。

一个是徐迟放牛。那年徐迟被通知去“五七干校”。城市长大的徐迟虽说天南海北跑过不少地方，但对乡下生活究竟如何一定缺少了解。徐迟得知他到“五七干校”的活儿是放牛，便立即去街上买回一支笛子。他脑中想必出现过牧童坐于牛背，一支竹笛横吹的画面。背景上或有炊烟袅袅，或有山水田园。总之他觉得放牛是一定要吹笛子的，哪怕让他放牛的人目的是要他改造思想。他拜了老作家骆文的儿子——一个中学生——为师，突击学习了几天，然后便带着那支笛子去了“五七干校”。故事到这里，皆是机关里的传说。为证实其真实性，我特地去问徐迟。徐迟认真地说，是呀，我吹了好些天，可是牛都不听。他的女儿小音说：“什么呀！他对着牛吹，吹得牛个个都烦他，连草都不吃了。”小音的话，令我大笑一场。说给谁听，谁都笑疼肚子。

另一则放牛故事却是我父亲说的。那时父亲也由机关下到

"五七干校"。父亲所在机关是长江流域规划办公室,三峡大坝就是他们设计的。那是个工程师成堆的地方。这一群工程师在那年头都得轮番地去干校种地和放牛。有一回,两头牛在田里打起架来,牛角抵着牛角,互不相让。这便急坏了工程师们。上前去拉架,又不敢,毕竟太危险;由着那俩牛打去,也不行,伤了牛也是不小的责任。工程师们便像论证三峡大坝似的,一个方案一个方案地论证,以便找出一个最佳的。最后他们终于一致地选定了一个,即:派出两人,一人拿一根绳子,分别从两头牛的尾部潜伏过去,人不知鬼不晓地将绳子套住牛的某一部位,最好是腰部,然后把人分为两帮,有如拔河,同时后拉,从而一举把牛分开。于是有两个勇于献身精神的工程师报名套牛。他们两人分别在距两牛屁股约十米处开始匍匐前进。其他所有的工程师都伫立远处屏气观望。然而这两人虽是勇敢,爬至离牛只两三米远时,终因胆怯,败下阵来。下来时说,这方案只有在牛处于静态时方可用之,而动态中使用却不可行,极有可能被牛踩伤。众工程师们恍然,都说,哦,哦,有道理,原来如此。牛架未解,只能再想新的办法。讨论正激烈,走过来一个老农民,手上拿着一簇火把。仿佛十分随意地走至牛的跟前,将火把往两牛之间一扔,掉头便去。头角抵得正紧的牛,见有火把,竟一下松抵,各自调头,分别朝两个方向踱步而去,过程和方式简单得令一群工程师目瞪口呆。我父亲说时自己也大笑不止,笑完说,当时我们真是空有满腹学问,没有一个主意。

书生放牛虽出尽洋相,但书生的能耐不在放牛。书生能做无数远远复杂于放牛的事。比方著书立说,比方设计大坝,等等,等等。所以,最好的法子还是让会放牛的去放牛,让书生去做他能做的事情。

1999 年在网上的观望

一九九九年夏天，网上有两个站是我每天必须去逛上一圈的。一个是北极科考。通过网上“直播”，每天都可以看到“雪龙”号上的最新动态，可以获悉诸多的北极常识，可以直观各种现场照片，可以得知考察队的行踪，甚至可以知晓船上有怎样的设施，科考队员们怎样生活，怎样同家人联系，记者们怎样发稿，诸如此类，其乐真是无穷。

还有一个站点，则是朋友罗新的个人主页。罗新是湖北人，高中毕业的时候考上了北大中文系，毕业后回来工作了两年，又到北京读书。这一次他回北大时读的是历史系，读完硕士读博士，然后留在了北京任教。我知道罗新很久，认识却没几年。只在一起吃过两顿饭，一次是在罗新家里，一次是在北京的一家餐馆，都是罗新请客，心里实在是有点儿欠了罗新的感觉。总想回请一次，却很难有合适的机会。跟罗新的交往，便主要是在网上。

前年大水期间，罗新在湖南取水楼整理吴简，发给我一封邮件，谈他们整理的情况以及在那种氛围下的感受。罗新毕竟最初学的是中文，文字便很文学，字里行间常有伤感意味，读起来很令人感动。今年五六月，罗新又去湖南整理吴简，依然给我发来了他工作情况的进展，对于他们那样一群学者对事业的热爱、执着和认真，我真的是很佩服。然后我得知了罗新和他的同行决定夏天西行，自己驱车由北京而山西、陕西、宁夏、甘肃、青海、西藏、新疆，然后取道内蒙古回北京。罗新在自己的网页上为这趟行动取名为“新西游记”，把整个的西行日期和路线列了出来，周密而充满着诱惑，一度我表示了同行的愿望，可因种种原因，还是没有去成，便只好成了罗新一行人西游的网上发烧友。

以往我脑海中学历史的人，就跟自己也是历史人物一样，浑身上下都散发着一股旧气，而罗新他们不。他们是新一代的知识分子，他们研究的是古老的历史，但追随的却是最新的科学。他们开着自己的车，带了便携电脑、手机、数码相机诸如此类普通的老百姓尚觉陌生的设备。他们每天通过电脑，通过网络，把自己的行踪用文字和图片发表出来，让我们这些囚于城市囚于家中无法见到如此世面的人，得以跟着他们的足迹，顺着他们的眼光，去看他们之所看，去感他们之所感，去叹他们之所叹。虽然与他们所看所感的相比，只是一点一滴，但网上精彩的图片所展示的博大的、深不可测的中华文明，也足以让人深深陶醉。

这不是世俗的旅游和简单的观看风景，而是对中国古代文化的探求和考察，充满冒险。我虽没有罗新一行历经艰难的切身体会，但却能从网上追随着他们的旅途，观看他每天发出的文字记录和图片，了解他们的经历和见闻。有些地方我们可能绝不会享有机会前去一观，有些传说可能我们从来也没有途径听说过，有些历史可能我们永远也不可能在书本上阅读得到，有些景观我们多半一辈子也无法亲眼得见，至于罗新的万千感慨，就算是同罗新坐在一起聊天也不一定能听他谈及。但我们都从罗新的网站上看到了。这样坐在电脑前，登上千丝万缕的网上的一个节点，每天随着罗新他们的足迹抵达一个个的目的地，看到不同朝代为我们留下的或华丽或淳朴或优雅或平庸更或是有着惊人创造力的历史遗迹，同时也感受着我们这个民族历史的悠长和丰富，感受着它的繁华与苍凉，和罗新他们一起发出惊喜或长叹。这一切，都只有上网才会获得的享受。

可惜罗新一行出了新疆的和田，在抵达且末（新疆的一个县）的途中出了车祸。《新西游记》的主笔罗新几乎九死一生，网上的沉寂仿佛在制造一个老大的悬念。直到罗新无生命之虞以后，他的朋友通过网站将他的状况通报出来，才使我们看到直升机飞抵沙漠救人的图片，看到文字陈述罗新几乎就此亡命旅途的过程，这时候可真让如我这样的网上观望者目瞪口呆。

两个网站在这个夏天给我的感觉是悲喜交加。在北极科考胜利地返回来，人们用鲜花和歌声像欢迎英雄一样欢迎着他们的时候，罗新正打着石膏躺在乌鲁木齐的医院里与满身的伤痛做斗争。

听音乐会

我过生日那天，和几个哥哥在一起吃饭。我小哥像报告一个天大的喜讯一样对我说：戴玉强要来武汉开音乐会了！我说这有什么大不了的。戴玉强来过好几回了。我小哥说，这回不一样。这回你嫂子被选去合唱。我小哥说时一副乐滋滋的神色。

我小嫂子在一家公司工作，平常没事，就参加了中老年合唱团，经常排练以及演出什么的。戴玉强来汉演出，需要本地合唱团的配合。这下就不得了了，本来合唱团的人都只是自己唱唱消遣生活，对上台不上台也都无所谓。可这回来的是戴玉强。戴玉强是帕瓦罗蒂的关门弟子，报纸上吹过好多回。能跟他同台演唱，岂不是一生的大幸？合唱团的人都很激动。可是跟戴玉强一起上台不是随便的，得经专家挑选才是。我嫂子在合唱团中属年轻漂亮的一类，率先被选上。而她的团友们，选上的都热泪盈眶，没选上的除了满心悲痛外，仍然天天守在那里，等着某个选中人病倒而成为替补。我嫂子每天晚上去练歌，夜夜亢奋得失眠。我小哥也忙碌起来，晚上经常陪着小嫂子去练唱不说，还一口气买了三千块钱的票，呼朋唤友，让大家都去看演出。我和女儿也各得一张票。我说幸亏小嫂子只是合唱一下，要是独唱，你岂不是要包场了？我小哥说，我们家什么时候有人跟这样重量级的演员同台演出过？说的也是，的确没有。我们家的人都没什么文艺细胞。最厉害的也就算我：在中学的文艺宣传队打过几年扬琴。

听戴玉强唱歌的日子终于到来了。在新落成的湖北剧场里，我跟我小哥碰了头。小哥肩上背着一个大包。包里装着数码相机、照相机和望远镜，手上拿了一把花。全副武装的样子，煞是有趣。

戴玉强一上台，我们就开始等待合唱队出来。可是戴玉强只顾自己猛唱，全然不考虑我们的心情。一直唱到中场休息时间来临，合唱队连个影儿都没露。我小哥说，下半场肯定会上的，绝对会上。小哥的话没错，下半场一开始，合唱队就出来了。剧场音乐厅的舞台很深，合唱团上台后，就站在那个最深处的地方。队员们的脸小得让人看不清楚。得亏小哥英明，带了望远镜。同时，小哥早已弄清了嫂子所站的位置。小哥说，看，第一排靠中间的、长头发的那个。有这样明确的标识，我们果然找到了台上的嫂子。

在我们用望远镜找人时，我小哥一会儿拿照相机，一会儿拿数码相机，东跑西跑地拍个不停。舞台那么深远，人又那么小，而我们的位置又在楼上。我估计我嫂子的面孔在我小哥的机子里只有芝麻那么大，会比用望远镜更加难认。

音乐会终于结束了，台上我的嫂子也唱完了。于是掌声和鲜花都猛然地往台上涌着。戴玉强忙个不停。我小哥想起他的花。他的花在演出时一直放在座位下。小哥收起了他的两机一镜，抱起花颠颠地下楼，往台上去。

合唱队的人都站在原处没有动。他们静静地看着戴玉强和指挥和嘉宾们相互握手拥抱互祝演出成功，看着鲜花和赞美都在围绕着那几个主角。这时候，我小哥抱着鲜花上了台。他绕过了戴玉强，绕过了嘉宾，也绕过了指挥和乐队。他往舞台的最深处走去。正在散场的人们突然都停下来看。我小哥把花送到了站在合唱队中的我嫂子手上,我小嫂子一脸的惊喜,慌张地接下了花。合唱团的人都欢呼了起来,台下看的人也都起哄着。我们这些亲朋们更是乱喊乱叫。就连那些主角们都惊异地看着这一幕。

我小嫂子满脸笑容,独特又醒目地站在合唱队之中,然后她就抱着那束花和戴玉强他们照相。而我们出场的时候,听到好多人都没议论戴玉强,却在说那个给合唱队送花的人好浪漫呀。

蓝调——放松或是即兴

今天晚上去了湖北剧场听音乐。主角是法国蓝调口琴大师让—雅克—米多——一个头发已经白了的男人。

这是一个五人组合的小乐队，高音吉他、电子琴、贝斯和鼓手。另有中国两个萨克斯手被邀请出场，其中一个是武汉人。

这样的音乐会在武汉还不多见。武汉的舞台多是古典音乐的天下。所以，今天的剧场不算太满，主持人只好站在台上喊：楼上的干脆都坐下来吧。或者后面的都坐前面来吧。这时候，你就觉得外地人说武汉人土俗也真是一点没说错。

不过，现场的气氛倒是非常热烈。在那样的节奏下，武汉人表现出来的兴致，比听古典音乐要高出许多。

米多的口琴真是吹得令人惊叹，如果不是亲眼所见，我会问那声音是口琴发出的吗？

他把口琴别在腰间像别了许多支短枪，他不停地抽一只出来吹几小节又换一只。状态很是有趣。我想他随身携带的口琴要以十而计才能数清。他的嘴一定有什么魔力，否则单纯的口琴声怎么会变得如此华丽而绚烂。

这一群人在台上非常松弛。节奏强烈时，他们情不自禁地扭动腰肢，甚至甩胯。他们激情四射，似乎不是在演给别人看，而是自己在享受着声音。

我有一阵子是喜欢爵士的，喜欢纳京·高，还喜欢过比莉·哈乐黛。于是觉得蓝调与爵士有一种内在相通的东西。不知这东西是否就是他们的放松和即兴。

古典音乐常常把我们的精神提升起来，让我们看到崇高、美丽、庄重抑或优雅，它让我们保持着自己，让我们向高处仰望，让我们不敢有须臾的松懈，让我们跟着它往高贵里去。而爵士或蓝调则让我们放松，再放松。仿佛说，低下身来，也没什么大不了。

当然，演奏者们自己率先放松着，然后调动着我们情不自禁地追随而去。我们的身心便跟着他们的律动和他们的节奏松垮下去，一直垮到根底。

然后我们本能中的感觉，我们日常隐秘的情绪，开始重新蠕动和集结。

音乐便像钓鱼一样，把我们心底深处的秘密，一条一条地钓了出来。斯时斯刻，所有的旋律，都会有对应的情愫。或说是所有的心境，都会有对应的乐声。

你若是忧郁的，它便是伤感的；你若是狂野的，它便是激烈的。你若是愉快的，它便是温暖的；你若是粗痞的，它便是油滑的。你若是柔弱的，它便是轻软的；你若是平静的，它便是舒缓的。你若是暧昧的，它便是挑逗的，你若是悲痛的，它便是低沉的。它不鼓励你，不指导你，不给你压力，不需你发奋，它总是随你，随你，即兴或是放松，或者是让你随它，随它，放松或是即兴。你的心情总能轻易地融化在它的旋律中，它的声音也总能很轻易地覆盖你的心灵。

当你从它那里得到你所想要的（你只要听，便总能得到），你便觉得这一天已然轻松度过。

轻松度过了这一天，在这里说几句闲话，这些话是放松着说的，也是即兴着说的。

雨天读书：山中有高人

前两天武汉下大雨。雨线组成的巨大水帘，把尘世同我的房间隔绝开来。

大雨击打窗台的声音让屋子里更加安静。

有没有人说过，雨天正是读书天？如果没人说过，我就来说。

于是找一本闲书来读。这时候读的书是不能太俗的。它最好与现世有一点距离。

既然雨帘已然把我与喧嚣又粗痞的尘世分离，那么索性就让它们更远一点。

这样就看到了顾随。

顾随的书以前读过，但每次再读都会有新意。

顾随的照片有着老学究的派头，一身中式长袍，面孔也相当古板。

电影里常有的书呆子形象，也差不多就他那个样子。

读顾随的书就是要在这样的时候，在有雨的日子，在心静的日子。

顾随是喜欢辛弃疾的人。这种喜爱甚于苏东坡好多，我有点不服。

他写辛弃疾时，一口一个“辛老子”，或者是“稼轩这老汉”，很是好玩。

他自称自己为“苦水”。点评时，就把自己置身其中，口出妙语，不时令人喷饭。

他让我对辛弃疾有了新的认识。

这个有英雄气概又有诗人情怀的人，的确令人景仰，我现在也特别喜欢辛老子弃疾，如果排序，他便紧贴在老苏的身后。

顾随对杜甫也十分鼓吹，但是我还是没有被他调起兴致，他说“老杜诗真是气象万千，不但伟大而且崇高”。或许如此。

可我对老杜的热爱始终有些吞吞吐吐。

他显然对李白是有成见的。说“李白才高惜其思想不深”，又说“李白诗豪华而缺乏应有之朴素”。他看是看得很准，并且一语中的。

只是我依然喜欢李白。老李那种挟风裹雨浩荡山河的才华，除了叹服还是叹服。

面对他摧枯拉朽席卷天地的狂想，所谓思想只能惊吓得有如暴雨中的燕子，四下飞逃。

顾随喜欢的陶渊明也是我极喜欢的。他说陶渊明时用了这样的文字：

“凡抱有寂寞心的人皆好酒，世上无可恋念、皆不合心，不能上眼，故逃之于酒。”

这段话深合我心，虽然我并不爱也不会喝酒。

他又说，“我们感伤悲哀，是因为我们看到世事之不得不然，而不知其即自然而然。但我们并非麻木懈怠，不严肃，而且我们的感情经过理智整理了。陶盖能把不得不然看成自然而然。”这番话说得是何等到位。

还说:“陶公之流传不朽,不以其伟大,而以其平凡。”如此概括,真叫是好呀!

他对曹操的诗也相当推崇。说:“曹操诗传下来虽不多,但真对得起读者。”

且说“他人都是醉眼蒙眬,曹公永睁着醒眼”。细细想来,可不就是这样?

“月明星稀,乌鹊南飞。绕树三匝,何枝可依?”读这样的诗句,心会跳得厉害。

他将李商隐的《锦瑟》称为“绝响之作”,是诗人之梦。

说他是“最能将日常生活加上梦的朦胧的诗人”。

是呀,李诗的一句“此情可待成追忆,只是当时已惘然”,让我们的心中眼中涌出多少“惘然”。

顾随最能用感性语言来评价诗与诗人,食指一点,便直抵神韵。

顾随自己也搞创作。他的作品全然没有那种掉书袋子的味道。

小说写得就很不错了,比那个时代的好些著名作家半点不差。

诗词却更是漂亮。意想不到的感性,风格婉约,伤感深浓。

虽然顾先生自己说伤感最没用。他对字形字意的美与不美也十分讲究。

他并不多在诗词中用典藏典,说事说理,读起来让人觉得生硬,他诗词中的理,也托身于漂亮的文字。所以我觉得顾随是深知创作之道的。

顾随说他这辈子最想当的是作家,我觉得他真是当得!

八十年代与同事一起拍摄江汉平原时所拍

1990年在厦门大学

有一次偶然读到顾随的诗，觉得惊异，便寻找他的书。

后来弄清出处，发现此书的责任编辑恰是我的朋友保青。

保青在出版界也是一高人。他出的书品位很高，装帧也都极是雅致。

于是电话前去讨要到这一套四卷本的《顾随文集》。

保青告诉我，顾随当年有许多"粉丝"。他讲课到哪里，"粉丝"们就追随到哪里。

一个人教书教到如此地步，也真是一种境界，令人羡煞。

只是不知现今还有没有人也如此这般地去充当一个教书先生的"粉丝"，当然，也不知现今有没有教书先生无论学问还是人品，都值得让人去热烈追随。

今天武汉大晴。顺手写下一点读感，权当是给博客喂过一餐。

有些人说话真是绝

前两天看电视。里面播放一部香港电影。电影里一个人物对另一个人物——就是在《功夫》里演杨过的那个人说：你长得真像刘德华。演杨过的那个人物就大喜，说真的吗？这个人说，你把嘴巴、鼻子、眼睛、额头，脸，都蒙上，剩下眼角的皱纹，就那里特别像。

看到这里，我笑坏了。香港电影喜欢恶搞，经常会冒出一些特别生动、特别搞笑的话来。

还有一回，看陈丹青的博客，写他去美国接木心回国，飞机抵达上海时，降落得很慢。木心先生说："苍蝇一停就停下来，看飞机降落，苍蝇真要笑煞：这样娘娘腔。"用苍蝇停和飞机停比较，本来就很好玩了，而"娘娘腔"三个字，真是令人叫绝。你都很难去解释这种感觉转换，只觉得实在是神似。如果说香港电影的那句是浅层次的大众化的幽默的话，木心先生这一句，便幽默得很有境界了。

有时候，小孩子说话也常常语出惊人。有一天，在公共汽车上。一个很小的小孩子站在椅子上，他的爷爷便在这张椅子上坐下。这个爷爷有点胖，他坐下后，那小孩子突然奶声奶气地大叫道：爷爷，你的屁股踩了我的脚！一车的人全都大笑起来。如此这般活灵活现地用这个"踩"字，只有小孩子敢。

最让我记忆深刻的一句话，是我的大学同学关山说的。当年在武大读书时，班上的张磊同学特别喜欢睡觉，经常在宿舍里一睡一整天。他的长睡不起在全年级都很有名。关山是班干部。有一天,他走到张磊的床边,慢慢地说:你是不是可以起来休息一下?当我闻知这句话时,真是笑倒。同学现在聚会还拿这话议论,可见其生命力。

语言这东西,真是有意思得很。尤其汉语,几千年的磨练,已令它相当成熟。人类很复杂很细微的感觉,它都可以表达出来,表达的层次和角度也极是丰富。记得大学时,读钱钟书的《旧文四篇》之一《通感》时,其中讲到"红杏枝头春意闹"一句,说红杏枝头的春意,原本是视觉形象的。现在将之转变为听觉形象:"闹"。反而比任何一个视觉形象的词汇更加准确生动。大意这样吧。看了这篇文章,方知潜伏在汉语中的奥妙太多。只是我们熟见而不觉察。通感在古诗中动用得特别多,它经常是一首诗中最有意味的一个字。

还有"中国队大败美国队"这样的句式。也很奇特。中国队赢了可以这么说。中国队输了也可以这么说。是打败,还是失败,全看语境背景,中国人个个都不会错误理解。唉,汉语所能抵达的层次,是世界上很多语种达不到的。可惜我们现在的写作,对语言都不讲究了。粗糙的文字,遍地都是。

真正是扯一通闲话,想到哪说到哪。打住吧。

一定要看东坡祠

去眉山当然是因为苏东坡。现在才去那里朝拜，自己都有点不饶自己。

眉山在成都的南边。都说路上只要半个多小时，其实不然。

进城和出城的时间，远比在高速上要多。所以，我们一路竟也花去两小时。

有意思的是，在高速上暴雨倾盆，我担心到了眉山参观会不方便，却不料突然眼前就亮了，阳光灿烂得地上不见半点湿迹。这地方是有些神。

"三苏祠"保持得如此之好，令我大为惊讶。当然这也不是苏东坡当年住过的。

明代洪武年间，为纪念三苏，改宅为祠。但不久，战火将便三苏祠毁成瓦砾。

康熙四年，眉山人在原址的废墟上重新复建起新的三苏祠，就是我们看到的这个。

此后战争的频发，朝代的更替，世事的变幻，都没有对此祠造成破坏。

蒋介石当年还签署过一份"护祠布告"。布告中说：

三苏祠"较之武乡遗庙，工部草堂，殆有过之而无示及"。因而要求：

"仰军政各界人等，一体凛遵，务须加意爱护，毋得藉词借驻为要。”

要说起来，这老蒋虽然一介武夫，但到底也还有些眼光啊。

再往下，三苏祠又经历了“大跃进”和“文革”，这是两个对文化破坏最为激烈的年代。

但是三苏祠依然完好无缺。比之黄州东坡赤壁，它显然要幸运得多。

心里于是充满对眉山人的敬意。因为在非常时期，这是很难做到的，而近代中国，我们经历过的非常时期又是何其之多。

苏东坡有文说：“少时所居书堂前，有竹柏杂花丛生满庭，众鸟巢其上。”

进了庭院，立即便能找到这感觉。果真是一座满庭花树、小鸟巢于低枝的院落。

当年苏家吃水的老井还是原样。井旁有一棵黄荆树，传是苏洵所植。当地俗语说：黄荆条子下出好人。据说苏东坡如若不听话，他老爹便扯这树上的枝条揍他。

想到苏东坡挨打的样子，就觉得好玩。

著名的“木假山堂”已非原装。当年苏老泉偶得一树根，根有三峰，形如奇山，老苏十分喜爱，便弄回家做了个木山。且专为之写了《木假山记》，之后，他的儿子他的朋友都为他这座木假山写了不少文字。

只是原山已失，这里存放的木假山乃是道光年间的东西。也算珍贵。

看过许多古代文人的画像。虽然大都后人据自己想象所摹。

但苏东坡总是被画得很好看，相貌堂堂，一副伟丈夫样子，让人觉得他的形象真是配他的诗词他的文章他的字画他的传说。

再说得玄一点，是配他的才华，配他的智慧，配他的潇洒，配他的爽朗。

我曾经写过一篇《喜欢苏东坡》的短文。其中一段我引用在这里吧：

我觉得苏东坡之让无数的后人崇敬和偏爱，除了他的才华盖世，还因为他的既智慧又仁厚、既旷达又幽默、既儒雅又豪放、既富于正义又富于情感的天性所致。

他的人生经历也算是够坎坷的了：坐牢于京城，遭贬于黄州，浪迹于天涯，最后还上了个“元祐党人碑”。

然而他也并没有因了这些而整日里蓬头垢面哀哀切切。

他依然我行我素地热爱着生活，乐观着人生，使他的天才横溢一生：

他一戏墨，就创立了中国文人画；

他一写字，就有着惊世的书法流芳千年；

他一好吃，就传出“东坡肉”、“东坡饼”诸类佳肴；

他一穿戴，就使“东坡帽”、“东坡屐”民间长存；

他一说笑，就让和尚成为名僧；……如此等等。

仿佛只要苏东坡稍一动弹，就会留下一道浓重的文化色彩。

中国的文化倘若将苏东坡连根须带枝蔓地挖取出来，我相信整个中国文化史都会因之而失重。

正是有了苏东坡的存在，有了他的生活态度和人生精神的存在。

才让我们后人真正见识到什么叫作天才诗人，什么叫作大家气度。

怀念朴素，怀念简单

昨天晚上去湖北剧场看歌舞剧《家住长江边》。这部舞剧被命名为：大型地域风情舞蹈诗。说是湖北的旅游是“一线五珠”。它的意思是指，一条长江边上的五颗明珠：三峡，神农架，鄂西土家，武当山，洪湖。于是舞剧便按这五个地方分为五个章节。被称为“五绝”。

形容这样的舞剧，一定要用猛词，否则便难以传神。这些猛词当是：轰轰烈烈，灿烂恢宏，惊心动魄，热情奔放，华丽炫目，声色浩荡等。应该说比我预计得要好。有些片段相当精彩。有些舞蹈极富想象。最抢人眼球的是豪华绚烂的布景和服饰。高科技的声光电一起奔上舞台，惊喜之中也有惊吓。音乐很棒，而音响效果更是了得。据说出马操作的全是大腕，如此这般，这每一道菜便都是大菜了。

但无论如何，看这样的剧还是需要耐心。正像每顿吃大菜便必然会怀念形形色色小碟，大餐过后的心情并不都是愉悦。只有一个舞蹈是两个人跳的，而且还跳得缩手缩脚，毫无舒展，只有一个舞蹈稍稍安静，是一个女儿的“哭嫁”，这是我最喜欢的一个。其他的全部都是群舞，全部的基调都是热闹，全部的气氛都是热烈。开始还能激起观者的激情。但激情这东西可以爆发，却不能耐久，结果后面便是闹心。尽管台上不断地变化地点，变化招数，变化风格，但还是给人感觉单调，单调，单调。出门来，听人议论说，好是好，就是太闹。

相信舞蹈跟写文章一样，也是需要有张有弛的，需要有起有落的。激烈过后需要舒缓，繁华过后需要简单，紧张过后需要松弛，浓郁过后需要清淡。让人看比两小时更长的集体舞（大多都是几十人），的确很累。

这样的舞蹈，看得到动作，看不到舞姿。这是没有舞者风格的舞蹈。

这样的舞蹈，看得到舞台，看不到演员。这是形式大于舞蹈的舞蹈。

而舞台上的灵魂：舞者自己，倒成了最无足轻重的角色。美虽然也美，但真是美得空荡，美得无味，美得不让人向往。就仿佛绿茵球场上没有球星，奥运会没有冠亚军，电视剧没有男女明星，《超级女声》没有推出李宇春一样，看虽然可以看，可看头又有多少？所以看完出来后，我对几个熟人说，这个舞蹈诗应该改个名字，它应该叫“大型旅游风情集体舞蹈诗”，似乎更合适。

其实，我最想说的还不是上面这些。说点与舞蹈无关的事。现在的舞台简直可用“奢华”来形容。它色彩强烈，珠光闪烁，一派地金碧辉煌，流光溢彩。仿佛不奢华，便不艺术，不奢华过度，便达不到艺术的极致。我先是想，那些艺术团体一直都穷得叮当响的，怎么突然一夜之间都这么有钱？都排演起豪华的大舞？省里排，市里排，大城市排，小城市排。全国都在排。仿佛要用真正的歌舞来诠释“歌舞升平”这样的一个词。

而且我更奇怪的是，全国的编导们怎么都想到一起去了？想到用同一类型的歌舞剧来表达本地的文化或风情？想到动辄上百人在舞台上跳进跳出？有朋友知情，说这当然是上面的指示。并且告诉我，这样一台大剧，少则要花几百万，多则上千万。我问这钱谁出，朋友笑我愚蠢，说当然是国家出。自家公司，敢这么做吗？

我已经看过几台如此这般的大剧了。难怪它们大同小异。难怪它们激情如火,难怪它们幸福如意,难怪它们苍白如纸,难怪它们浮华如梦。难怪它们富丽,难怪它们堂皇,难怪它们奢华,难怪它们璀璨。只是,那都是用钱堆起来的。唉,这些钱或许不需要心疼,多半是专款专用之类。只是,艺术一定要用如此奢华的方式来表现吗?艺术只能堆在金钱上面吗?

当然,如果富得流油,如此这般奢侈一下,也没什么好说的。可纵观我们的城市和乡村,人们与表演艺术,相隔多近多远?表演艺术团体有多么清贫,表演艺术的场地有多破烂,艺术家们自己知道。用钱堆起来的舞台固然美丽,只是我们现在还没有足够的底气为这美丽挥金如土。

这是一个拿奖牌的时代。拿了金奖就是老大。奖牌代表着成功,代表着政绩,代表着名声和地位,更代表着钱,代表着所有近在咫尺的利益。这些利益足以让人烧心红眼。

艺术于是很难成为艺术,它只能是奖牌的奴隶,是讨得各方面好处的瓦钵。

艺术家也很难成为艺术家,他们只能是长官意志的仆人,他们努力把那只瓦钵端得更高一些。

想想他们也无奈,因为只有从长官手上才可以拿到经费,才能走上舞台,才可以实现自己曾有过的梦想一二。毕竟,杨丽萍只有一个。

走出剧场,驱车上街。我想是不是我已经老了,看舞蹈的眼光业已过时,想问题的思路也已过时。突然间,就怀念起戏剧舞台简单的道具,怀念那些写意的动作,怀念那些个性的演员,怀念起当年的乌兰牧骑,怀念乡村旧式的戏台,甚至怀念小时候看烂了的白毛女,怀念大学时看过的现代舞。

怀念朴素。怀念简单。怀念纯粹。

似乎在这些怀念中,可将那些《后庭花》的声音抛得远远。

唉,到家时,回头细想想,其实《家住长江边》演到这程度,也算是不错了。就这样了吧。

今年的作文哈哈哈

今年湖北地区高考作文题为:在汉语里,“三”是个有意味的数词,构成了很多词语。比如:“三思而行”,“三省吾身”,“举一反三”,“三人行,必有我师”,“三个臭皮匠,顶个诸葛亮”,等等。这些词语既是社会生活现象或人生经验的概括,又隐含着一定的文化意蕴和人生哲理。

请根据你对上述词语或你所熟悉的其他带“三”词语(注意“三”在词语中的含义)的联想与感悟,写一篇文章,可以就某一个词语联想思考,也可以把几个词语联系起来思考。

要求:自定立意,自拟标题,自选文体,不少于800字。

同学老花在《楚天金报》做事,他让我评点一下今年的作文题。老花的酒喝得好,麻将打得一般,有著名外号“李不和”,据说这名号江南江北都知道。他的事我不敢怠慢。

第一印象是今年的作文题比去年强得多,而且还有点意思。因为它可以难,也可以不难。关键看你在有关“三”的词语中选择了什么。这样一来,考的就是知识面是否灵活,思路是否开阔,词汇量是否丰富了。

作文写得再臭,至少也能写写三长两短三朋四友三生有幸之类。高三的学生,这要是写不出,那可真算是白学了一场。起码考前都训练过N次,照着背一遍也过得了关。

文采好的,热爱文学又热爱艺术,就写一下“三叠阳关”吧,狠狠地抒一把情会让阅卷老师激动不已，这定是他们的喜欢的选择。

若对历史有兴趣，写写“三足鼎立”也蛮好，这段旧事谁不知道？就是“三国演义”拿来做一通文章又有什么不可？假若写一篇“三寸不烂之舌”什么什么的，没准也让老师开开眼界。

好战者，写“三战三北”就好，淘气者，写“三十六计，走为上计”也不错，懒散者，写“三天打鱼，两天晒网”，多好玩呀，体弱者，写“三九胃泰”之类，一定收获良多。

此外讲政治就写三令五申，讲正气就写三纲五常，讲学习就写三坟五典。联系实际，巴望高考吉祥，写篇“三阳开泰”不也很舒服么？

作文最怕一道题出来，落到纸上或是千篇一律或是大同小异。设想得出来，阅卷的大人们看那样的文章一定是两眼冒血。

而今年的题目，最大的好是它的包容性。

如果学生思路活跃，他可以写得妙趣横生；如果学生天情乖巧，他可以写得四平八稳；如果学生个性突出，他可以写得千奇百怪；如果学生青春叛逆，他也可以写得另类独特。

所以我觉得今年湖北的作文题，重要的不是考学生，而是考阅卷老师：

一旦有学生选择了很另类或很搞笑的词语，跟老师平常的灌输全然不同，你怎么判分？比方，有个学生以“三五酒店”为题，文章写得蛮不错，你会给多少分呢？

“三五酒店”在武汉名声赫赫，那里的菜是很好吃的哟。

去南靖看土楼

福州到武汉，居然隔一两天才有飞机。所以在那里讲完课，便连夜赶到厦门，准备从厦门飞回武汉。厦门虽已来过多次，但每次都是集体地来去，抽不出空来满足一下自己的爱好：看福建的土楼。而去乡下看土楼却是我老早就有的愿望。

我们选择去的地方是南靖土楼。同行的有同学郭燕和王熹亮，另加王熹亮的同事小鲁。郭燕虽然住在厦门并且去过土楼，却也没弄清土楼到底在哪里。而司机是外地的，更是不明白应该怎样走到土楼。南靖的土楼多达好几百座，因为行前没有查看资料，不知竟有这么多，概念中以为一问土楼，谁都知道它在哪里。而实际上，你说不出某某镇某某村，要人家告诉你正确的位置，根本不是件容易的事。这种无知就导致了我们此行的曲折。最最要命的是，我们完全不知，南靖县内一路都在修路，路途极其难行，于是简单的看土楼行动变得复杂和艰难起来。

从早上八点多钟出发，原以为两个多小时即可抵达目的地，结果到中午都没找到地方，司机已经作了放弃目的地、直接回县城的决定，结果在吃饭的小餐馆里意外发现土楼已经离我们不远了。当我们真正找到我们想看的土楼时，已是下午三点半。唉，这一趟寻找，对我来说是个教训。以后一定要把资料工作做足才是。

我们要去的地方是南靖的书洋镇田螺坑村。整个南靖的土楼，书洋最为集中，占据全县的一半。据资料说，书洋的方形土楼有二百四十座，圆形土楼有二百三十座。不专程这么跑一趟，我真不知道南靖有这么多的土楼。一路上，我们不断跑错路，但却也不断看到零散地泊在山间里的诸多的土楼。这些土楼因为不是旅游点，完全是原生态状况，倒让我更觉得值得一看。所以，有时候因错而得福。

说到土楼，就要说到漳州，说到漳州，一般就要从陈元光这个人说起。古代闽南一带人因为凶猛强悍，被称为“蛮獠”。唐朝时（公元669年），为平定“蛮獠啸乱”，唐皇帝派一个叫陈政的将军前去平乱并镇守。陈政去世后，他的儿子陈元光接替其父职位。他一方面在军事上取得优势，一方面采取了招抚和怀柔的政策，并将他的将士全部落户在漳州一带地区。在驻兵屯守期间，他领着军民开荒种地，经商买卖；推广农业，疏理交通，将这块蛮獠之地改造为适宜建制的地方。终于在武则天时代，正式设立漳州。陈元光也成为漳州第一任刺史。南靖在漳州西部，自然也随着漳州的开化而开化起来。——用简短的文字来讲述漫长的历史，有点枯燥。

土楼的源起便来自于唐朝陈元光开漳时期。最早的土楼是什么样子，我不清楚。但至少元末明初时，它便已经跟现在的模样差不太多了。看上去，它的确很有兵营、城堡、民居三合一的味道。而后来当地人采取如此形式建造自己的住宅，我想理由不外三条：一是在没有建筑师的年代，多采用现成的建筑作为参照；二是山高林密加上世道混乱，须以高墙小窗围屋堡垒的形式，以防范野兽和土匪；三是生产力不发达，个人自身的力量弱小，需要家族成员一起形成内聚力，共同面对自然，创造生活。所以，它的学名叫“家族性集体住宅”楼。

原以为土楼用土而建，简单方便，但了解福建土楼的造法，却发现其实麻烦程度一点也不亚于砖石或木头楼。土楼的原材料不仅是生土掺石灰和细沙，而且要还加糯米、红糖（简直有点像做年饭)，要反复搓揉，反复舂压，夯筑时，还要夹木条和竹片。因为有如此这般的过程，土楼方能历经上百年而不坍塌。

田螺坑的土楼群，大多也是这样的材料建造。像福建众多土楼一样，它们都有三层楼。只是它们紧密相连，高低错落。侧面看过去，有如布达拉宫(当地人全都这么形容)。而俯瞰下去，其形状更是令人惊叹无比，难怪美国人通过卫星无论如何也不明白这些“怪圈”是些什么，还以为这是中国藏在深山里的核基地。当他们得知此为当地民居时，其惊愕表情一定很好看。

田螺坑土楼群由四圆一方共五座楼组成。是为步云楼、和昌楼、文昌楼、振昌楼、瑞云楼。其中步云楼是方楼，文昌楼是椭圆形楼，其余三座都是圆楼。很多资料上说步云楼是田螺坑的第一楼。但我问过当地老人，老人说指着和昌楼说，这是最早的土楼。

现场的关于土楼的介绍文字也说，步云楼是一六六二年清代康熙时代始建，一九三六年被土匪一把火烧毁，及至一九五三年，方在原址上重新建造；而和昌楼则始建于一三五四年(早于步云楼三百多年呀！)，时为元末明初，原先也是方楼，后因上世纪三十年代原楼毁于战乱，一九三三年在原址上重新建筑了这座圆楼。显然，和昌楼才是田螺坑的第一楼。

建筑得最晚的是椭圆形的文昌楼。据说这是为了纪念他们的祖先最初的创业。田螺坑的土楼群属于黄姓家族。他们的祖先在传说中是靠放鸭子卖鸭蛋起家。凭着自己的辛苦和努力，拼打下一份家业，于是开始建楼。围绕着第一座楼，后代们依据地形，陆续建造起另外的几座。文昌楼所谓椭圆形其实就是鸭蛋形。想想这黄家人还很有点意思，居然想出这样的法子纪念先祖。

土楼中间的空地很大，是为公共庭院。它比南方民居的天井大很多，所以光照十分充足。各家的房间也都有享受阳光的机会。庭院里有水井(但步云楼各家似乎都是用自来水管，我问了一下，说是引的山泉水),是来自山上的天然泉水。

公共议事处或祭祖的地方,位于一楼,与庭院连成一片。通常底层是厨房,中间为谷仓,顶楼为卧室。每层有二十多到三十多个房间不等,但所有的房间大小一样(很公平哟)。

圆楼的两处楼梯面对着面,方楼有四处楼梯,正处于四角上。每楼都只有一个大门出入。想想,这样的居住方式,倘在黄昏时节,家里人都回到楼里,那气氛该是何等热闹何等温馨又是何等有安全感呀。但现在真正在土楼里居住的人并不多,大多人都出门打工或是在外另外建房。这里只是他们的祖居。

田螺坑四周的环境非常漂亮,一派洁净的绿色。整个村子也很干净,石头小径高低错落连接全村,完全看不到乡下特有的猪粪鸡屎之类——他们的牲畜都到哪里去了呢?这是我没有弄清楚的事情。大概也因为此,似乎少了一点凡俗的日常的气息,而使这个小村庄有点像是在画里。

田螺坑的人过着很悠闲的生活,悠闲得让我这个忙碌之人羡慕不已。所以,跟我的同学郭燕相约,哪次再到厦门,就到田螺坑去住上两天。

昨天7月16日

昨天是七月十六日。

很多人都不记得这个日子了。

一九六六年七月十六日，毛泽东七十三岁，突然异想天开，跑到武汉来游泳。游完后，还信口吟出“才饮长沙水，又食武昌鱼。万里长江横渡，极目楚天舒。不管风吹浪打，胜似闲庭信步”的诗句。

对于外界所言这次游长江有什么样的政治意图，老百姓自是无从知晓，但毛泽东在游长江时所显示出的自信与潇洒，无疑征服了武汉人的心。很自然也更加高涨了武汉人的狂游长江的热情。横渡长江也成了征服长江的一种行为。自此每年的七月十六日，都是一个让人亢奋的游泳节日，大规模的游泳活动和小规模的玩水游戏必然会在浩浩长江中展开。

一九六七年，也就是四十年前的昨天，为了纪念毛泽东的畅游长江一周年，武斗正酣的武汉学生准备组织横渡长江。

纪念活动原本定在七月十六日，但因一九六七年的这一天，两派斗争尚在白热化中，所以游泳的规模似乎并不大。及至七月底，斗争的局面业已明朗化。“胜利”的一方便决定重新纪念毛主席畅游长江一周年。

一九六七年的八月一日，是一个风和日丽的日子。这天，武汉市几乎所有的大学和中学都组成了游泳队伍。同时参与的还有工厂和军队。一时间，江岸边人山人海。人浪比江浪更高。

组织者毫无经验，游泳者又毫无秩序，于是惨案便不可避免地发生：枪声一响，人们排山倒海般地一起往长江里涌去。进入水里的人走不快，而后面的人又压了下来。顿时长江水面上混乱不堪，哭喊声一片。前面下水的人已在成排地死去，后面的队伍却仍在急切地往水里冲，想要尽快入水一游。岸上的人眼睁睁地看着惨剧发生，却没有任何一个人可以制止得了——因为，在那时，没有任何一个声音，可以压得下以无所畏惧的勇气往长江挺进的欢呼声。于是死者在那潮水一样的欢呼中，由有限变成无数。

没有一个人会想这个明朗日子会成为许多人的祭日。

那天我的二哥和小哥全都去了。我所居住的宿舍里大部分大、中学生也都参加了横渡。几近黄昏，陆续有人回来讲述江边发生的事情。立即，全宿舍所有的大人都紧张起来。大家相互窜来窜去，纷纷向回来的人打听有没有见到自己家的孩子。一时间到处是恐惧的气氛。我跟着母亲几次到宿舍路口张望我的两个哥哥，母亲急得不知所措。终于，我的小哥先回来了。他因为在班上年龄最小，游泳水平不是很高，他的同学便指派他负责拎鞋而未让他下水。于是我的小哥便提了几双同学的鞋子在岸上观望。目瞪口呆地望着江面上的人一排一排地溺入水中，吓得不知如何是好。而他手上的鞋也失去了主人。小哥哥回到家仍然惊吓不已，他在讲述着长江里发生的事情，声音都没有以往的豪气。

小哥的回家，略微减轻了母亲的紧张感。虽然长江里的惨案严重到什么地步，母亲全然不清楚。但她却一直安慰着大家也安慰着自己。母亲说我二哥一向是一个很稳重很谨慎的人，他不会发生什么事。果然，一切如母亲所料，及至天黑时我二哥安全回来。我二哥所在的武汉二中是武汉市很好的学校，学生素质也比较高。他们一看江面上混乱，便没有按时下水，一直拖到黄昏，江面上没多少人时，才进行渡江。他的学校一个人也没有死。

一九六七年的横渡长江，听说淹死了好几百人，极大地震动了武汉人。一时间流言四起，家家的饭桌上都在谈论这次惨案的原因。

只是，这样的一桩震动人心的惨案不可能阻挡得住武汉人继续横渡长江的热情。每年的夏天里依然有着或大或小的横渡长江活动。能够有机会参加由官方组织的横渡长江活动，对于武汉市民来说成为一种荣誉。在我读高中的一年，我也曾经参加横渡长江选拔赛，只可惜那一年我们学校没有女生参加名额，从而使我永远丧失了横渡长江的机会。

及至近年，横渡长江在武汉几成一个传统的大型的文化活动项目，一如一个“渡江节”。通盘的安排与筹备都有政府相当级别的官员出面领导。每到那一天，武汉市区里冷冷清清而长江两岸边万头攒动，彩旗满是，直升机在头顶上飞得嗡嗡地响。电视节目要整整直播一天，大小报纸全都是渡江的新闻以及花絮。

我想，没有哪一个城市像武汉这样，把横渡长江当作一件天大的事情。老百姓谁要横渡过长江，一说起来，那种自豪感挡都挡不住。

而实际上，武汉人倒把到长江里游泳，称作为玩水。

以一校之力，抗两国精兵

上个世纪八十年代初，我去福州，曾经去过马尾，但那次似乎只是看了下风景，闻知了一点马江战役的事，便匆匆而去。但马尾到底对中国产生过什么样的影响，出过什么样的人物，我却基本无知。唉，那时到底年轻，光顾得贪玩。所以这次到福州，听老同学晓珊说那边有个船政博物馆。以我对博物馆的爱好，这是一定要去看看的。

于是，我们一行四人，我的大学同学王熹亮和马绍军以及我的小学同学晓珊，一起专门驱车去马尾看船政博物馆。

博物馆很清冷，几无参观者，除了我们四个。一进馆，便立马想起那句名言：不看不知道，一看吓一跳。

鸦片战争后，紧闭多年的中国大门被英国人的坚船利炮打了开来。清朝国势，日渐衰微。许多有识之士，都在千方百计地寻找救国的办法。一八六六年，时为闽浙总督的左宗棠鉴于海上的失利，提出自办船政的主张。清廷立即批准，并让他将此事当急务办理。左宗棠沿海疆四处查看，终于看中了福州马尾这个地方。官方大概是输急了眼，一挑中地方，立即行动，船厂当年便动工兴建。清廷的事，似乎还从来没这么快捷过。

巧的是，这时候，西北局势紧张。善战的左宗棠被弄去当陕甘总督。船政刚开始，没有能人来办理，必是不能成功。左宗棠算是有眼光之人，他看中了因母病故回乡丁忧的沈葆桢。

要说这个沈葆桢，在清朝也是牛人一个。大名鼎鼎的林则徐是他的舅舅。非但如此，他还亲上加亲，娶了林则徐的女儿，所以，他又是林则徐的女婿。他在任江西巡抚期间，太平天国的幼王和干王洪仁玕就是在江西被他杀头，他也因此而加官晋爵——按以往的注释，他的顶戴上染着革命者的鲜血，属罪大恶极之列。

船政动工半年后，沈葆桢走马上任，出任马尾船政大臣。要说沈葆桢也还真是有脑子。左宗棠之办船政，主要目的是要造军舰，造鱼雷，以此武装海军。但沈葆桢知道，仅仅这些是不够的。关键还是人才。是需要一大批能够造船制炮和驾船用炮的人。于是他开办了船政学堂。对外招生，请来洋人教学，让学生学习近代科学、造船和舰船知识。

说起来，这些清朝官员还真不是庸官，他们是很有脑子的。比方，请来洋人教学，但又要防止船政被某一国洋人所控，所以，学校请不同国别的洋人上课。比方请法国人教造船，请英国人教驾驶，等等。投入生产后，造船厂立即成了中国拥有工人最多的工厂，而且也成为亚洲最大的工厂。造船业历经了造木船，到造铁肋船，然后到造钢板船的三个阶段。它甚至带动了近代中国一系列的工业项目的发展。

最重要的还不是这些。而是船政学堂培养了大批的人才。马尾船政开办四十一年间，送出大批的年轻人留洋求学，这些学成回国的人，在晚清中国发挥了巨大的作用。比方我们所熟知的严复——他是首批招生考试第一名。他考入马尾船政学校后，又被公派到英国留学。后来他翻译了《天演论》。以“物竞天择，适者生存”的生物进化理论阐发其救亡图存的观点，他引进了西方思想家的一批论著，启蒙和教育了一代人。中国的新文化运动，离开严复，简直无从说起。还有一个我们所熟知的人物，詹天佑。他曾经是船政学校第八届驾驶班的学生。后来，他主持修建了京张铁路等一系列中国铁路，被称为“中国铁路之父”。还有许多，这里就不一一列举了。

中国近代史有两场著名的海战，一为马江战役，一为甲午海战。两场海战都以中国惨败而告终。前一场是跟法国人打，后一场是跟日本人打。所有参与的将士，都是浴血奋战，以命抗敌。历史教材向我们展示了这一切，但同时也告诉了我们，尽管如此，他们也无力挽救败局。因为导致失败的是他们的上司：大清朝廷。

两场战争的主力，都是马尾船政学堂的人。马江战争自不必说，这是在船政学堂门口打的仗。法国人目的就是要霸占船厂。因为清廷的一味退让，导致中方错失良机，以致这一场战争中，中国人战死官兵五百二十一人，受伤一百五十人，而法国人只死了五个，受伤十五人。双方差距何等之大。至于甲午海战，大家都知道，就不必细说了。邓世昌以自杀的方式，将"致远"号驶向敌舰的场景，通过电影，已被我们永远地铭刻在心。甲午海战十二只舰船中有十一个管带是船政学堂驾驶班的毕业生。

所以，有一个说法就是：中方是以一校之力，对抗两国精兵。纵是失败，却也虽败犹荣。

失魂不落魄的《赤壁》

架不住楚天都市报的记者小范的诚恳游说，今天去亚贸电影院看了首映的《赤壁》。倒不是说我不想看电影，主要这电影院太远了，而我们门前的艺术馆的电影院，又好又近，所以我原准备到那里去看。

不管怎么说，还是去看了。我是吴宇森电影的热爱者。我看电影很少，但他的好多片子我都看过。而且还很喜欢。像《英雄本色》、《纵横四海》、《断箭》、《变脸》、《喋血双雄》、《碟中谍2》等等，有的甚至不止看过一遍。一个导演一生能拍出这么多好看的片子，说他是个伟大的导演，真不为过。所以《赤壁》是我的必看片。

史上没有哪一个历史故事像赤壁之战这样深入中国人心，以及渗透于中国文化。仅仅是从赤壁之战转化而来的成语和俗话，就多得不得了，它们一直活动在中国的语言和文字之中。像单骑救主；舌战群儒；周瑜打黄盖，一个愿打一个愿挨；草船借箭；借东风；等等。即令一个大字不识的中国人，听到这些成语，也知其意表达的是什么。更何况这场战争中，有无数的英雄叱咤风云，有无数的智者争奇斗艳，有无数的细节巧妙生动，有无数的场景感人至深。那种呼风唤雨的浪漫，那种针锋相对的玄机，那种明争暗斗的韬略，那种欲合又分的权术。形形色色，林林总总，说不完道不够。即使熟悉得一塌糊涂，若有人提，却仍然津津有味。倘有人能将这场情节曲折紧张、内容深奥丰富、场景阔大壮观的大型战争拍成电影，而且请了备受人喜欢和尊重的大导演出山，对于观众来说，是何等的幸事。

但拍赤壁之战对导演来说，也是一场挑战。因为人们对它太熟悉也太喜欢了。每个人都有自己心目中的君王、谋士、智者和英雄。尤其诸葛亮，作为中国智慧的化身，他的风度气质言谈举止是否跟我们心目中的这个人比较接近，也是对导演的极大考验。当然，你也可以无厘头一下，可以个性化一下，亦可以大胆创造一个新形象，但如果你拿出的是一部正剧，又想要名利双收，还得满足广大观众的审美欲望，光这一个人物的塑造，恐怕就足以决定一部电影的成败。所以，功成名就的导演，选择拍摄此片，无疑将面临名声的风险。

上面是我的感慨。不多说了。下面只说电影。

一、其实开头还真是出手不俗。曹操挟天子以令诸侯，只几个镜头就了结了，明快而干净。

二、刘备带新野百姓逃难以及赵子龙单骑救主。也还不错。但如果能参照一下《三国演义》的书，选用其中那些精彩的细节，比方，赵云单人骑马反向而去，有人误以为赵云投降，但刘备却对赵深信不疑。之后，赵云救幼主而回，刘备掷其子于地，说他几乎折损他的一员大将，其实只需这两个镜头，刘备的性格便出来了。刘备屡战屡败，却始终有那么多的忠臣良将追随（电影中曹操说了类似的话），正与他的对百姓的仁慈、对将帅的信任以及对兄弟的深情胜于骨肉，密不可分。而同时，中国文化的元素也跃然可见：掷子于地，这就是中国传统男人的情怀：重国轻家，重友轻子。非常有中国文化的元素。这几个细节倘用上，一定会比现在更好。当然，不取原书细节也行，但你得创造出比之更强的细节。不然，何不选用现成的？还有，书中曾有刘备夫人投井后，赵云推土墙以掩埋，其实也非常人性化，非常可显赵云的完美性格。可惜电影里不过一秒钟的镜头,却都没有给予。

三、电影最失败之处之一:是诸葛亮联吴抗曹。这是文戏最精彩的地方,也是赤壁之战最大的亮点之一。但电影在这个部分太简单,太没智慧,太不好看。尤其舌战群儒那么好看的场面,变成了诸葛亮的几句话。如果选有五六个斗嘴的来回,让诸葛亮用他的机智和辩术驳斥投降派,相信好看得多,而且也可把局势说得更透。在中国的战争中,那些说客辩士以智慧和辩术纵横捭阖,高论天下,是何等有东方之特色。可惜电影里完全不见,诸葛亮少了这个,撑住他形象的内容就少了一半。

四、诸葛亮智激周瑜出来抗曹,原本有非常精彩的回合,电影中略去了这些回合,换成以琴音试心声的过程,从电影角度看,应该还不错。虽然少了智谋的内容,却多了浪漫的成分。马马虎虎还说得过去。

五、小乔所有的内容,都是多余。虽然人们喜欢看英雄美人或说是喜欢看暴力加色情,但也得糅得自然、编得合理才是。至少不自然不合理,也得巧妙有点看头。电影里却几乎没提供一段可值欣赏的内容。尤其让周瑜和小乔做爱的一段,更是愚蠢到了极致。戏编得本来就不好,加上演员演得不好,结果就是一头也没落着,除了观众的嘲笑。将小乔全部的戏拿掉,这部电影可以加分,而有了她,却只能减分。

六、孙尚香在戏中串串,调解一下紧张,还说得过去。

七、武戏拍得非常精彩。我们不知道古人是怎么打仗的。尽管当时的现场与电影中完全不同,但拍得好看,就不追究真实不真实了。所以我说电影只要好看,许多不真实的内容或不巧妙的细节都可以忽略不计。战争的场面拍得精彩,使这部电影有了它最值一看的东西,不然,连说好的地方都没有。这场八卦战,至少使我对这电影的印象分增加了五十分。正因为有了它,我觉得看这场电影并不亏，它值得一看（就是说值得你看一遍，不必看第二遍）。

八、战斗中的英雄们也拍得非常有气概。很多人对他们的形象不满，但我不这样看。如果戏编得好，这些都会在不介意中化解掉。我对这些英雄们的外形还是觉得可以的。但要命的是，他们的性格没有出来。导演或是编剧缺少很好的细节，让他们一展自己独特的性格。而本来，刘关张赵云曹操等武将，以及孔明周瑜鲁肃都是性格分明的人物。只需要把用在小乔身上的时间用在这些细节上，个个英雄都会栩栩如生。

九、曹操为小乔这个女人而打这么大一场战争，这大概是西方人可以接受的观点，而东方人尤其中国传统下的男人，多半不会这样。而且这也太低估了曹操意欲称霸天下的雄心壮志。看看曹操那样豪情的诗词，就知一代枭雄曹操根本不是这样小家子气的人。

十、电影最致命的伤是：看完了，赤壁之战却远没开始。把电影分成这样的两截，不是明智之举。倒有点搞笑。

电影结束，报社自然要组织座谈。谈到电影拍成这样，主要是为了赚钱。其实拍出的电影要赚钱，我是赞同的。但并非赚钱的就只有差电影，好电影一样赚钱。《拯救大兵瑞恩》，应该也是大制作吧，人家表达的内涵何其有深度，过程又何其感动人，观众会随剧情笑和哭，而绝非我们看电影时，观众的笑是游离于电影之外，是对拙劣之处的嘻笑或嘲笑。国内几部片，观看时，全都会有这样的笑声。

在会上，我听说这部戏花了八亿元人民币，那就更是可惜。花这么多钱，无论如何是可以拍得更好一点的。

记者们最后让我们打分。我给武戏打了现场的最高分：90 分，给文戏打了现场的最低分：10—20 分。

这部戏不是让你看历史——它会把历史学家气死；也不是让你看故事——因为故事编得并不精彩；还不是让你看表演——因为所有演员都没有性格，表演大同小异；那么是看什么呢？看打架或看打仗。看色彩或看服饰。看场面或是看气派。还有，就是看明星的脸。仅此而已。

这是吴宇森导演拍得比较差的一部电影。是看过一遍便绝不再想看第二遍的电影。是一部缺少中国文化元素的电影。是比中国另几部大片略有进步的大制作电影。是形式大于内容的电影，是武力强于智慧的电影，是有华丽的外壳和苍白的内容的电影，是一部失魂但尚未落魄的电影。

电视剧和电影之不一样

《江城夏日》的电影在武汉首映，昨天被邀去看了一场。电影在万达国际电影城放映。我是第一次去那里，头天就打电话问好了路。看电影时，左边坐着导演王超，右边坐着主演田原和吴有才。这样子看电影的感觉就有点怪怪的。但电影还是拍得不错。一个父亲寻子的故事，拉扯出一个命案，案中又发生另一命案：一个好警察的死亡。

其实几个人物，每一个人的命运都足够再拍一部电影。一个陪酒女郎的悲辛生活，一个一生遭遇不公却依然克己做人的父亲，一个江湖大款的戏梦人生，再就是死去的那个警察和那个被撞死的儿子。但电影却不去说透。因为他们每一个人的前世今生，电影之后我们都能想见得到。

虽然我并没有找到江城武汉之夏火辣辣的感觉，也没有看清武汉的城市轮廓。甚至，里面真正把武汉话说得像武汉人的，也就一个。但是这些都并不重要。重要的是我们看到了活着的人，就像我们身边的人们一样，鲜活的，真实的，一个就是一个的人。

还看到了导演的个人表达：一种含蓄、内敛而有节制的表达：他把语言之外剩下的东西，交给镜头；把镜头之外的东西，交给观众自己的眼睛和趣味。

在此前我看了张艺谋的《千里走单骑》，要说这部电影里煽情的地方比《江城夏日》要多。演员也极好，许多地方让人潸然泪下，但是看过后，它就完了。没什么可说的。原因就是电影自己说得太多。台词太白。正像一部单本的电视剧。很是遗憾。对张艺谋，我们的观赏要求或许要高一些。以他的才华去拍那些梦游式的大片，或是很小儿科的文艺片，真是可惜了。

我以为电视剧和电影的不一样在于：电视剧是打发空余时间，电影却是浓缩世事精华。电视剧不花什么钱，让你在家里嗑着瓜子聊着大天时看。它得把什么都说白说透，以方便老人孩子家庭妇女乃至弱智都能看懂。它还啰嗦，节奏死慢死慢，以让你洗了澡抑或出门喝了酒，回来还可以接着看。它本来就是用来充填时间的，你非要它节奏快就没道理。慢是它的天性。

电视剧有如玩具，给闲来无事者消磨，而并非让有要事者不去干事却死守着它看。说电视剧节奏慢的人一定不是前者而是后者。后者说了也白说，因为它本就不是给你这等人看的。

电影却不。电影是要让你花钱买票的。尤其现在，电影票死贵死贵。这笔钱花出去后，只管两个小时。这就导致去影院看电影的受众不同。它必然不会是老人孩子以及弱智，更或是分厘必较的家庭妇女。电影是要你带着心情去看的。要你欣赏和玩味。要你惊心或感动。要你舒服和享受。要让你和你的家人、情侣抑或朋友，走出电影院，一路还说着那电影回家。它就该含蓄，内敛，考究，或者刺激。让人两个钟头超越现实以及十几分钟经历一生。

既是闲话，就是闲扯。搞电影的人一定有他们自己的说法。

突然想起一两年前，我还看过一部电影，它叫《自娱自乐》，主演是尊龙和李玟。用这两人演中国农村的男女青年，多少有点冒险。但这部片子却拍得非常好看。我和朋友看时，都是边看边笑。我先不明白为什么它没有火起来，后来听说公映时，正巧遇上张艺谋《十面埋伏》强大的宣传攻势。这使得《自娱自乐》真的成了自娱自乐。

泰国诗琳通公主将我的小说翻译为泰文

1995年与叶兆言、毕淑敏、苏童在贵州参加笔会

去明显陵

元旦间，一批同学会聚武汉，号称五军（桂军、粤军、湘军、美军、京军）。汉军们几次开会商议如何接待这五军人马。用同学老道的话说，准备了四套预案。由距离远近而议，一是就地喝茶聊天，逛逛汉口；二是去二百里外的明显陵；三是到四百里外的武当山；四是去六百里外的三清山。会议几番讨论，觉得第一项未免单调，后两项未免赶急，只有去明显陵时间地点都比较合适。于是就决定去明显陵。

三十日清早一帮人专程去户部巷过早，然后四辆车载六军共十五人（五军加上汉军，是为六军。）持四部对讲机，好几部GPS以及手提电脑两台、各种品牌数码相机数部，浩浩荡荡，直奔钟祥。

一

驱车在这样的路上感觉还是很不错的。

明显陵位于湖北的钟祥市东北五公里外的松林山。据说这里风水好得不得了，所有来此的风水先生都为此叹服。这里葬着明朝嘉靖皇帝的父母朱祐杬和蒋氏。朱祐杬是湖广安陆州（即现在的钟祥）的藩王，一五一九年就死在了这里，算是就地埋葬。三年后，他的儿子朱厚熜当了皇帝（果然是好风水呀）。他便是中国帝王史上执政年头以长而计、排名第五的嘉靖皇帝

（排名第一的是清康熙皇帝、第二是乾隆、第三是汉武帝、第四是万历皇帝）。嘉靖在位四十五年，也算差不多领导了中国近半个世纪。

其实嘉靖皇帝的位子是捡来的。他的前任是他的堂兄朱厚照。可惜这个堂兄皇帝到死都没有生下个儿子。没办法，皇位只有传给了堂弟朱厚熜。朱厚熜出生即在钟祥，传说他生下来时，黄河水清了五天，天空呈紫色，而且祥云密布。这当然都是胡扯，无非某个拍马屁的文人编出来的段子。即位时的朱厚熜不过十四五岁，其实也就一个没见过什么世面的乡下小孩。但这小孩倒是聪明。说是他从钟祥出发进京，一路上艰苦朴素，省吃俭用，不间断地赶路，硬是走了二十天（想想古人还真是可怜呀），才抵达京城。好容易到了京城，他却并不急着去欣赏京城的繁华，而是停在城外不肯前进。他拒绝以太子身份进京。到底是新皇帝，说话没人不敢听。于是一番上下调停后，大臣们只好重新拟订新的登基方案。如此看来，这家伙年龄虽小，心计却还是不小。

朱厚熜即位后，想到自己身为一国之君，而父亲却不过一个安陆州的藩王，心里便不服。虽然父亲已死，但怎么着也得给他一个皇帝名号。其父朱祐杬死时为“兴献王”，朱厚熜却死活要追认他的父亲为“兴献帝”。我的同学闲云是班上唯一的女博士，有学问，用她的话说这个“嘉靖帝为了本生父母的名号不知同朝臣争了多少回，杖责了多少朝臣呢！算他狠，最终赢了”。因为赢了，兴献王的坟墓也得升级。朱厚熜当皇帝三年后，其父王陵墓升级成功，更名为显陵，整个墓地也按皇帝的规格重新改建，建享殿，盖城楼，换屋瓦，立石碑，诸如此类，反正忙了个不亦乐乎。也好，有了这一番大兴土木，于是而有了今天的这样规模的明显陵。我原先一直不明白，这么偏远的一个钟祥，怎么会埋着一个皇帝呢？了解这段历史，才恍然有悟。

湖北有两处世界文化遗产，一处为武当山，这地方老少皆知，另一处便是明显陵。其实我们到现场，也才晓得这个。

明显陵的气势，比我想象的大得多。我根本不知道到它这样有看头有说头，要不，早在当年我参与拍摄江汉平原电视专题片的时候就跑去看了，哪里还会等到现在？我随江汉平原摄制组跑了许多地方，独独漏了它，想想都觉得遗憾。

明显陵四周都是山。起伏的山峦，环绕着红墙黄瓦，仿佛手臂将陵区拥抱在怀。陵区的地势从外明塘开始，经由下马碑、双红门、石桥、睿功圣德碑亭、望柱、石像生群、棂星门、龙形神道、内明塘、祾恩门、祾恩殿、陵寝门、石五供、方城明楼，渐次升高。待一步步拾级而上，站在方城明楼的城墙上时，四周景观已全然落在眼皮之下了。

明显陵越往后走越精彩。前面好看的东西除了静穆的外明塘、颓败的睿功圣德碑亭、九曲御河上的五座石桥外，路边排列得整齐而有规则的石像生群，也让人有震动感。想起在埃及，一些神殿前也是排列着石头动物。相信这种形式是他们各自想起来的，因此会觉得古人们遥隔千里万里，相差千年百年，但常常会有不约而同的思路，心里便会宇宙、对人类生出许多的神秘感来。显陵的石像生群共有石兽石人十二对。其中还有文臣一对武将两对，饶是有趣。

走过龙形神道（弯曲且漫长，因就风水，而未修成直路，很有看头），便可见内明塘了。内明塘后则是内罗城。被焚毁的祾恩殿便在这里。当这一片壮观的废墟落入视线时，长叹之余，环顾四围，内心多少都会有些激动之情。祾恩殿前有祾恩门，东西两边还有配殿，是陵园的祭殿。大型地上陵祭祀活动，都是在这里举办。祾恩殿的被焚毁，民间传说是李自成干的。是与不是，我未考证。不过我想，当年李自成若未毁坏，后来的几百年中，也同样会有张自成刘自成前往毁掉。所以，剩余毁弃的遗址，从中感觉历史的沧桑，也未见得就是坏事。

在整个陵区，方城明楼是非常醒目的建筑。明楼里放着一块石碑，据说这是整个陵区内最有价值的文物。如果没有这块碑，明显陵不一定会评上世界文化遗产。它之所以珍贵，便是这块碑上的七个楷体字“恭睿献皇帝之陵”是嘉靖皇帝亲笔书写。这石碑的碑名便叫“圣号碑”。而这座方城明楼，就是为了摆放这块碑而专门建造的。想来皇帝还是厉害，如果朱厚熜是一平民或只是一般的藩王，他写一百个字也没啥用。但他成了皇帝，哪怕时隔几百年，七个字也可改变世事。

方城明楼后便是坟墓了。明显陵与明代其他陵区不同的是，它是一陵两冢。一冢是在朱祐杬被追封皇帝之前的墓，另一冢则是追封后重新建造。两坟相距很近，用高墙围成一个 8 字形。又被人称为前后宝城。其实前面那个是空墓，后面那个里面才有人。据实地考察过的考古专家说，墓内一切都安好，不曾有盗墓贼光顾过。大约因为钟祥地处偏远，高水平的盗墓贼脑子未想到这地方的缘故，否则以他们的水平，哪里会让那些想象得出来的以万而计的宝贝长留地底。

以我平常的习惯，定是要把整个陵园角角落落都跑到的。至少也不会落掉外罗城。外罗城环绕着整个陵园，依山势而起伏。远远望去，墙顶上露着杂树及野草，听说外罗城墙上有许多当年的文字。这些文字以及那些墙缝传达出来的信息一定会给人非常奇妙的感觉。但我们同行有十几号人，大家转了一圈，私底下都急着去喝酒，我也不能拂了大家的兴意，只能打住。

走出陵园时，夕阳正西下。回头远眺，四周一派寂静。大家都说，这里真很值一看。我这里考虑博客版面，只是粗略介绍。各位想要细观细品，还是自去。从武汉开车去钟祥，不过三个多小时的路程而已。我们在路途上花费时间比较多,那是同学夏十三带错路造成的,这个不算。

玛尔塔老太

有一年春天，天津作家航鹰给我来电话，说有个德国老太，在武汉出生，并在武汉长到十四岁才回德国。她过几天要来武汉，想寻找她家以前住过的房子。但她已有八十多岁了，大家怎么劝阻，她都不听，执意只身前往武汉。甚至她已经预订好武汉的酒店和往返机票。可是她在武汉一个熟人都没有，你能不能照顾她一下？航鹰随后传来了一份老太太的资料。资料上说她叫玛尔塔，能讲德语和英语。在武汉逗留的时间是一周。

我满口答应了下来。对于有这样情怀的老人，我很感佩。照顾并帮助她自然是件义不容辞的事。但糟糕的是：我是个外语盲。非但拗口的德语一句不会，就连大学念了几年的英语也几乎悉数还给了老师。我该怎么接待这位念旧的老太太呢？

苦思苦想后我也还想到了一招：去网络求助。

武汉有一个汉网。汉网有一个叫“人文武汉”的论坛。这个论坛上活跃着一帮热爱武汉的极端分子。谁要有半句对武汉不敬的话，几乎就会被他们的“板砖”砸死。因为认识版主江城丫丫，所以我经常去那里潜潜水，看他们对武汉林林总总事情的评头论足。他们最关心的是武汉老建筑，经常相约一起，沿街拍照。他们把这种行动命名为“扫街”。写了许多有关武汉风土民情地理历史的文章，我也从中获益不少。我想，德国老太如此深厚的武汉情结，一定会令他们开心，很可能他们会施以援手，帮我解决难题。

于是，我赶紧在汉网正式注册，并到“人文武汉”发出求助信。我的求助内容如下：

网上求助

有一位82岁的德国老太，是一位无喉发声专家。她在访问天津后，突然自己买了机票要来武汉。原因是：她的父亲曾经是武汉德商（凯利贸易公司老板——老太再三表态，说绝对不是侵略者），母亲（美国人）曾在协和医院工作。而她本人在武汉出生，并在这里生长到14岁才回去。她想来看看她以前生活过的武汉，看看她生活过的家（这房子还在，据说现在是武汉迎宾馆）。她随身带着当年她在武汉拍的许多老相片。以上内容是天津作家航鹰告诉我的。老太只身一人到武汉来，无亲无友，为此航鹰打电话向我求助，我当即便答应下来。虽然我与这位德国老太毫不相识，但我却很为她对武汉的这份感情所感动，深觉有责任和义务来帮助这位老太。

老太太13日到武汉，21日离开。这七天时间，除了一天（也或者两天）由武汉外国专家局安排其到协和医院讲座外，其他时候都得我来照顾。但是可怜的是我学过的外语一毕业就都还给了老师，实在无力独自相陪。同时这期间我还有可能要出一两天的差。所以，在这里急寻热心人——跟我一样，相当于义工——援手相助：陪陪这位热爱武汉的德国老人。能说外语者最好（老太能说英语和德语，估计还会说几句武汉话。她自己说到了武汉，就能想起一些武汉话来）。时间是16日至20日（14日她去协和医院讲座，15日我落实了一个翻译）。

这期间，估计有传媒对她作专门的采访（尚无翻译）。武汉电视台可能有人跟拍人物片（亦无翻译）。因为这个老太跟武汉的关系还是很有意思的，相信这些报道会有人关注。如果有朋友有心有意有时间有能力愿意帮忙，请在此留言告诉我。或者告诉江城丫丫，请她转告于我。

这是我第一次试试网络的力量，相信它法力无边。在此也先向各位道谢。

我发完帖子，给版主江城丫丫打了电话。很快丫丫回话说，大家相当踊跃，都表示愿当义工，一起来照顾玛尔塔老太太。具体事项由一个网名叫“兵哥哥”的年轻人负责。

年轻人的效率真是高极了，他们很快就排好值班日期。每天都有两个以上的网友前来照顾老太太，并且其中有一人能讲英语。德国老太来武汉寻找她少年时代的住所，重温她的武汉梦，这样的事，自是有新闻效应，本地电视台和报社的记者们亦被惊动，他们都对这位老太的武汉情结产生兴趣。

老太太住在长江大酒店，这是她自己预先通过旅行社定好了的。旅行社的人把她送到酒店，她刚一住下，便急着要去寻找自家的房子。这天是我也陪她同去了。

武汉的迎宾馆在汉口惠济路一带，因距当年英国人开办的西商跑马场很近，故这一带曾经住有许多洋商。新中国成立后，那些老屋被政府收去，或成宾馆，或成政府官员住宅。也因为这个缘故，它们得以保留。更巧的是，我家以前也住这一带，那些地方，我都熟极，根本不费半点气力，我们就到了玛尔塔老太家的附近。

现在的惠济路，新旧房子错落混杂。隔得老远，便见一幢小楼的窗户从其他房屋的缝隙中显露出来。玛尔塔老太太一见这窗，立即说：这就是我家！窗子还没变。激动之情溢于言表。

果然是一幢很德国式的小楼，现在它以招待所的方式存在。我们对里面人说明情况，于是得到自由参观的允许。大家随着玛尔塔参观这房子。除阁楼的窗子完全没变外，室内大多地方都被改造过，格局与以前不太一样。但玛尔塔老太太依然饶有兴趣，她一间间地参观，不停地向我们介绍，这里原来是什么样的，那里原来是做什么的。

有一个房间里，放着一个麻将桌。玛尔塔老太立即兴奋起来。她笑着坐了下来，并且告诉大家她会打麻将。我们一帮人有些将信将疑，几个记者和义工便也坐下，认真地陪她打了一圈。玛尔塔老太非常老练，居然还和了！而且绝不是另外三个人谦让的。这结局着实让我们所有人都大吃一惊。惊讶过后，又都大笑不止。玛尔塔老太也跟我们一起大笑。

找到自己的老屋，了却玛尔塔老太太一桩心事。余下几天，便是闲逛武汉了。现在的武汉，与老太太少年时的武汉自是太不一样。几乎她印象中有过的一切都不复存在。连她以为自己来到武汉便能说几句的武汉话，她也完全回想不起来。在武汉近一周的时间里，她过得像大明星一样。每天都有翻译、有车马、有陪同，还有人请吃饭。这且不说，电视台记者天天贴身跟拍，报社记者亦时时追随采访。汉网的朋友，更是轮流安排人员陪着她玩。当然也听她讲述当年武汉的旧事。几天里，她把武汉好玩的地方，什么黄鹤楼、东湖磨山、汉口江滩等等，都玩了个遍。

汉网朋友管她叫“德国太婆”，这称呼最有武汉话特色，我看一次笑一次。因长期拍摄老建筑之故，他们几乎人人手持数码相机。每到一处，都为这位德国太婆留影无数，并且将她的全天的活动在汉网向所有围观的网友作特别报道，真是像节日直播一样。

到东湖那天，我也抽空同去了。玛尔塔老太讲她在少年时，有一次跟父母闹别扭，一个人赌气骑着自行车跑到了东湖。家里人找疯了，最后还是动用了警察才把她找到。那时的她，正一个人躺在东湖附近一间废弃的小屋里哭泣。她说时，不停地笑，脸上的神情天真若小孩子。她甚至还想找到那间小屋。大家都说，啊啊，这不可能。

更有意思的是，玛尔塔说她家当年还有幢别墅在庐山。于是我带去一本我自己写的《到庐山看老别墅》的书，想让她看看现今山上的样子。哪知道玛尔塔只翻了几页，就指着一张图片，惊呼道：看，这就是我家别墅！然后忙不迭地拿出自己从德国带来的照片进行比照。我们一看，发现果然就是。实在太让人惊异，于是我把那本书送给了她，虽然她不认识里面的任何一个中国字。

玛尔塔走的时候，我因头疼没有前去相送。汉网的朋友们把她送到机场。他们相当细心，做事有情有义。他们把这位德国太婆在武汉所有的照片刻成光盘，又将印着她大幅照片的报纸，整理了好几张，都当礼物送给了她。说真的，我听到这些时，一直在想，玛尔塔老太太面对这些热情的武汉年轻人，心里会有怎样的感受呢？回到德国，她会对她的亲人说些什么？无论如何，我想，在武汉的这几天，都会成为她的美丽记忆。

故事还没有完。

忽有一天，我接到一个电话。是一个男人声音。腔调听得出是外国人在说中文。他说他的电话是从慕尼黑打来。他叫谢教授，是玛尔塔老太太的朋友。玛尔塔托他打来电话，一是表示感谢，二是希望我能有机会去德国并到她家做客。我自然一一答应，并代问后玛尔塔老太太好。此后谢先生就经常给我打电话或是写邮件，都是代玛尔塔老太太所写。内容最多的就是：你什么时候能来德国？

二〇〇九年，我应“德中同行”文化项目的邀请，终于得了个机会去德国。我将在德国的德累斯顿住一个多月。行前几天，正好谢先生有电话来，我便告诉了他这件事。

显然他迅速地把这消息转告了玛尔塔老太太。于是我不停收到询问我何时能去慕尼黑的邮件和电话。德累斯顿其实离慕尼黑也不算太近，要坐飞机。临时买机票，非常贵。而我在慕尼黑既没其他熟人，又没别的事情。所以我一直犹豫要不要破费银两跑去一趟。可是催我去那里的邮件更勤了。不光谢教授，还有玛尔塔老太的华人朋友。我终于架不住玛尔塔老太的盛情相邀，决定专程跑一趟。

到机场接我的是谢教授。机场距玛尔塔老太的家很远，谢教授住在城区较近的地方，所以他担当了车夫。我到的第二天即由谢教授送我去玛尔塔老太家里，一同去的还有玛尔塔老太的两位女友。谢教授笑说，她们都是老太太的麻友。

玛尔塔老太太住在慕尼黑郊区。一路上他们都跟我介绍，说老太太经常约他们去她家打麻将。并且玛尔塔老太的麻将打得特别好，这一带会打麻将的德国人，差不多都是她教出来的。又说，虽然她很老，但她相当精明，很会算，并且性格有点强悍。所以，她赢的时候比较多。

听他们讲这些闲话，我觉得非常有趣。原来麻将就是以这样渗透式的方式，慢慢在欧洲流行起来的呀。

玛尔塔老太对于我的到来，非常高兴。她早早就在家里做好了点心。她家的房子很大，但已经比较旧了。家里有一个很大的花园，里面散种着树与花，非常漂亮。她的丈夫早已去世，她与女儿住在一起。跟前几年来武汉时相比，她的腰弯得很厉害，走路弓着身体，形成一个钝角。但她的生活完全自理，尽管她已经 86 岁了。

我们在她的家的屋廊下一边吃点心，一边聊天。玛尔塔老太找出她家留了无数年的几本书和照片送给我。都是关于庐山的。是些相当珍贵的资料。我说，我一定把它们送给庐山图书馆。如果可能，请他们给您寄一个证书。她听罢十分高兴。对于武汉，她一直赞不绝口。只是感叹自己再也没有体力飞去武汉了。

其实像玛尔塔老太这样的人,是一刻也闲不住的。中午过后,她提出来要带我们去她家附近逛逛。她家四周很漂亮,远远地能看到阿尔卑斯山,山下有很多自由散漫的奶牛悠悠地走来走去。

因为谢教授已经开车回家了,我以为她不过是带我们出门散散步,闲逛一下。不料,她却从车库里呼呼地开出一辆小汽车。尽管她的腰弓得厉害,但当她佝腰钻进车里,一坐下来,立即满脸神气。几个动作下来,完全不像一个行动迟缓的老太,而更像一个莽撞的年轻人。

我的吃惊感真是不小。同行的我们三人,最年长的是我。就算年长,跟玛尔塔老太相比,也要年轻三十多岁。我们却听任着这老太,呼啸地开着车,在阿尔卑斯山下到处兜风。我立即想到"拉风"这个词。可是,这样的词汇,从来都不是形容老太太的。

玛尔塔老太一边开车,一边向我们介绍周边环境。汽车太老旧了,仿佛像她本人一样老,半道上突然发出奇怪的巨响。我们不明原因,都有些紧张。玛尔塔老太也不知原因,但她下了车,对着汽车,伸出脚,嗵嗵就是几下。再上车时,声音居然没有了。然后她又继续开。不一会儿,巨响又起,如是这般好几回。每次她从容下车,然后抬脚踹车,咚咚咚的声音,很大,似乎她还有不少力气。那副架势,让我们坐在车上的人,全都笑坏了。

晚餐时,玛尔塔老太执意要请我吃中餐。中餐馆在城里,老太住在乡下。中间路程要花一个多小时。正逢下班高峰时间,仍是老太开车,一路堵堵行行,到餐馆时天都黑了。点菜时,玛尔塔老太问我有没有喝过慕尼黑啤酒。我说还没有。于是她立即帮我要了一杯啤酒,也给自己要了一杯。她说,到慕尼黑来不喝我们的啤酒是不行的。

啤酒送上来时，我真是吓了一跳。那是很大的一个玻璃杯，我从没一次喝这么多啤酒的经历。我说我恐怕喝不了。玛尔塔老太说，你一喝就知道你能喝了。对她这样的说法，我也没辙。玛尔塔老太全无顾忌，拿起杯子，就豪喝起来。于是，我也喝。这晚上，我随着这位豪迈的老太太，喝了我生平最多的一次啤酒。喝完后，她说，你看，一点问题都没有吧。

吃饭聊天是很耗时的，不觉间就很晚了。玛尔塔老太从早上开始陪我们，下午又是兜风，又是踹车，一直到现在，几乎没有休息片刻。而我们饭后，很快就会回到住地，她却还要一个人开一个多小时的车回到她的乡下。我有些担心。谢教授说，她没问题。她强悍得很。

这是我第二次听到他们用"强悍"一词形容玛尔塔老太。从他们的语气中，我听得出他们用这个词时，带有调侃和亲昵之意。他们说，玛尔塔老太比他们的身体还要好。

第二天，我要离开慕尼黑，仍然是谢教授送我。玛尔塔老太打电话找谢教授跟我告辞。她声音洪亮，说了一长串的德语，我一句也听不懂。谢教授翻译完说，你看，她什么事都没有吧。她还要我们过去打麻将。

我也忍不住大笑。笑完觉得，面对这样的老太，你除了佩服和赞叹，更多的还有惭愧。

因我们很容易感叹自己的老，很容易为青春的流逝而伤感，很容易说那句"岁月不饶人"的话。觉得人生到此也就如此了。可是我们的这份老，距玛尔塔老太的老，隔着三十多个年头，这是相当有长度的距离。老成那样玛尔塔老太，却始终满怀着童心和斗志。一想到她坚决果断地不顾众人相劝，一意孤行地跑来武汉寻找往事的样子，一想到她用脚狠狠踹车的样子，一想到她豪迈地打着方向盘开车的样子，就觉得这样强悍的生命力真是让人感动，也真是励志。

英雄末路

一

老庐山人有个说法，是为“庐山美景在山南”。

当地民谣说：“太乙太乙，神仙府地，冬暖夏凉，心旷神怡。”

民间流传：“得意之人去山上牯岭，失意之人藏山南太乙。”

我们在这里要说的太乙峰就在山南。因地质变化的缘故和溪水长年的切割，庐山山南与山势平缓的山北相比，到处可见兀立千仞的绝壁和飞流直下的瀑布。山南山高谷深、层峦叠翠，丛林四处。李白歌咏的庐山瀑布和三叠泉、被苏轼称为庐山胜景之最的青玉峡与三峡涧，都在山南。

太乙峰与它四周的柔和峰顶不一样，它是峻削而陡立的，很挺拔很尊严的一副样子。太乙峰下有老鹰崖，老鹰崖下有庐岳寺。从山下登上数百盘后，可以看见一个小亭子，这个亭子名为欢喜亭。欢喜亭是一个名叫遇明的行僧修建的。他在这里为山间行路人烧茶热汤，或者帮他们担运，却不收银钱。这真是一个让人欢喜的亭子。在欢喜亭远望，可以看到鄱阳湖水明镜一样闪着光亮，如果是黄昏时分，湖水退下，岸边的湖滩，细沙无边，在夕阳下有如黄金万顷。其景其色，令人长啸，令人惊叹，令人流连忘返。古人比今人更会把玩山河，更懂得自然至美与至乐，因而，他们中有人在这里的石壁上写下五个大字：庐山第一峰。这真是一个有品位的人。

与山顶的日渐喧嚣和日渐繁华相比，这里可真是清静得几无人声。得意的人都直奔山顶。牯岭上住的几乎都是豪门富户，高官显贵，以及金发洋人。他们来到山上，是为了躲避炎热，以便更自在地享受生活，享受人世。而这里，我们的太乙山下，却只吸引着一些存心避世，存心避俗，存心避人的失意者。他们带着一颗失落的心，一份离群的情怀，在此结庐隐居。太乙最早的居民，便是他们。

中国士大夫向来有此传统：一旦失意，便好隐居避世，独善其身。或闷头读书，或写诗吟词，或结交三两志同道合者，饮酒赏菊，煮泉品茗，笑傲江湖，把玩人生，再不就坐在石头上下棋，靠在竹树下小憩。他们依赖于宁静而清幽的自然环境，迫使自己忘却功名利禄的诱惑，迫使自己剔除烦恼而静心，也迫使自己不在乎别人如何生活而以期平衡。他们甚至在这种强迫自己适应隐居生活的过程中，形成别一种美学趣味和生活情调。从而使追求远离世俗繁杂的林下生活，仿佛成了人生的一种更高境界。

宁静幽深的、温暖适宜的、风光美丽的、充满禅意的太乙山，便为那些意欲走入这种境界的人，提供了最佳的场地。

于是，在庐山的山南就有了一个叫太乙的村落。纵然它后来也成了高官和巨富追求"隐趣"的地方，但它的始作俑者，却是一批地道的隐者。

二

细数起来，最早在太乙山一带修别墅的人当算清朝举人易实甫。易实甫是湖南人，本名叫易顺鼎，他曾经做过广西、云南和广东等地的巡道。民国以后，在京做官，做的却是卑官。因而心情一直抑郁，晚年甚至自号“哭庵”。像许多文人做官一样，官场上不得意，便猛劲写诗，到处旅游。易实甫的诗也多是跅弛不羁。我读过他的一些诗，有些诗确实写得好。有一首《栖贤涧石歌》中写栖贤涧的水与石，诗末四句为“道人两耳痴聋久，问是水鸣还石鸣。试抚孤琴动山响，方知水石两无声”。真写得禅意深浓。

光绪三年，易实甫在栖贤寺一侧修筑了一个草堂，称为匡山草堂。栖贤寺是山南古刹，距太乙村不到十里路。匡山草堂内藏有千卷以上的书籍。《庐山志》上说“草堂内游观之胜十有八，琴志楼其一也”。易实甫形容自己的琴志楼为“危亭若笠，中有一琴”。就此言想象画面，那意境是何等的空灵和清幽。琴志楼在庐山名气很大，大得以致后来的人都记不得有匡山草堂，而只记得琴志楼。

易实甫曾与陈三立等一起游历过庐山，他们是老朋友，游历中他们都为庐山写下了许多的诗。陈三立曾经在琴志楼留宿过，那一夜下着大雨。后来他自己在庐山有了松门别墅，有一天山上大雨，陈三立竟半夜醒来，想起当年在琴志楼听雨，感慨万千，于是写下《枕上醒暴雨》一诗。诗云：“海水从天怒倒流，夜号神鬼梦痕浮。依稀飞挟峡泉吼，雨满当年琴志楼。”

易实甫的匡庐草堂今已不在，栖贤寺侧只有废址供人一观。可是除去有心之文人，普通游客谁到那里去呢？

二十世纪二十年代初，时局混乱，战事频频，整个社会动荡不安。传说有十八个广东籍将军，或是兵败于沙场，或是失意于政坛，或是厌倦于尘世，他们决定退出江湖，隐居深山。他们听朋友说庐山空寂清幽，美景如画，便决意来此隐居。他们先后来到了栖贤寺一带。在这里修筑了万陶斋和寒泉亭。他们隐居的房子与易实甫的匡山草堂遥遥相对。他们此举与山北消夏避暑、享乐人生的达官贵人及洋人们不一样，他们是来逃避人世的。很自然，他们与失意的易实甫心息相通。他们放弃了正日渐繁华的牯岭，而落脚在了山南。

十八个将军相约来此隐居，这真不是一件小事情。不知道他们是怎样下的这个决心，也不知道在当时这是不是一件轰动的事情。或许因为每日都有更重大的事情发生，比方领袖去世，比方总统易人，比方战争打响，如此之类，这些事情关系到国家民族的命运，因此，他们的这种个人退隐并没有拉动世人的目光。好在但凡有意退隐的人，多半心下索然，也无意让他人知道自己的去向，因而，他们结了伴，他们上了山，他们修下了自己的居所，他们就在山上住了下来。

栖贤寺是著名的古刹，它临近的三峡涧和观音桥也都是著名的风景点，相对于山外，这里颇是清静，可是相对于深山，这里却不一定是最清静的地方。很快这些个将军有了迁居之意。他们了解到太乙峰的景色比这里更好，并且更少行人游客，于是他们在实地考察之后，一举买下了太乙山下、庐山古道旁的一块坡势平缓的土地。

这一次，他们不想在匆匆忙忙间随意盖幢房子居住，而决定好好设计他们的隐居之地。于是，他们成立了一个以刘一公、曾晚归为首的"计划委员会"，整个别墅区由"计划委员会"总体设计，统一安排，具体实施。

他们很是从容地建造他们的家园，从一九二二年一直到一九三〇年，前后历时八年，才最后竣工。这一片别墅区，因为在太乙山下的缘故，叫作了"太乙村"；又因为村中居民均是些将军，人们又叫它"将军村"。最后，还因为这些将军居此目的是为了隐居，于是又被叫作"隐庐"。

在没有去太乙村之前，我几乎是信了这些传说。但是在春天的一个下午，我来到了太乙村，看到了美丽如画的景致和精心布局过的村庄,看到了他们生活的场景和曾经有过的居民,我对这些传说实在不能不产生怀疑。他们真是一群失意的人吗?他们在这里真的是隐居而不是享受生活吗?他们真的就对这动荡不安的局势持观望之态?他们修筑这一规模颇大的村庄所耗费的钱财是不是他们从军时掠来的民脂民膏?

历史就如太乙峰下的云雾一样,被风吹刮而去。我们虽然记得山间曾经有过云雾,但却无法看清云雾的形状和色彩。于是我们只能想象。

三

但无论如何,太乙就在我们的眼前。站在这里,我们不必去推测那些所谓失意者隐居的雄心。因为很可能我们错想了他们。更有可能,他们来此,只是为漫漫的人生长路设一个小小的旅站,只是在疲惫的生活间隙中得以享受一下自然,只是聚几个好友在美丽的季节里欢度一下时光。当然,他们或许选择的方式就是同那些淡泊的看破尘世的隐居者不同,他们的本意就是要豪华而享乐般地过一种隐居生活。不管怎么讲,他们的的确确是住在了这里,住在了远离喧哗之都市的山中。

在太乙村,他们修建了十八幢大小不一、风格各异的别墅,每栋相距五十米左右,互不干扰。每一幢别墅都倚势借景,或利用岩石,或背靠山崖,或濒临小溪,或深藏竹林。一股山泉从山间婉转流出,绕行于每一幢别墅,然后流走;起伏于树间的石级小径,如串珠一样,将十八幢别墅一线串连。十分有着"曲径通幽"以及"小桥流水"的中国之风。最有意思的是,为防不测,他们在四周的制高点上,都修有一个高高的碉堡,正经八百地雇有卫兵守卫。他们在太乙村的西北处,还开辟有一个"练武场",除了让驻守的警卫人员在此训练外,"隐士"们也用来进行体育活动。练武场有一巨石，上面刻有当时的太乙村董事局局长叶慕旭将军的三个大字：练武场。正是这些碉堡和练武场，一下子把文人做派和军人做派区分开来。文人没有什么防范之心，他们是断断不会想到隐居生活还需要这些玩意。

整个别墅群按照中国人的习惯坐北朝南，虽是山中，阳光却是十分充足。向左依着九奇峰和清凉涧，向右傍着含鄱岭和白水槽。庐山最高峰汉阳峰和次高峰五老峰远相拱护，而明镜似的鄱阳湖则尽铺眼前。站在每一家别墅的阳台上，都可以看到广阔的鄱阳湖面和层叠的山峦。最令人感叹的是，这十八栋别墅依着每个主人的个性爱好而各具风格，屋后门前的花园和卵石小路一应以个人喜好设计。用现代的语言来说，这完全是一种“人性化的设计”。

说这里有如世外桃源，真不为过。

四

现在我们就来看看这些隐居的人们吧。

太乙村一号别墅是最居高临下的一幢房子。它的雅号是“晚庵”。晚庵高耸在太乙村之上，屋后是密集的竹林，因为倚山之故，它的正面有着粗石垒起的墙基。褐色的岩石托着别墅，隐匿在山间林中，让人感觉尤为自在。别墅的主人是曾晚归。在这一群归隐的人们之中，曾晚归是一个相当重要的人物。最初在庐山隐居的动议似乎就是他提出来的。但不知何故，我没能找到曾晚归的生卒年代。只知道他是广东嘉应县人，原是粤军第八师师长。至于他上过什么学，打过什么仗，立过什么功，受过什么挫，为什么会失意，诸如此类，却因了我的孤陋寡闻和不善查找资料，始终没能了解得到。只知道一九二三年他倦怠军务，“解甲游庐山，葺宇太乙峰下，有终焉之意”。住到太乙村后，他并没有彻底隐居，最终还是出来做了官，出任了庐山管理局第二任局长，并且在任期间，政绩颇佳。其实大多隐居者的目的并不是为了隐居，而只是一个姿态。待失意的情绪调整过来以后，或是时局发生变化之后，他们终归是会出山的。真正一隐到底的人，我们能数出几个？

让人觉得最像隐者的人，应该是严重。严重是湖北麻城人。又叫严立三，别号劬园。曾经担任过黄埔军校教练部主任、国民党军事委员会军政厅厅长，陆军中将。为人清高，超世不群。他与邓演达是特别要好的朋友，因此而被蒋介石疑心。北伐战争结束后，严重对蒋介石深觉失望，便辞职而去。行前，曾是其学生的蒋介石某待卫密告严重，叫他不要北上，免遭猜忌，最好隐息修行，以避横生意外。严重顿悟自己身处险境。他只身游到杭州，募得一些资金，为北伐战争中牺牲的第二十一师的将士修了一座纪念碑，然后便来到了庐山的太乙村。从此，他改着僧服，每日读书习经，砍柴种菜，箪食瓢饮，杜绝一切社交往来，不问政事，一住便是十年。蒋介石在庐山期间，曾经两次前去看他，他都避而不见。蒋介石从前门进来，他便从后门出去。因他在黄埔学生中威信颇高，蒋介石亦几次请他出山，也都被他拒绝。报界对他的长期隐居，做过报道。有文章说"当今的严子陵，清高过于严子陵"，直接将他与东汉隐士严子陵两相比照。直到一九三七年八月，国难当头，蒋介石再次邀他出山担任公职。此时的严重认为，保家卫国，共赴国难，是军人的天职，于是才答应出山。这年十月，他一到南京就要求上前线，最后被蒋介石派到湖北来当了代理省主席。严重是一八九二年生人，他在一九二七年隐居时，正当三十五岁，是一个人叱咤风云的好年龄，但他却从高位上退下，隐入深山十年。说来也真不是件容易的事。严重住在柳庄，他的别墅门前有两棵松树紧紧地相倚相伴,因此这幢别墅又叫“同松别墅”。

同松别墅大约是太乙村最朴素的一幢别墅了。红色的铁皮瓦屋顶和顺着石块的堆砌纹理而形成的虎皮墙,都没有使这幢别墅显眼。严重是有名的清官,被人称为“湖北一怪”,他的别墅如此这般也是当然的了。严重别墅后面,有一块巨石,上面写有“藏金洞”三个字。传说是将军们离山时藏金之处。这个传说令我颇觉怪异。

吴氏院的位置好得令人赞叹不已。它正正地背靠着太乙峰。庭院特别大,四周奇树竹林环绕,站在院子里抬头上望,太乙峰有如一个睡美人躺在天边。吴氏院建于一九三二年。我想至少它的主人吴奇伟盖这个吴氏院不是为了隐居,而是为了休息。吴奇伟也是广东人,他是大埔县一个贫苦农民的孩子。在保定陆军学校毕业后,便成了国民革命军粤军之一员,参加过北伐。是张发奎手下第十二师师长。在他修建了吴氏院不久,便参与了对红军的第四、第五次“围剿”。抗日战争时期,他成了一个集团军的司令,驻守江防。美国著名的坝工专家萨凡奇考察三峡时,便是江防司令吴奇伟派兵前去保护。吴奇伟还赠给了萨凡奇一张详细的三峡军用地图。后来人们提到萨凡奇考察三峡时,总是会提到这件事。一九四八年,吴奇伟参与了香港的“粤东起义”的策划,并领衔发表了反对国民党统治的宣言。便是同年,吴奇伟以华南解放军代表的身份北上北平,参加了第一届政协会议。第二年,又参加了开国大典。可惜他没能更多地享受和平的日子,在他六十三岁的时候,因为病痛而在北京逝世。这已是一九五三年的事了。

春天里的吴氏院已不能细看。它那里开着一个小卖部和一个名为“太乙”的酒家。铁皮的红屋顶也显得十分破旧。幸而墙上爬满了碧绿的藤萝,是它把别墅装点出了几分韵味。一九三六年,冯玉祥来太乙村小住，快意之间，写下“隐庐”二字，并且亲自将字刻在一块石头上。这块石头现在就放在吴氏院的前坪。

太乙村九号别墅叫三柳巢，很有中国味道的一个名字。这是一幢非常气派的别墅，它最惹人注目的是附近的三棵漂亮的柳杉。三柳巢的名字由此而得。三柳巢始建于一九三一年，它的主人叫蔡廷锴——这是我们尚为熟悉的名字。一九三二年的淞沪抗战蔡廷锴率部与入侵日寇激战了三个月，成为中国最为著名的抗战将领。曾经一度与李济深一起在福建成立“中华共和国革命政府”，发动闽变，同蒋介石分庭抗礼。虽然他与老蒋在太乙同居一村，可是他与老蒋之间的斗争似乎从未停过。即使重被召用，也屡遭猜忌。一九四〇年，他愤而辞职，闲居两广一带。正因为长期以来与老蒋的不和，使他必然转身，走向另一条道路。一九四八年，他离开香港，辗转东北，于一九四九年抵达北京，参加了第一届政协会议。后来他就定居在了北京，担任着一些要职。他死于一九六八年的春天。这一年，他七十六岁了，也算过了二十年和平的日子。在这二十年里，估计他再也没有来过他的三柳巢，因为在日本人占领庐山期间，整个太乙村都被毁得不成样子，现在的三柳巢是一九八五年修复的，簇新得让人觉得少去许多沧桑，而多了一些商气。三柳巢还有一个名字，叫作“精普求舍”，估计这是蔡廷锴本人取的。没人解释他为什么起了这么一个拗口的名字。

比起三柳巢，陈诚的松庄别墅倒是朴素得令人惊讶，初看上去甚至觉得它有些土气。大约是一九八五年复建的缘故。松庄别墅靠近路边，以隐居的标准来看，这一处位置不是十分理想。不过人家陈诚并不是隐居之人，况牯岭上还另有别墅，所以，对于松庄别墅是否气派或者位置是不是上佳，诸如此类，恐怕也就无所谓了。

好了,太乙村最重要的一幢别墅,我们不能不说了。它就是桂庄。桂庄别墅是蒋介石和宋美龄在庐山的又一处别墅。掐指算来,他们两人在庐山的别墅和行馆加起来恐怕有七八处了。因别墅一侧的汩汩泉水,它又被叫作"月泉别墅"。这幢别墅前有宋美龄亲植的桂花树两株,"桂庄"一名正是由此而来。亭亭玉立的桂树与茂密的竹林,使得桂庄有一种格外的清雅。据说桂花树原本有两棵,一九七五年蒋介石在台湾去世之时,突然死去一棵,剩下的一棵仍然花枝繁茂。民间传说的魅力就是常常把花草树木飞禽走兽都说得有情有义。

但也正是因为桂庄的存在,使得我对"十八个将军"隐居太乙一说产生怀疑。因为太乙村一共只有十八幢别墅,除了蒋介石的之外,当时的在位高官至少好几人的别墅都在这十八栋之内。比方江西省主席熊式辉的"熊宅",庐山训练团团长陈诚的松庄,蔡廷锴的三柳巢,江防司令吴奇伟的吴氏院,诸如此类,这些何曾都是退隐之人?既然如此,十八个退隐将军又从何说起?此外,还有一些人,根本也不是将军,比方原庐山警察署署长文汝舟,庐山商贾胡勉成等。即使一些真正前来隐居的人其实也都不是真正的隐者,他们都是从热闹的场面下退避下来的人,想要靠自然把心安静下来,并不是件易事。所以他们中的许多人隐居没多久,便又陆续地走出山村,担任起一些要职。比如,一号别墅的曾晚归出任庐山管理局局长;三号别墅的翁桂清出任广东海关监督;九号别墅的蔡廷锴升任第十九路军军长;担任过总设计委员会负责人的刘一公亦做过庐山管理局局长和庐山军官训练团设计组组长。

五

由于档案资料的不全，我们已经很难查清究竟是哪十八个人住在太乙村。有资料说，最早来此地的人只有七个，只有他们才是粤军的失意将领。因为他们七人的缘故，太乙村才被外人传成将军村。另外的十一个人是后来加进去的，他们中大多并非为着隐居。这一说似乎更合理一点。据说，有一年康有为也跑到庐山来买了十亩地，他的地在温泉附近。离海会寺不是很远。可惜他还没来得及开始修建别墅，人便去世。康有为专程到过太乙村，来后还写了诗，诗中说“太乙山下太乙峰，七人筑室各柴门”。看来，他在这里看到的人家只有七户。

我一直很想查出这些隐居者的名字，只是遍翻资料，也查阅不出。我把与太乙有过关系的一些人名字录下，发现竟是多了几个出来。他们是曾晚归，古层冰（古直），关鹤舫，柯凤巢，刘一公，黄申乡，张敬之，文汝舟，谭仲文，余春泉，刘元宝，胡勉成，劳田宏，李汝倬，陈诚，吴奇伟，蔡廷锴，严重，叶慕旭，还有蒋介石。这一排列，竟有二十人之多。不过，在翻阅零星资料中，从点滴小事中，我推测曾晚归、古层冰、关鹤舫、柯凤巢、刘一公、李汝倬和叶慕旭，他们可能属于最初的七人。其中古层冰还是最初的动议人之一。

在这里我想专门地为古层冰写上几句，因为他在庐山的所作所为，不像将军而更像文人，或者学者。古层冰又叫古直，广东梅县人。他曾是清末著名的南社成员。当过编辑，也办过小学，在梅县呼应辛亥革命也曾风云一时，喜欢写诗的人，多是热血青年。他还任过县长，后来到中山大学中文当了教授。他似乎没有当将军的经历，至少《庐山志》上没有提到他是曾经当过将军。倒是说他一生著述甚丰。他住在太乙村里以治学为主，写了诸多考证方面的文章。同时也写了许多与庐山相关的诗文。他的诗给我的感觉有些呆板，不是我喜欢的风格。大约专注做学问的人写起诗来，反而少了一种灵气。倒是做过将军的曾晚归所写诗作，更令我喜欢一点。

在太乙村，还有两个地方当值一提。一个游泳池。这是一个以山泉为源的动水游泳池。他们利用山势，使得泉水直接流入池中，又在游泳池的另一端留下排水孔。游泳池因此而永远处在换水的过程中，其水质的清亮洁净，真是无一家游泳池可以相比。

另一个地方便是同乡会馆。它被称为犇舍。是在曾晚归的倡议下，由刘一公、古层冰等七个粤人捐资所建，以用来接待亲友。虽说是为粤系亲友所建，但其他朋友来到太乙，也都住在这里。像康有为、李四光、冯玉祥、胡宗南、白崇禧、阎锡山等，都在这里居住过。来者名人不少，屋以人传，犇舍也就因此而成了有历史故事的名屋。

太乙村的人在一九三七年后，都星散而去。这是没办法的事，日本人打过来了。多少防线都没能挡住鬼子，太乙村村头村尾的两个碉堡自然也抵挡不住。整个太乙村人去楼空。只有曾晚归将他侄儿的墓迁来这里，准备相伴长居，但也没能过上多久，便一病而逝。曾晚归在他住进太乙村一年后的一个日子里，写过一首《山中辞》的词。最后一段是“山中卧，冷被和云裹。孤峰寂寂月窥床，凉露娟娟梅共我。问征鸿，何事向潇湘。唳寒风，残梦破”。好孤寂悲伤的心情。而他的太乙村，在日本人的铁蹄下，真的就只成了一个残破的梦。

六

其实，在太乙村建成的那个时代，这里无法成为一个真正静谧着隐居的地方。在它的全盛时间里，蒋介石每年都来牯岭避暑，他在太乙亦有别墅，时常隔三岔五地前来一住。都是一个村子的人，走在路上又岂能见不着面？见着了面又岂能不谈国事？既与国家最高首领谈了国事还有什么隐居味道？更何况，海会寺一带开办着军官训练团，太乙村与海会寺可谓近在咫尺。将军们虽然离开了军界，可与其他军官的关系也是藕断丝连，造访他们或是羡慕他们的人也不老少，大小官员们在此来来往往，太乙村想图清静，又怎么可能？

发生在太乙村的事情也证实了这点。

一九三一年，蒋介石与胡汉民之间的矛盾日益尖锐。不久，胡汉民便被老蒋软禁。这一来，使得胡汉民的部下们纷然反蒋，一方面准备另起炉灶，另一方面，准备对蒋介石行刺。就连孙中山之子孙科也派出亲信，去联系上海滩上有名的杀手王亚樵，并以巨额经费作为费用。

王亚樵被人称为民国史上“暗杀大王”和“民国第一杀手”。中国现代史中许多暗杀事件都与他有关联。他在上海组织起自己的斧头党，硬是在上海滩杀出一片天地，使得上海的几大帮派都得让他三分。在这次刺蒋之前，他已经就组织过诸起暗杀了。由于他的计划经常滴水不漏，所以许多人明知是他之所为，却拿他毫无办法。这一次刺蒋，除了受胡汉民亲家林焕庭所托外，也是他本人的一个心愿。王亚樵与蒋介石的关系一直十分恶劣，刺蒋一直是他计划中的事情。

王亚樵在南京、庐山、上海都分设行动小组，伺机刺杀蒋介石。6月，蒋介石将去庐山太乙村的消息被王亚樵探知。于是他令手下十余人化装成游客，潜往庐山。由于一路上关卡重重，枪械无法携带。他们便买了十只金华火腿，用刀将中间挖空，然后再把枪置于其中，再用针缝好，外面涂上一层盐泥，几乎天衣无缝。一路上都十分顺利。到了太乙村后，他们取出了枪，却将火腿随意扔进了树丛之中。不料，蒋介石的侍卫在山林中偶然发现了一只火腿。这只火腿一切都很好,可就是中间被挖空了,而且明显是有人用刀削空的。他们分析一定有人夹带武器上了山,因而他们一方面加强了警戒,一方面封山搜索。

一天,蒋介石在太乙村甬道上散步,向竹林方向走来。担任刺杀任务的青年陈成正在附近。这是他杀蒋的一个极好机会,可是万没有想到的是,正待他意欲射击时,一个侍卫突然走过来,护卫着蒋介石往回走。陈成恐怕失去这个千载难逢的好机会,便冲上前开了枪,结果两枪都未打中,在他正想掏出怀中炸弹时,却被蒋介石侍卫的乱枪击倒,当即毙命。侍卫们检查陈成尸体,除了手枪,并未发现什么。蒋介石被吓得魂飞魄散,但倒也有惊无险。见到刺客已经被击毙后,便指示手下将他埋了,并且不许声张。事后,他密令戴笠从速破案。戴笠很容易就猜测到这多半是王亚樵所为,却苦无证据,拿王亚樵没有办法。他只好警告王亚樵说:“你如果想谋害领袖,我一定杀死你。”

王亚樵后来还策划过一些刺杀事件。比如在上海刺杀宋子文,但这次杀手看错了人,错杀了宋子文的秘书;又比如,在南京刺杀汪精卫。汪精卫当时虽然没有死成,但最终还是因那次刺杀的子弹而死。后来他又成立了铁血锄奸团,专杀鬼子和汉奸,日本陆军大将白川义则便是死在王亚樵的暗杀之下。王亚樵这个人,一生都充满戏剧性,把他的经历拍成电影,观众定会怀疑那是编剧的虚构。其实,再好的编剧,也无法编出比王亚樵亲身经历更富传奇更曲折惊险的故事。王亚樵最后死于1936年,一则是被戴笠长年盯逼,一则也是被人出卖,他在广西的一家旅馆里,被预先埋伏好的特务杀死。而主持杀他的人便是他当年的弟子戴笠。戴笠进黄埔军校便是王亚樵送他去的。看看,这样的事,有几个人得以经历呢?

蒋介石太乙村遇刺的版本也有好几种说法,但多大同小异。这样的历史事件,在文人的笔下,仿佛是写一出大戏,主要情节不错就行了，而细节的设计和渲染的程度，全在笔头。只是，无论写成什么样子，太乙村总归都是这场大戏的舞台。

枪声在宁静的山中一定回荡了许久，不知隐居在那里的将军们听到枪声会是什么样的状态，他们是惊异呢还是恐惧？是庆幸呢还是悲哀？更或是愤怒以及跺脚叹息？不见任何文字提到他们对此事的说法，这段历史仿佛是被尘封着。但有一点我想多半成立：当年他们在此筑庐建屋时，肯定没有想到，这样的血腥事件，也会发生在他们的隐居之所。

年轻的杀手陈成，后来就被埋在了太乙村，没有人知道他被葬在哪里。

七

今天，将军们的身姿早已不在。太乙村却仍然保持着当年的格局。一九八四年，太乙村被再次开发，人们修复了一半以上的别墅，又新辟了从山下观音桥至太乙村的登山公路。及至二十世纪九十年代，这里已成一个旅游度假村。在旅游旺季时，纷至沓来的游客会以他们特别的喧闹，打碎这里的宁静，时尚的服饰和流行的音乐，让这里隐居的气息荡然无存。

但在淡季之时，游人离去，太乙村立即就恢复到它过去的情调。清冷而幽静，有几缕炊烟，有几声轻叹，有几句低吟。太阳下山后，灯光亮起来，太乙就仿佛一艘静泊在海岸的大船。在伸手不见五指的夜晚，海景和山景几无区别，而海风和山风的叫喊也大致一样。所不同的只是，风送来的味道，一个是淡淡的咸，一个是幽幽的香。

历史的余味便夹在那带有幽幽香气的风里，在山间飘浮。

汉口消失的游戏

小时候，我一直生活在汉口。那是一座名叫刘家庙的宿舍大院。它位于汉口著名的黑泥湖附近。在当年，这地方几近郊区了。所以，在我们宿舍的周边，有许多菜园。不远，还有一个火车货运站，夜晚，经常能听到火车长鸣的声音。

我们的生活圈子很小，除了上学，很少出门。父母因为各人忙各人的，也不是经常带我们出去玩。因为坐车少，所以，我长到很大都晕公共汽车。因为晕车，就更不愿意出门。记得有一回，我母亲带我去江汉路买鞋，返回时打死我都不肯坐汽车，母亲只好陪着我从江汉路一直走回家。走了几近两个小时的路，把母亲累得腰酸背疼。我的不愿坐车的举动，令全家人都不愿跟我一起出门。以致我对出门一直有一种恐惧感。直到参加了工作，我业已年满十九，一个人到汉口闹市去，还要鼓起很大的勇气才敢前往。

虽然是住在一个相对独立的大院里，但我的童年生活却并不孤单。之所以没有孤单感，是因为我有很多玩伴也有很多游戏可以玩。汉口所有的游戏都能流传到我们这里。宿舍里如我这样大小的孩子很多，大家的父母在一个单位工作，彼此又都住在前后的楼上楼下，甚至在同一所学校上学，兄弟姐妹乃至七大姑八大姨也都熟稔得不行。加上当年的学业并不像现在这样紧张，宿舍的院子又很大，我们有足够多的时间和足够大的空间聚在一起玩游戏。与现在的孩子形单影只地坐在电脑前同一个虚拟的世界交流，我们可真是要快乐得多。当年的我们两手空空，没有任何可以炫耀的玩具和现代装备，也没有多少书籍和可以一看的电影。我们拥有的只是时间和我们自己的玩心，然后再加上我们彼此。所以，我们玩的游戏几乎都是集体合作式的游戏。那些游戏伴我们度过了最美丽的童年，几乎够我们回想一生。

跳橡皮筋

跳橡皮筋是女孩子最喜欢的活动。跑橡筋的方式要有两种，一是跳单根皮筋，一是跳双根皮筋。无论是跳哪种方式，玩法都差不多：人数必须为偶数，一分为二成两组。一组负责牵皮筋，一组人跳。谁在跳的过程中失败，谁就下场。一直到最后一个人失败，才换组来跳。如果顺利地跳完一节，就可以升高一关。从地关开始，到膝关、腰关、肩关、顶关，最高是天关。所谓的关，就是皮筋的高度。皮筋升到膝盖，就是膝关，升到肩部，就是肩关。而天关，就是把牵着皮筋的手臂举得高高，直指天空。这是最难跳的一关。跳过了天关，就要换第二种花样了。

如果有高手领头，其他人在她的带领下，就比较容易过关。尤其天关这样难度比较大的关口，只要高手的腿能够着皮筋，其他的人便都可能沾光而过。如果高手“死了”，这一组人也就很快没戏。按说在跳皮筋的过程中，高手往往容易先死掉，因为高难的动作都是由她先行完成，其他人跟在她后面并不费劲，但不知道为什么，最后剩下的还是总是高手一人。靠了高手的能力，她可以不断地拯救全组：因为天关一过，全组已经“死了”的人，又全部复活。这种游戏，周而复始，真是永远也玩不厌倦。

跳单根的皮筋是要唱着歌跳的，非常有节奏感；如在阳光下，一群女孩子大声地唱着歌，双腿快速地跳跃着，那种场景，何其温

1995年，在五台山上

2001年在云南腾冲湿地

馨动人。而跳双根皮筋则没有歌，但是技巧性却更强一些。只是无论是单根皮筋还是双根皮筋，都是花招迭出。并且无人知道，这些花招是怎么流传开来的。

跳　绳

跳绳的玩法也是很多样的。除了自己玩之外，更多的时候是比赛。比赛亦有独跳和集体跳两种。独跳是自己手执一绳，按规则数数。有正跳、反跳、悬空跳、花样跳。正跳最简单。但高水平的跳绳人很少只正跳的，因为这样太单调。所以，跳花样的更多。

不过大家在一起玩的时候，单独比赛式的跳绳其实玩得很少，更多的是玩集体跳绳。集体跳绳的绳子要够长才行。两人各执绳的一头，将绳子朝同一方向甩起来，其他人则要一个接一个鱼贯而至，在甩动的绳中跳一下，然后冲出去。如果没冲出去，或者没有连接上，就自动下场。当跳绳的人淘汰到最后只剩下三四个人的时候，就非常紧张了。因为绳子是不能空甩一下的。这样，你就得冲入绳中，跳一下跑出来，再绕到原处，又冲进去，因为跳得人少，时间短，又必须连贯，所以就得不停地绕着圈子奔跑。而这时候也就是跳绳的高潮。这种跳法，是我们小时候最喜欢玩的一种。这时候拼的就是自己的能力。能力强的人能一直跳到最后，而能力差的人则经常只跳了一个回合就下了场。

跳 房 子

这个游戏的叫法，不知道为什么，想想就觉得有趣，有味道。房子也能跳？

跳房子也分好多种。当年我们玩的主要有两种。一是方格房,另一种是飞机房。方格房中有单行和双行的。单行的比较简单,依次画上四个格子后,顶上再画一个半圆的"房顶",跳法是从最底下一格开始,用一块薄薄的石片,然后用单腿将它踢入到第二格,依次向上,最后到半圆的"房顶"后,要拾起那块薄片,再单腿沿原路跳回去。双行的方格房则是一直跳到最高层后,拐一个弯,再继续跳回来,与单行的房子相比,它没有单腿跳回这一程序。它必须一直用将石片踢回原点。那块薄薄的石片是跳房子必不可少的工具。它也可以用其他东西代替,比方平平的木头块,只要你觉得好跳就行。武汉话称之为"Be",汉语里没有这个字,读时要有点儿话音。更多的时候,我们喜欢用一根绳麻绳串几粒算盘珠或者串十几粒小小的贝壳抑或扣子当"Be儿",它们比石片更容易被脚控制。

飞机房顾名思义就是画成飞机的形状。其实它的样子更像蜻蜓。跳法上花样多一点。多几道曲折,但大体的玩法也都一样。

我居住的宿舍楼,楼上楼下都有宽大的走廊。走廊是半敞开式的,很明亮很通透,地是水泥的,十分平展,那里是我们跳房子的最佳场地。我们只需要用粉笔画上线条就可以开始跳房子了。但常常大人嫌我们吵闹,将我们赶到户外,无奈的我们虽然一肚子不情愿,但也只能听大人的。我们会在泥土地上用石片画出"房子"来。只是泥土地上画出的房子,跳几下线条就不清楚了,于是我们便在我们经常跳的地方,做出一个"工程"。这"工程"就是捡来一些碎碗的白瓷片,将它砸成纽扣大小,然后嵌在地面。褐色的泥土上镶上白色的线条,那"房子"是特别的清晰漂亮。它可以持续地跳许久。在宿舍的空地上,可以看么很多这样的碎白瓷片的"房子",很是明媚,那都是我们的杰作。长大后,我似乎就再也没有见过这样别致的"房子"。

打电

打电是一种奔跑追逐的游戏。汉口人为什么叫这个名字，我现在也弄不清楚。这个游戏有比较多的人玩才最有趣。在场的人数,必须分成两队。选择的方式有点像篮球里的选秀。它由两个公推的首领以划拳的形式来选择。首领先划拳,谁胜,谁就可以挑选他认为跑得最快的一个人。每划一轮,可选一个,一直到人数选完。人员分配完后,还是以划拳的方式决定跑方和追方。两方各以一根电线杆为大本营,两方大本营的距离一定要比较远一点。可以相互看不到对方。追方必须把跑方的人全部抓住才算胜利。因为跑方没有任何目的,所以救人就是跑方的最终目的。跑方一开始就是要放一个人跑出去,这人肯定是跑方中最差劲最没有能力的一个。大本营几乎被追方包围着，跑方的第一个人几乎都是一出门就被逮着做了俘虏。俘虏在追方的大本营里,手必须接连着电线杆。如果跑方被抓好几个人，那么这几人就会手拉着手,延伸得老远,等着自己的人来营救。营救者如果冲破敌营的包围,只需要手接触到被抓者的任何一处,就算营救成功。获救的人在返回途中是不能抓的,他们必须回到自己的大本营后,再度出山,才可以抓。最高潮的则是跑方的全部人马都被抓获,只剩一人时,那时游戏的双方都十分紧张。追方的防守这时也全部集中在一个人身上,想要有所突破真是不容易。所以,这最后的一个人常常会冒着牺牲自己的危险,孤注一掷,拼了命来突破重围以图触到众俘虏的手指。是所谓以牺牲我一人的方式而换来全体人的再生。这种“自杀式”的营救则又是追方最惧的。实际上,到了最后一人时,不以这种方式也不太可能救回大家,而多半的情况下,这个最后的“活人”也未见得能救出大家,因为只要他稍有动静,追方的人马全部冲到他的面前将他一举抓获。但也有时候，这最后的一个人为了麻痹对方，藏到一个隐蔽的地方久久不出来，以便趁对方防守松懈时，一举突破重围。这样的策略当然好，可是常常也很害人。有一回跑方剩下的最后一个“活人”是个比较小的孩子。她很机灵，跑得也快。她把自己藏了起来，准备最后营救我们。结果在藏时，遇到她的奶奶，把她揪了回家，可怜我们这些等她前来营救的人一直等到天黑也没有见她出来，这场游戏只得不了了之。

打电因了它的紧张和激烈程度，成为我们玩得最多的一个游戏。一年夏天，我们住楼房的小孩突然想寻找刺激，于是下了份挑战书，约定时间地点，向住在平房的小孩子挑战打电。住在楼房的孩子常常自我感觉比住平房的孩子要好。一则父母地位要高一些，家境环境也要好一些，二则在学校成绩好的人几乎都住在楼房，我们以为自己必赢无疑。但没想到打电这种玩意拼的是体力和速度，成绩再好也没有用。这一回的比赛，以下战书的楼房小孩惨败而告终。现在我都还能记得游戏结束后，我们一群人无比沮丧的样子。

攻城

攻城的游戏比打电的游戏流行得要晚。攻城的活动范围比打电要小。打电是要到处奔跑的，而攻城却只在原地，这就特别适合操场玩耍。我们宿舍里有一个不错的篮球场，那里是我们玩攻城的天堂。

攻城必须先画出城来。城是S形状的，只需把曲线变成直线就行，有点像反过来的“已”字。两边敞开的小口算是城门，进出都在那里。城内相对的两角还有两个小城，算是内城。攻城的一方，身体的任何一个部位接触到内城就算成功。攻城的时候是双方同时进行攻守，而不是一方只攻一方只守。因为这个，难度就比较大，一方面要守住自己的城，一方面又要攻下别人的城。攻城的人可以趁对方不备时，隔着线把城里人拉出来，成为俘虏。一但当了俘虏，就得退出游戏。所以，躲在城里的人随时还得防备城外的拉扯。往往大家都缩在中间一团。但城里的人把城外的人隔线拉了进来，那人也算是俘虏。他就再也不能加入攻城战。攻城时身体可以相互接触，相互拉扯。这时候谁的力气大谁就自然本领高强。玩这个游戏最重要的一点，就是只有在本家城内才能双脚踩地，出了城就必须单腿跳跃，绝对不能双脚落地，悬起的一只脚哪怕是稍稍沾了一下地皮，被对方发现，也会算“死掉”。如果攻进了对方城内，在抢占到内城前，也只能单腿跳跃。这样的话，攻城就比较有难度。双方都在城外时，就会进行战斗，战斗的目的就是在推搡和追逐间，使对方悬起的一只腿落下来。而实际上乐趣也正在这里：抢别人地盘不是一件容易的事。

玩这种游戏的人主要是女孩子，而女孩子们在攻城的过程中互相揪扯着要打败对方，场面真的是有些不雅。

踢毽子（俗称“打毽子”）

打毽子的游戏现在还存在着，但已经不太流行。我已经很少看到女孩子们结伴在一起进行打毽子比赛。而在我们的时代，那也是最热门的游戏之一，尤其在冬天。

做毽子的材料有许多种，可以用纸剪成细细的条，扎上铜钱做，也可以用布剪成细条扎起来。但更多的时候，我们都喜欢用漂亮的公鸡毛。最好踢的毽子是用两枚到三枚铜钱（我们又叫零钱，那时清朝的零钱真多呀！大小都有。没有将它当文物），找一半寸宽的结实的布条，在布条上剪一个小洞，把铜钱串起来，然后再扎上鸡毛。做一只毽子好不好踢是十分关键的，所以，不是所有会踢毽子的人都能做出好毽子来。

打毽子的难度相对其他游戏要大一些。有很多小孩子就是玩不好这个。我们那时打毽子并不是像现在的小孩子那样只是站在那里用单腿一下一下地数着数踢。在我们那时，这都是“小儿科”，只有最不会打毽子的人才这样玩。我们打毽子一般都是玩“大踢”。“大踢”是有花样的。根据花样难度来升级。其中一些花样的叫法当时不觉得怎么样，现在想来却是有些古怪。最低一级称为“减”，接下来是“称”，再下面为“啄”，然后还有“悬减”，“悬称”，“悬啄”，这种打法，是需要悬起一条腿，全靠另一条腿来打花样。最难可能还是“蛙减”、“蛙称”、“蛙啄”这一级别。它必须在毽子抛起来后，让一条腿绕过毽子，然后另一条腿玩出花样。高手们往往会几种花样交错起来打，千奇百怪，千变万化，十分有看头。

打毽子的双方人马一般情况下是各分一半，进行比赛。用猜拳的方式决定谁先打谁后打。先打的自然的占有优势，他可以尽情发挥自家一边的强项以及利用对方的弱项。因为后打的一方必须复制先打的一方所设计的全部花样，如果没有拥有高手，是很容易输的。而输了的一方最后必须“进贡”。进贡的方式就是由输方喂毽子，胜方来踢。胜方可以将此毽子任由东地西北地踢得老远，而输方必须接着这个毽子，否则就得重新喂过。进贡给高手的毽子往往是很麻烦的，她的脚的操作能力特别强，她可以把毽子踢向任何一个无人空当，以使对她的进贡无限地延续下去。看着输家追着毽子到处乱跑，那种快感真是无词形容。打毽子打到这时，就是高潮。是打毽子人最大的享受。

因为高手和低手的差距往往较大，所以，打毽子时也会出现几个人包打一个人的情况。尽管是以多对少，但顶尖高手多半还是能以一当十，获得胜利。否则何以被叫作高手？我在少年时代也算是高手之一，但我的高班同学兼邻居向小平则更加厉害。她打"减"可以连续打二十多个，而打"称"也可以一口气打十多个，交错起来打花样时，她更是可以随心所欲，极其灵活多变。有向小平在场的时候，我们多是联合起来对付她一个人。而一旦向小平不在时，这个高手就是我了。我打"减"倒可以与小平拼上一把，而打"称"以及交错起来打，就打不过她了。这一直是我心中的憾事。

打鳖（音译）

这是武汉话的发音。游戏真正的名字是不是这个，我也不知道。但我们从小就是这样的叫法。打鳖需要手脚并用，相互配合。它工具倒也比较简单，只需要一个小小的沙袋和一个乒乓球拍。用乒乓球拍把沙袋抛起来，然后手和脚在沙袋落下前玩出各种动作。当然也可以用其他替代品，比方用毽子代替沙包，将书拆起两个角来替代乒乓球拍，都行。以玩家的方便为主。

打鳖是由十二个花样组成一套动作。玩的过程也必须一整套一整套动作地打。打完最后一个动作，必须再反着打回来。每个动作的次序不能变，也不能漏，否则就算"完了"。"完了"是术语，即下场。打鳖的十二个动作都有名称。它的叫法非常怪，也不知道始作俑者为谁。玩家一边打，一边嘴上念念有词。这些名称用武汉话说，是为："桥、外、鳖、乘、西、坐、背、乌龙、浇水、地、啪啦死、啪啦外。"一共是十二个动作。尽管小时候倒背如流，可是现在无论如何都记不起来倒数第二个动作到底叫什么，问了几个小时候的同学，她们也都记不起来了。只是说仿佛就在嘴边，却说不出来。再问现在的年轻人，她们却表示听也没有听说过这种游戏。唉，原以为我们会老，游戏是不会老的，却没料到，我们还没老起来，而游戏则早已消失得踪影全无。一直到文章写完，大学同学刘道清看了此文后，与他童年的朋友梅明蕾提及此事，梅明蕾脱口而出全套游戏的叫法。刘道清兴奋地打电话告诉我，仿佛是一个特大的喜讯，说是这回绝对不会错。在他们二人的记忆下，我才得以写完那些奇怪的名字。

抓子（又叫“抓麻将”）

抓子的游戏更多的时候是在课间玩。它的工具是一把麻将子和一个小小的沙袋。麻将当然是大人们玩得不要的那些。玩家首先要把麻将随意地撒在桌上，然后将沙袋往高处一抛，利用沙袋在空间下落的那几秒，以手将桌上的麻将玩出花样来。

抓子也是要分好几轮的。第一轮要把随意撒在桌上的麻将全部翻成背面，第二轮要将麻将翻成正面，第三轮，将麻将全部横着立起来，第四轮，再将麻将全部竖起来，第五轮最难，要将麻将先横再竖。每一轮完成后，都要四个四个地把麻将抓起来。抓的时候，不能触动其他麻将。没有接着沙袋，或是触动其他麻将，就得“下台”。这种游戏不是两军对垒型的，而是各自为战型。可以几个人同时参与，按次序抓就可以了。

这是一个有点难度的游戏，因为沙袋抛出后，眼睛要盯着沙袋何时落下，所以，手上摆弄麻将全凭感觉。除了手指要求灵活快捷之外，对桌面上的整个麻将子散开的形势也必须有准确的判断。

拍糖纸

以前的糖纸不像现在这样都是玻璃纸，更多的是纸做的糖纸。拍糖纸是将一张糖纸折成四分之一大，再对折成九十度成

L状。然后将一把糖纸撒在桌上，用巴掌在桌上猛拍，以便让L状的糖纸翻过来成"人"状。一人只能拍一下，拍翻过来，就可以赢走那张糖纸。与抓子不同的是，抓子的游戏完成后，麻将还是属于原主人。拍糖纸则不，谁赢走了糖纸，它就归谁所有了，因此，有一点点小赌博的意味。与此同时，拍烟盒纸也流行过。玩法与拍糖纸几乎一样。

我的印象中，拍糖纸这种游戏只流行过一阵子。大家疯玩了一段时间后，就不玩它了。

打撇撇

"撇撇"的发音肯定是武汉土话。其实打撇撇的游戏在外地也一定玩过。它很简单，将香烟盒叠成三角状，然后扔在地上，取别一张"撇撇"对着它打，如果把它打翻了面，就赢了。玩这种游戏的人主要是男孩子，但也有很多女孩子加入其间。谁手上赢得"撇撇"最多，最就是"撇撇"王。打撇撇需要技巧，也需要臂力。我记得我小时候打撇撇时，总是打得胳膊酸酸的。

挑棍子

挑棍子比拍糖纸留存的时间似乎久一点。标准的棍子必须是冰棒棍。同样也是将一把冰棒棍撒在桌上，玩家必须手持一根小棍，将撒在桌上的一堆棍子一根一根地收回去。收回的过程中，不能触动任何一根其他的棍子。如果动了，就下台。棍子撒在桌上，常常是架在一堆，挪动一根，便会导致其他的垮下，所以，需要极其细心和耐烦才能玩好。与拍糖纸相同的是，谁将棍子挑走了，谁就是那棍子的主人。

滴扣子

滴扣子是什么时候兴起的，我已经忘记了。但把用手指将扣子放在眼边、全神贯注朝地下瞄准的动作却那么清晰地映在脑子里。这个游戏最容易让人记忆住的就是玩家的身态。滴扣子首先要在地上画一个圈，然后放几粒扣子在圈内。玩家则用手上的一粒扣子瞄准圈内扣子，再将其落下，砸在圈内的扣子上，如果将圈里的扣子砸到了圈外，就算是赢得这粒扣子。玩者可以是两人，也可以是好几人，总之最后算总账时，谁的扣子多，谁就是赢家。没扣子时，常常也用小贝壳替代。

斗鸡

玩这种游戏的人更多是男生。而且这种游戏似乎全国的男生都玩过。它是由自己把自己的一只脚抱起来，然后单腿跳动，用被抱起的那只脚的膝盖朝有着同样姿态的对方攻击，把对方的攻击倒地或是双脚落地，就是赢家。这种游戏玩的人越多越好，有点“群殴”的意味。打到后来，有时会形成几个对一人的局面，但即使剩下最后一人，也要勇猛地斗下去。这种游戏对于一个人意志的锻炼尤其有用。

一场“文化大革命”，使得我们这一代人没有很好地坐在桌前学习文化知识，但它却给了我们大量自由的时间，让我们随心所欲。尤其那些群体游戏，对一个人的成长实在是大有好处。在游戏中我们知道顾全大局，知道相互配合，懂得容忍，学会坚强，经历挫折，也深知纪律和规则。这些玩耍为我们后来走上社会做了很好的人生铺垫。现在想来，没有什么比这些游戏更适合一个人的素质教育了。

“文革”十年是一个漫长的过程。我记得除了上述的那些游戏外，我们一些女孩子还常常扎堆在一起雕花（即刻窗花）、钩花（用白线钩桌布和茶巾），扎花（将白色透明的塑料布染成各种颜色，然后剪成树叶状，再用线一片一片地扎出花朵来），绣花（除了常见的绣法外，还有十字绣），缠花（用塑料丝缠花做钥匙扣坠什么的），等等等等。在闲极无聊时，甚至还自己用竹片削一支竹梭，买来一些尼龙丝自织网兜。有好几年，我家用的网兜都是我亲手织的。我母亲常常为此感到十分自豪。只是现在我跟我那成天坐在电脑前打游戏的女儿说起这些事时，她一副理也懒理的样子，因为所有的这一切对她来说，都太陌生了。她懒散地说要网兜做什么？用一次性塑料袋多方便。

现在想来，那真是一个遥远的年代呵。和现在的小孩子相比，我们的数理化水准比他们差多了，具有现代化智能的玩具一样也没有。可是那么多的游戏时间，却使我们老了之后有无数快乐的回忆。而他们老了之后呢？天天坐在桌前伏案读书以及无日夜地一个人坐在电脑前玩游戏和上网也会在回忆中快乐吗？

湖边的大学

一

我写的这座濒临东湖边的大学当然是武汉大学。这是世界上最美丽的大学。

谈到武汉大学的风景，我想，无论如何，应该从叶雅各这个人写起。他虽然不是武汉大学最重要的人物，但却是确定校址的关键人物，否则武汉大学的美景无从谈起。

叶雅各是广东番禺人，在美国宾夕法尼亚州立大学森林系拿了学士学位后，又到耶鲁大学森林学院拿了硕士学位。回国后成了著名的农学家。他在大学给学生讲课，常常在黑板上画满树叶，一片片各式的树叶排列在上面，如同列队的士兵。叶雅各的专业注定了他必须长期在野外奔波。看树种，看树群，看土壤，看植被，诸如此类。武昌一带的山水，显然他也跑得差不多了。

一九二八年七月，国立武汉大学正式筹建。八月，蔡元培以大学院院长的名义，任命刘树杞为武汉大学代理校长，同时任命李四光、王星拱、张难先、石瑛、叶雅各等人为新校舍建筑设备委员会委员。李四光为委员长。

李四光在筹备会上提出旧的校区武昌东厂口空间狭小，又身处闹市，已无法承受新的大学的需求，新的武汉大学应该在武昌城郊另寻校址，另建新舍。筹委会一致赞同李四光的意见。

但是武昌城郊哪里最适合新的大学落座呢？又有哪一个地方它的地理位置、地势风光以及它的周边环境都能配得上这样一座新的大学呢？

这时叶雅各出现了。叶雅各告诉李四光，武昌东湖一带就是最适合的地方。其天然风光不独国内各校舍所无，就是世界大学亦所罕见。这一论断立即吊起了李四光的兴趣。

于是有一天，李四光和叶雅各带着干粮，骑着毛驴出了城。城外尚是一派的荒凉，行人越走越少，但风景却越来越好。然后他们来到了东湖之滨，看到了落驾山和它对面的狮子山。这块有如仙境的土地，挟着山带着水，半岛一样伸向波光浩渺的东湖中。李四光见之立即激动起来，跳下毛驴便握着叶雅各的手，惊呼大叫着：就是这里了。再也没有比这里更漂亮的地方了。叶雅各自然也大为开心，这是他一眼看中的地方。他知道在这里建起来的大学将会有着怎样广阔的前景和怎样响亮的名声。

李四光回去后，便将所有新校舍筹委会的人都弄来视察。当时的湖北省是方本仁代理着省府主席，他也去看了。去者几乎人人认为此地依山傍湖，景物清幽，与中国仁者乐山、智者乐水的理想也十分吻合。且山地也多属荒山旷野，不扰民，不为迁徙人户而额外花钱，的确是绝好的大学校址。人人都对这块地皮表示满意。于是，新的校址就这样在人人看好的情况下决定了下来。湖北省政府第十七次政务会议提出议决，通过后即依照中央颁布的《土地征收法》于一九二八年八月十五日正式公告。校方将省府核准公告详情上报核准备案。新校址圈地所需要的一切法律手续经办完毕。

二

当然，武汉大学的开创远不是从一九二八年才开始，在此前它已经有了二十五年的历史。

武汉大学的前身自强学堂是张之洞在一八九三年与谭嗣同的父亲谭继洵一起开办的学堂之一。它一改中式书院传统，而依照西方教育模式，采取按斋开课方法，入学要担保和考试。这是武汉的第一个专业学堂。有意思的是，这个学堂带有强烈的民族主义色彩。它明文规定学生不准抽洋烟，毕业后，不得为洋人做事，否则将追赔学费。

由自强学堂始，经过数年演变，从变成方言学堂，到武昌高等师范、武昌师范大学、武昌大学、武昌中山大学。一九二七年大革命失败后，武昌中山大学被盘踞在汉的新桂系军阀摧毁，一时间，作为华中重镇的武汉竟没有了大学。这一百年多年来，唯此一年，武汉的大学史上出现空白。

一九二八年五月新上任的省教育厅厅长刘树杞认为武汉曾为中国政治和经济的中心而文化教育却瞠乎其后，于是提议在武汉重新办一所新的大学。当时的南京国民政府大学院院长是蔡元培。蔡元培立即表示支持筹办武汉大学。时任国民政府法制局局长的王世杰、任中央研究院地质研究所所长的李四光以及在中央大学当教授的周鲠生也都极表支持和关注。

当时的湖北省府从自家角度出发，提出办大学当然必要，但最好由省里来办。蔡元培却没有同意。蔡元培认为湖北政局素来动荡频繁，官员们走马灯一样更替，很难保证学校的正常发展，而一所大学学校是需要的是长久稳定的局面。所以，武汉大学应该办成国立大学。

靠了蔡元培的一锤定音，敲定了武汉大学的大盘。没有

“国立”二字，以动荡不宁的、不时由军人当政的湖北省府的水准和眼光，武汉大学又何能有今天的发展规模？能熬到今天都不是件易事。其他至于选择新校址，建设新校舍也都只会成为一句空话。所以，我一直觉得是蔡元培为武汉大学的今天提供了最大的前提，整个华中地区都应该感谢蔡元培这定音的一锤。

三

校址决定好了，现在进入了规划设计阶段。崭新的大学当然不能草草建筑，它必须完美，必须要经受得了百年时间的考验，它必须不同凡响。用新上任的王世杰校长的话说，它的建筑要保证用两百年。

李四光为此专门跑到上海，聘请了美国著名的建筑师凯尔斯（F. H. Kalse）来做新校舍的设计师。凯尔斯是美国麻省理工学院建筑系毕业的。对中国的传统建筑很有一番研究，他曾经为上海设计了许多大型的公用建筑。生于一八六九年的凯尔斯接受武大的设计项目时，业已是六十岁的人。凯尔斯到汉后，从空中到地面，对珞珈山进行了多番考察和实地勘察。对有着如此山水景色的校区，甚为称道。凯尔斯的设计方案最大限度地保持着自然景观的原始风貌，尽可能让建筑与山水融为一体，同时既让建筑本体呈现中国的民族风格，又让其功能西方化现代化，以适应教学。在这种思想指导下的方案，一出台，便获得大家的赞许。

被叶雅各和李四光看中的这片优诗美地，沿着东湖，相偎相依地坐落着大小十来座小山丘。除了我们所熟知的珞珈山、狮子山外，还有火石山、侧船山、半边山、小龟山、团山等。其中珞珈山为群山之首，海拔最高处为一百一十八米，东西长一千二百八十米。按乾隆《江夏县志》说，此山原名“逻迦山”，俗称“罗家山”(也有人说叫“落驾山”)。在确定校址时,著名诗人且又是武大文学院院长的闻一多建议将山名改为“珞珈山”,一是与原名谐音,二是取它字形的华丽漂亮,三是以坚硬玉饰之意来象征新的大学。此议一出,立即得到所有人赞同,新上任的王世杰校长当即便批准。从此罗家山或落驾山退隐,珞珈山浮出。珞珈山对面的狮子山海拔六十五米,为校区内的次高山。图书馆就是修在狮子山上。不过,这里并非是狮子山的最高点。最高点为图书馆左边的原文学院大楼。为了使其低于图书馆,并与法学院对称,建筑时将山顶削去了十米。其他几座山头,均在海拔五十米以下,散立在珞珈山和狮子山旁边,构成美丽的起伏线。东湖的水面辽远阔大,临湖水线长达两公里,水质清澈,水鸟飞翔,远处的磨山南望山清晰可见。湖水的清香和树林的清香混成校园里的空气,鲜活而清新。

美丽的环境大大激发了凯尔斯的创造热情。他认为像这样山呼水应、远避闹市的地方,是极好的校址。因山不高,建筑可以依山而筑,山石可利用,坡地可利用,山谷可利用,到处都有的湖水和泉水能提供水源保障。于此山水间修筑大学,再好不过。

筹备工作顺利地进展下去。设计与修路都开始进入状态。山上民居很少,校方张贴出公告后,逐一买下他们的地皮;山间还零星有一些坟地,校方亦贴出了迁坟告示。

原本以为事情进展顺利,不料事情突然发生了变故。这件节外生枝的事,使得武大新校舍的计划几乎流产。

四

事情来得其实有些突然。此时原代校长刘树杞已经离任,到位的是新校长王世杰。

王世杰是湖北崇阳人。因他的字为“雪艇”,所以更多的人称他为王雪艇。王世杰读书读得杂，早年在天津北洋大学学采矿冶金专业，后来留学英国，学的是政治经济。他在伦敦大学拿了经济学博士学位后，又跑到法国，在巴黎大学拿下了法学博士的学位。回国后，去北京大学当了一阵子历史教授，然后又做了南京政府法制局局长。还被派到海外，在荷兰海牙的公断院当过一段时间的公断员。

一九二九年五月王世杰走马上任武汉大学校长，几乎一到位上，他就面临着这场新校区是否还能在东湖之滨珞珈山下兴建的轩然大波。

引发风波的是周边的居民。领头的是一个叫陈云五的人。陈云五领着一拨人四下告状，试图阻止武大新校区建在珞珈山一带。其最大理由便是：珞珈山狮子山是当地老百姓墓葬地，那里埋着他们的祖坟，这是不能动迁的，所以学校必须改换地方。陈云五的申诉状字写得极是漂亮，行文也非常煽情。信说："有墓者闻之莫不泫然流涕。我祖我宗，何辜而罪？此翻尸倒骨之惨事，外者闻之亦莫不黯然长嘘。以一大学之建设，重增人民之痛苦，此果何为耶？"又说："谁无父母？谁无祖先？设身处地，情何以堪。且进而言之，既非全国铁路之必经，又非与敌之作战。亘建校址，何地不可？卜迁改弦更张，庶生者不致饮恨吞声，死者亦戴德于九泉之下矣。黄雀虽微，尚知衔环，我独何心，岂有人不如鸟者乎？青天白日之下，数千民众延颈待命，哀痛迫切，冒死陈词。"

面对如此声泪俱下的申诉信。湖北省府立即动摇。武大校长王世杰对此则表示："现一切建筑计划均已完成，修路购地各项工作业经开始，已用去计划绘图及建筑费高达数万元之多。所谓变更迁地一节，决难置议。"王世杰指出："在新建筑地段，此时急需迁移之坟墓，估百余冢，该民等统称千冢亦不相符。"

但是，原本同意并下发了文件在此建校的湖北省府的态度却由此而变。不知是恐怕民众闹事，还是陈云五这些人有着我们所不知道的背景，省府很快向上面打报告，希望武大校址另迁他处。报告称老百姓得知公告，“惊悉之下，群情震骇。窃以为王世杰校长圈定该地区，违背法理，拂逆人情。蔽上罔下，用意良深。”又说：“武昌城东南南湖一带营田，城东徐家棚丙段旱地，均有外江内湖之胜，平旷空阔，风景佳丽，田内全无坟舍，地势毫无平陂，一经勘测，即可建舍，工程亦极简易。”而“珞珈山一带地区，冢墓累累，姑置之不论，其它地势，珞珈山狮子山……其间山岭错综，环地起伏，最低度达三五十米。而该地区地质仅地面有黏土，纯系岩石”等等，反正就是说在这里建筑既伤民，又花钱太多，你们还是换地方就是了。

政府当局站在了原居民一边，而校方坚持不退让。结果风波越闹越大。学生们一怒之下到省府抗议，要求按原计划修建学校，而原居民亦群情愤然，跑到省府请愿，反对在他们的坟地上修建学校。老百姓们还冒着雨去到武大交涉。王世杰并未出面，接见他们的是事务主任熊国藻。老百姓从学校回来便说，接见过程中，来了一帮学生，声称谁请愿就打谁，一切都得由校长做主，等等。

在此一片混乱中，湖北省府一纸决议下达到武大。决议上说“本府委员会第四十次会议决议函武大立时停止掘坟，免酿意外风潮，另觅无坟地点，再行规划”等等。

武大的新校址是刘树杞当校长时与湖北省府共同定下的。王世杰上任后，只是继续前案，料不到却遇上如此让人头大的事。但王世杰也不是怕事之人，或因为博学广见，阅历丰富，经历过大场面，遇再大的事也能从容应对、镇定如常的缘故，王世杰根本没有退却之意，他为坚持武大珞珈山校址据理力争。在给省府的信中，王世杰抗辩道：“现在训政伊始，重在建设，故中央所颁《土地征收法》第三十三条特别规定，凡在圈定范围以内之坟墓应全迁移。省政府治省道鄂东鄂西鄂北沿道旁迁坟墓何止千数,首都建中山马路远在明宗之坟亦有迁移者。岂他人之坟则可迁,独陈云五之坟独不可迁乎?又谓无地无资者力不能迁,敝校通告载有贫苦坟主当酌予资助。”

对于省府提出的新的校址,王世杰认为徐家棚为商业区,地势平坦,无山水之秀;而南湖为营房区,乃战争所必争之地。两处经专家考察,远不如狮珞二山之环境。此外依山建造,非但不像所说那样不经济,反倒能利用山基,无须建筑高厚之房基,利用山石,可节省砖料,在经济是实际上最为合算。至于陈云五等人既不知建筑原理,又扯风水祸福之说,以阻挠国家之百年树人之建设大业,遁词荒谬根本不值一辩。

应该说,没有王世杰的鼎力相争,倘依然照现在人的做派,一切以领导的意图为准,武大算是建不起来了。但王世杰却并非如此。面对省府强硬的态度,王世杰一方面以更强硬的态度抗争,一方面派皮宗石教授去南京当面陈述,与此同时自己又亲给教育部时任部长的蒋梦麟致电。王世杰说:“我校落驾山新校舍一载以来,绘图设计修路种树购地盖建筑监工房屋所费,已达数万元,乃正拟开工,竟有豪绅陈云五程桂生等以自己祖坟各有一冢在新建筑范围地段之内,一再捏词生诉。经湖北省政府议决,函我校另觅无坟地点,再行规划等。因我校建筑计划,几费经营,中途变更,物质精神将两受巨大损失而工事更不知何日开始,我校全体教职员学生以新校舍之建筑关系武大生死,群情愤激,莫可过止。除另由皮宗石教授赴亦面陈外,将先电闻。”

蒋梦麟很快便给王世杰回电。蒋的电文中说:“该校建筑新校舍案经呈行政院指令已如请令饬湖北省政府切实晓谕,并令该大学按照定案进行工事,特电知。”

行政院果然也下了令:令湖北省向陈云五等人晓谕:勿许抗阻新校舍的建筑,同时令武汉大学按照定案从速进行建设。

扯了几个月的皮，以行政院一纸电文落下帷幕。一切都按照原计划去进行。武汉大学落座珞狮山下的方案不可更改。风波的结局是以王世杰领导的武汉大学大获全胜。此时已经是一九二九年年底，翻过年便进入了二十世纪三十年代。

五

武汉大学新校区的规划出台后，即向全社会进行了招标。一九二九年三月破土，一直到一九三五年方完成大部分建筑。汉口著名的营造厂汉协盛以及袁瑞泰、永茂等营造厂以及上海六合公司共同接下了这项工程，分别承建各处建筑。

这是一个浩大的工程场面。武大拥有珞狮两山及山麓上万亩土地，校区地盘也达三千多亩。主要建筑有文、法、理、工四个学院和体育馆、图书馆、饭厅、学生宿舍、俱乐部、教师住宅、实验室、大门牌坊以及水塔等建筑。建筑面积八万余平方米。如此集中如此浩大的建筑活动，在中国近代建筑史上也属罕见。

因校区在数座山丘之间，地势高低落差颇大。建筑便依山就势，既借山坡，亦借山谷。设计师凯尔斯为了搞好武大新校舍的总体规划，他上上下下，反复多次进行勘察。正逢天寒地冻，他考察地形，为寻找建筑在山坡山谷中的感觉，在冷风中一站就是一两个小时。在他的规划中，连什么地方种什么样品种的树，都一一标明。王世杰校长见他如此尽心努力，如此追求完美，称他完全是一个艺术家。

有人说凯尔斯的设计采用北京故宫为蓝本，也有人说凯尔斯仿照了承德有名的八大处的格局。只是，无论是故宫或是八大处，凯尔斯全部设计思想都渗透着中国传统的建筑理念。“轴线对称，主从有序，中央殿堂，四隅崇楼”这样浓烈的中国传统建筑原则，在武大诸多组建筑中都清晰可见。凯尔斯把这种理念和原则巧妙而纯熟地与西方的古典建筑风格、西方的建筑技术和最新的建筑材料结合了起来。利用珞珈山和狮子山形成的山势和山谷，布置校区，使得校区内的建筑在彼此风格上浑然一体，又与起伏有致的自然环境谐调相处。正是因为这种东西方优势的组合，方有了武汉大学建筑群的美轮美奂。

教学中心区建筑群三面环山布置，形成两个大组。一组是以图书馆为主体，坐北朝南，展开在北山丘陵地带的狮子山上。居山顶而中央突出的图书馆，外形全然中式宫殿模样，副楼屋脊歇山连脊，八角的塔楼有如皇冠，隔得老远都能远远望见它立于高处的风姿。图书馆两翼分别为一九三〇年修建的文学院和一九三五年修建的法学院。法学院大楼修建时，湖南省政府为此楼捐款十二万元。文、法大楼外观几乎完全一样，如同孪生，但内里却各自有异，与图书馆一样，屋顶亦是宫殿式的。文学院修建得比较早，因此学校前三任校长王世杰、王星拱、周鲠生都是在这里办公。图书馆下的学生宿舍抱坡而建。这就是著名的老斋舍。老斋舍始建于一九三〇年，它的建筑平面采用不同层次的依山组合，在顺应自然地势变化的同时，亦借助山势以构成大气磅礴的立面效果。不同标高处，沿等高线建成不同层次的房屋，基座各有高低，屋面则同一平面，从而形成"天平地不平"的格局。老斋舍共有四个单元，三百多房间。每两单元间依山设有九十五级台阶的楼梯。它既是进出宿舍的楼道，亦是通往图书馆及教学区的路径。体量大且跨度长的老斋舍与图书馆、文法两大楼连成一体，形成狮子山上富丽堂皇的建筑群。站在图书馆和老斋舍之间的平台上，武大山地全貌历历在目，而山下不远处的东湖亦尽收眼底。老斋舍的名号是最让人津津乐道的。它以《千字文》的"天地玄黄，宇宙洪荒，日月盈昃，辰宿列张"来为宿舍编号，从第一栋起，由下而上，顺次称为"天字斋"、"地字斋"、"玄字斋"、"黄字斋"等等，以此类推，真是又雅致又深奥，还充满着东方文化的神秘古韵。它们毫无疑问地成了武大标志性的建筑，是武大的门面，武大的招牌，武大的花心，武大的胜景，武大的布达拉宫，它更是老武大人怀旧时聚会时的必去之地。

第二组建筑则以运动场为中心，理、工两学院为主体，从狮子山东头一直拉开到对面的火石山上。而两山之间的低洼山谷便形成天然运动场，运动场的看台依坡而筑。工学院和理学院遥遥相对于运动场的两头。立于狮子山东头即图书馆以东的是理学院。它建于一九三〇年。当时的汉口市政府为建此楼捐赠了十七万元钱。直径近二十米的穹窿圆顶是用钢筋混凝土做成的，带着强烈的罗马拜占庭式风格。它的内部空间开阔，进得门去，是层层下降的扇形阶梯教室，据说这是中国最早的阶梯教室。当年我们的历史课就是在这里上的。我们高高地坐在上面，老师站在最底。在如此屋中以如此状态听老师讲述久远的事情，感觉真是格外不同。理学院左右各有一个配楼，它们分别是化学楼和物理楼。此二楼前排被设计成庑殿式的中国城楼，以孔雀琉璃瓦盖顶，后排则是西方现代的平顶楼，主配楼之间乍一看觉得反差巨大，细一瞧却又能看到它们在局部上的彼此呼应，连廊将三座建筑沟通为浑然整体。火石山上的工学院则建于一九三四年，绿色葱茏的珞珈山成为它的背景色。工学院的主楼是四角重檐攒尖顶的正方形大楼，玻璃盖顶，中间则为一个集中采光的封闭天井，阳光可从顶部直射厅内。高大的墙体、削斜的侧角和宽大的落地窗，以火石山为基础，以珞珈山为靠背，加上两个作为配景的穹窿屋顶小屋（俗称天文台）活泼地站在大门之前，工学院无论怎么看，都能显出一派大家风度。再加上它四幢漂亮的中式裙楼站在四角护持着它簇拥着它，更令它有一种雍容华贵之感。无怪后来的武大领导将之改作学校行政大楼，令其成为学校的中心。站在工学院看理学院，觉得理学院庄重而典雅，站在理学院看工学院，觉得工学院沉静而洒脱，两个学院隔着运动场，南北对视，真是相看永不厌。

这两大组建筑群与武大的诸多小山及东湖一片阔水，彼此关照，天然相配，蓦然间就让片曾经人烟稀少、荒凉寂寞的地带，充满生机。

武大的树林是有名堂的。运动场西向山起箕口，地势骤降，这成了学校下沉式中心园林。林中杂树繁花，种类多极。四季不同，花色便不同。任何季节，步入林中，都能看到你想要看到的色彩，闻到你想闻到的芬芳。尤其秋天，银杏树叶黄了，头上脚下满是金色的小扇子，那种情调，那种韵致，由不得你不怦然心动。

树林漫向西边，林子的边缘是体育馆。体育馆坐西面东，朝向与两大组建筑群不同，仿佛一扇绿色的大门，将这个下沉的箕口封住。体育馆建于一九三六年，经费是由黎元洪的儿子黎绍基和黎绍业兄弟将黎元洪生前筹设江汉大学的基金悉数捐出来修建而成。据说黎元洪生前十分看好珞珈山的风水，一九三五年他去世后，其家属表示还可以再捐巨款给武大修一座总办公楼，但前提条件是将黎元洪葬在珞珈山上。这一要求遭到武大方面的拒绝。现在想来，武大的校方当时还真有点个性有点傲劲。

细数起来，整个武大建筑宏观上大气磅礴，而对细节的讲究也是既精亦巧。比如文学院应该活泼，所以它的飞檐翘而尖；法学院应该稳重，所以它的飞檐平而缓。在图书馆，取暖的烟囱装饰成通灵宝塔，冲洗拖把的池子则做成了西式的“吊脚楼”。如此之类，它的精雕细琢，使得人们站在风景中远望建筑是享受，走进房子里凝视细节也是享受。所以我们可以说，整个武大校园就是一件巨大的艺术品。

六

一九三二年一月，新校舍一期工程竣工；在春天的三月中，武汉大学由武昌东厂口正式迁入珞珈山新校舍。五月二十六日，武大举行了隆重的新校舍落成典礼，蔡元培先生专程赶来祝贺并讲话。校长王世杰在介绍蔡元培时非常有名士派头。王世杰说，介绍这个人只需要三个字，就是蔡元培。见了这三个字，就了解了这一个人，用不着多说。然后王世杰就请蔡元培讲了话。蔡元培的讲话热情洋溢。他称武汉大学新校舍工程设计新颖，是国内最漂亮的大学建筑。

这话一点也不为过。武大一建成，便以校区美丽扬名。但凡到武大看过的人，几乎都赞不绝口。武大的建筑外观漂亮自不必说，其实它屋内的设施也极是先进。图书馆一楼阅览室的木地板下设有取暖道，取暖方式与故宫的方式相近。最寒冷的日子里，那里也温暖如春。学生宿舍，每间住两人，内有双人用桌，木板凳及钢丝床。钢丝床的样品出来时，为了保证其结实，据说由学校身体最重且曾经是运动员的叶雅各在床上跳动实验过。两小时后，毫不变样，方算合格。王世杰说，学生都是青壮，不给他一张结实的床，是难持久的。每斋都有抽水马桶和洗澡间，有管道直接送热水至各斋，据说热的程度几乎达到开水地步。这在当时，已经是相当贵族化的生活了。二十世纪七十年代末我在武大上学的时候，都没有如此这般的条件，老斋舍热水管道早就失修弃用了。生活条件优裕，武大学生所摊的费用在全国大学中标准最高也是必然。

新校舍修建的同时，珞珈山下亦修建了十八栋小洋楼。当时便被人称为“十八栋”。这是给教授住的房子，靠山面湖，阳光充足，室内宽敞实用，生活设备一应现代化，住在里面非常舒服。王世杰说,没有舒适的住所,难得名牌教授。这话说得一点不错。武大首批教授,是以留学英伦的为主。王世杰(校长)、王星拱(下一任校长)、周鲠生(再一任校长)、杨端六、袁昌英、任凯南、李剑农、陈源、皮宗石、邵逸周、石瑛等,全都由英国留国回来,然后云集在了珞珈山下。当初文、法、理、工四大学院的院长除了闻一多是留美的之外,其余三个皮宗石、王星拱、石瑛都是留英的。留美的闻一多在武大没待多久也因人事问题而离去。这一群人为武大的学术基础以及武大的学风作了很好的奠定。不知是否因为这个缘故,一九四八年,牛津大学致函给中国教育部,确认武汉大学的文理科学士毕业生成绩平均在八十分以上者授予牛津高级生资格,享有牛津研究生地位。

在珞珈山的半山上,还建着一幢石屋。石屋又叫半山庐。两个著名的单身教授任凯南和李剑农曾经住在这里。当年四周的山上,因是荒郊野外,树种单一稀稀落落,山上到处是秃斑,放眼望去,土色浓于绿色。建校期间,王世杰校长带领着学生,从东厂口步行至珞珈山造林,半年之内,植树五十万株。有了当年的辛勤种植,方有了现在珞珈山四周的郁郁葱葱。这是真正的前人栽树,后人乘凉。

山上还有一座水塔,这是武汉的营造商汉协盛赠送给武大的。汉协盛是武汉最著名的营造厂,却是在建筑武大的过程中,因估价错误,兼之施工中又遇大水灾,而学校的工程偏又艰难复杂,加上修路和赠送水塔,从而导致高度亏损,重伤元气,结果由此而走下坡路,及至后来全面衰落。这是武大美丽的校园背后的一点不谐调之音。

新校舍修好后,武大师生并没有好好在此教学和生活几年。抗战期间,武大从未被轰炸过。当时住在武大的郭沫若等人都猜说,一定是日本人也喜欢这个地方,他们要留下它来休息享受。汉口沦陷后,武汉大学于一九三八年四月被迫迁往四川乐山。在乐山一住便是八年，回来时已经是一九四六年。正像郭沫若等人所猜测的那样，日本人占领武汉后，将他们的司令部设在了武大这个美丽的地方。他们侵占武大期间，沿着老斋舍种下了许多樱花树。时光荏苒，这些樱花树长大开花，把这里变成武大最著名的樱花道。每年初春，武汉市民都涌来这里欣赏樱花。走在落英缤纷的樱花道上，几乎无人记得这美丽的花朵因何原因在何时间越过海洋来到这里。

七

武汉大学迄今为止，已经有了百年多的历史，珞珈校区亦走过了它七十五年的历程。随着学校规模的扩大，环绕着老的中心校区，更多的建筑涌现出来。但是不知何故，它们无论以群体相比，或以个体较量，都无法与老建筑媲美。除去建筑本身的漂亮外，或许是因为染满着岁月的沧桑和风雨的痕迹，以致老建筑别有一种风霜的容颜，别有一种绵长的意味。从它们的门前窗下走过，我们内心中涌出的感情无法言说。时间加重了它们在人们心目中的分量，也更加张扬它们在人们心里的骄傲。有了它们的永远存在，方有了武大的永远美丽，方有了武大的无可替代。

而东湖，正因武汉大学的沿湖而建，方有了人们长久的关注，有了今天的局面及意味，有了其在武汉无可替代的分量。

这只是我的个人表达

一、我喜欢有态度的小说

二十年前的一个晚上，我跟蒋子丹一起在深圳参加笔会。那时候多是两人同住一个标间。回到酒店，无事可做，便聊天，经常一聊到半夜。文学总是最主要的话题。当年的蒋子丹写着很现代感的小说。在她的眼里，被人们称之为“新写实”的我的小说恐怕算是很传统的了。

那天夜里我们谈到我们彼此为什么要这样写小说。她觉得现在的小说叙述过于传统陈旧，她更愿意寻找一种新的小说表达方式。毫无疑问，小说必须不断创新。写作从无定法，创新才能有活力。我觉得她讲得特别有意思。只是当我谈到自己的写作感想时，却突然觉得自己对如何创新另有想法。所以我说，新文化运动之后，被视为传统的现实主义小说，在中国并没有得到很好的完成。仿佛一条长路，前方还有无数美景没被发现。所以，我很想沿着这条路一直走走看，把这件事继续做完，蒋子丹觉得我的想法也挺有意思。

其实当时，我只是随口说出自己的写作感受。之后却觉得，这个事可以仔细想想。

中国自有小说以来，历经了魏晋的述异、隋唐的传奇、宋元的话本、明清的白话，至《红楼梦》达到高峰。从片断到巨著，从文言到白话，从编撰到独创，从为说理到写生活，其发展线路清晰明了，每一朝代的改变和进步都显而易见。及至近代，新文化运动的兴起，结束了古典小说的命运。

因报刊的兴盛，语言的革命，以及西方文学作品的引进，小说写作也有了一个颠覆前人的变化。新文化运动中最为活跃、也最受关注的是文学革命。它倡导创作有诚意的现实主义小说。号召作家用日常的语言写时下的现实，写普通人的生活，写近距离的人生。由此，带着现实主义标签的小说，进入读者视野。它与当时人们的审美趣味和关注焦点深度吻合。由此，它也将人们对诗歌的兴趣一步步拉向了对小说的兴趣，从而改变了文学的格局。上千年来一直以诗歌为主体的中国文学，到此时被小说彻底替代。我一直觉得，正是这样的文学倡导，以及作家们对这种倡导的实现，帮助了小说成为中国文学的主导。

现实主义，冷静客观地观察社会，贴近现实，提炼生活，陈述人生的另一种可能。我很喜欢这样的一个小说理念。也很喜欢当时时兴起来的现实主义小说。它展示的是一种与社会现实平行发生的另一种现实，是一种可与我们自己生活互为对照的、更具真实性的存在。它让小说走出魔幻世界、历史演义、英雄传说，以及市井惊奇诸类，而面向了整个芸芸众生。它在凡俗生活中一寸寸生长，从生活的表层，一直生长进无数个人的内心。它不再仅供欣赏、消遣、把玩抑或纯粹审美，它开始深度地介入我们的生活，表现出对现世社会明朗的批判和对弱势族群普遍的关怀。它甚至具有了某种干预性。它从而成了有态度、有情怀的小说，也成了有力量并且有鲜明倾向性和价值判断的文学。

但是，回过头看，它的发展和成长，却并不顺利。

当现代小说的语言摆脱了半文半白的晦涩，摆脱了因模仿翻译作品而导致语言欧化的别扭，到上世纪三十年代，它开始进入自己的成熟时期。优秀品质的小说作品开始露出头角。但是，激烈的战争开始，族群的分裂，社会的极度动荡，阻断了这种发展。它以极艰难的方式在极艰难的环境中生长缓慢。及至上世纪的中期后，社会进入和平时期，又可惜政治概念的强行介入以及思想的严厉禁锢，致使整个小说创作走上了另一条道路。小说成为阶级斗争的工具。不进而退。这种局面一直到上世纪八十年代，才开始有了真正意义的突破。

纵观中国现实主义小说的发展，它仿佛从来没有获得一个风调雨顺的气候，以让自己得以健康成长。它甚至几无机会进入成熟。大半个世纪过去，无论数量或质量，它都远不足与中国的现实相配，也远不足与中国深厚的文学相配。回过头去，我们掐指数数现代文学中值得我们一直赞叹不已的小说有哪一些？真的很少。而当代文学呢？更为可怜。比方当年我喜欢过的梁斌的《红旗谱》，喜欢过的柳青的《创业史》，甚至喜欢过的浩然的《艳阳天》，现在重新阅读，发现里面的硬伤和缺陷到处都是。

所以，这条路，我们还远远没有走完。

现实主义文学有着广阔的前景。初上大学时，老师常这么说。听多了，也没拿它当回事。但真正自己写起了小说时，尤其写了很多年后，仔细回味，才觉得这话说得真不错。

现实主义小说，是有着明确的目标要求的。现实社会的动荡多变、人与人之间关系的繁杂交错，人之本性的隐秘幽深，给这类小说提供了永远取之不尽的原材料。而怎样完成一部现实主义的小说，在技术上又有着无数种可能。它绝非我们传统阅读的那一种顺时叙述模式。它可以极大地展示写作技巧，每一种细微的技术，比如结构搭建，比如人物塑造，比如故事轨迹，比如时空变幻，比如章节长短，比如陈述语气，比如文字雅俗，等等，都可以无限创意，花招迭出。而每一选择，又都有着其巨大的变化空间。

以我的理解，无论是内容的表达或是技术的展开，现实主义小说，因其存在着无穷尽的创造可能，而独具魅力。它也因此让我十分迷恋。这就是我的作品一直不愿距离现实太远的原因。

一直以来，人们在谈到我的作品时，总会冠以“新写实”几个字。比如中篇小说《风景》等。在许多当代文学史的书本里，我也是“新写实”的代表作家之一。

其实，我对这个归类并未表示过异议。尽管我有许多小说或许不是人们所理解的新写实作品。但我经常说，无所谓怎么把我归类。因为对于评论家来说，把小说内容大体接近的一类作家，归在一起，放一个标签作为识别，也是必需的方式。在这点上，我深为理解。

时间久远，我对“新写实”这样的提法，倒是越来越有一种喜爱。因我意识到，它实际上是现实主义小说向前走了一步，是我理解中的“批判现实主义”。

由于时代局限，对“批判”二字的敏感，“批判现实主义”这一提法，一直被人忌讳。于是它被改头换面而称之为“新写实”。阅读作品，我们会看到，“新写实”其实与“批判现实主义”并无实质差异，除了名称温和一点。

文学是人学。批判现实主义小说或说是新写实小说关注现世社会最为普通的人。小人物也好，弱势人物也好，都是这类小说中最常在的人物。它秉持着人道精神，对生活中的普通人充满着同情和怜惜。同时，它对现世社会也秉持着不合作不苟同的态度。既是近距离的，又是明显疏离着的。它怀有慈悲，同时又带着锋芒，当然，它的无奈感也十分沉重。它的价值取向清晰明了。

二、小说与弱者心息相通

很多的事情，都会影响我的写作。碎片一样的现实生活每

2002年在周庄

2002年与万方、裘山山、迟子建在上海崇明岛

天都会袭来。时间长了，慢慢积淀在心中，它们在不知觉间悄然改变我的价值取向，也悄然改变我的写作态度。

有一年，我与两个同事一起到神农架拍一部纪录片。因为要住在无人区里，所以我们带着帐篷和炊具，还有摄影机三脚架等器材。因为东西太多，我们每天要爬山，所以特意请了三个神农架的农民帮我们背东西。有一天，我们把他们带到镇上，住进了镇上的宾馆。我们告诉他们，要早点洗澡，以免太晚了，会没有热水。大约到了晚上九点钟，我们过去看他们，问他们有没有洗澡。他们领走我们走到卫生间，一脸茫然说，我们不知道水从哪里出来。

这件事给我的吃惊程度非常之大。那是一九八六年夏天。那里的人从来没有用过自来水，没有见过自来水龙头。后来在山里的很多天，我都跟他们聊天，听讲他们的亲人饥饿而死、无钱治病而死、进山迷路而死等等事情。他们对死亡的从容和淡定，以及对这个世界的淡漠和冷静，都在我心里产生莫大的反响。也就是他们，对山里的一草一木以及飞鸟虫鱼，却熟悉得如同自己家人。他们对宏大的世界或许茫然无知，却对自然中微小的东西了如指掌。

突然就知道，其实世界上有很多的人，对世界的观感以及对人生的态度是完全不同的。每个人都是按照适宜自己的方式活着。他们可能永远不会听说与他们同时代的各种时髦话语，但他们同样也拥有自己完整的世界。

还有一年，我去湖南南部为女书（一种妇女的文字）拍纪录片。这种文字只有当地的女人认得，她们将这文字写成书，诉说自己内心的苦闷和忧伤。那是个冬天，我们找到当时仅有的两个女书传人——两位非常老的老太太。因为天冷，她们俩人相互依偎着坐在床上。听说我们要采访，便请我们出去一下，她们要收捡一下自己。等她们再出来的时候，我们看到的她们，身上穿着带花边的衣服，头也梳得光亮光亮的，手腕上还戴上了银首饰。她们的脸上闪着光芒，与我先前看到两个坐在床上愁苦着面孔、靠彼此取暖的老太太完全不一样。

当时便想，就算是深山里一朵全无人知的野花，在有阳光的时候，也会要努力地、全身心地绽放自己。

见过许多人的人生，见过无数种活法，作为写作者，我需要关注的是每一个个体的生命，关注他们的爱恨情仇或生离死别。关注他们存在于这个世界的方式，以及他们感受这个世界的方式。

于是，我理解的文学，或是我热爱的小说，它是能照顾人心的。现实主义小说最本质的东西，正是这个。

很多事物都需要追逐赢家。都只认结果。政治看结果，战争看结果，体育看结果，历史更看结果。历史通常把笔墨留给胜家。他们的关注点是英雄和伟人。所有的历史观几乎都持有这样的价值判断。

但文学却不是，尤其小说。小说会放弃冲在最前面的机会。它不需要抢前争先，不介意输赢，甚至根本不需要去赢。小说是存在于过程之中，经常是与落伍者、孤独者、寂寞者相濡以沫的，携手共行，甚至俯身助人。小说更宽阔地表达着一种人情和关怀。有时候会像老母鸡一样，护着那些被历史遗弃的人事，被前进的社会冷落的生命。陪伴他们，温暖人间，鼓舞他们。

更或许，小说自己会呈现与他们同命相怜的气息，也需要他们的陪伴、温暖与鼓舞。这世上的强人或是胜者，经常是不介意文学的，他们更多的时候拿文学当点缀、当花环，但弱者们，却经常拿小说当了自己生命中的一盏灯，水中的一根救命稻草，垂死时的救命恩人。因为在那个时候，只有小说会告诉他，落后也没关系，很多的人跟你一样，不只是你一个人孤单或寂寞，不只你一个人痛苦和艰难，也不只是你一个人有焦虑和脆弱。人活着有很多方式。成功固然好，不成功也不是坏事。

所以我经常会觉得小说在本质上是属于弱者的。它与弱势者与消极者与遁世者以及边缘人，都有一种心息相通的东西。

现在的我们，似乎处在一个很特殊也很奇怪的一个时代。虽然没有战争，没有大的波澜起伏的动荡，但它呈现出来的复杂超过任何时候。人性的大恶和大善都被张扬出来。虽然不至于哀鸿遍野，但却有着无数的不安、无数的焦虑和无数悲伤的声音。

我曾经在一次采访中跟记者说，时代中的一粒灰，落在个人那里，可能就是一座山。而我们偏偏处在一个尘土飞扬的时代之中。所以我想，在这样的时代里，我们的文学作品应该有着怎样的表达，作家的价值取向应该是什么，我们应该发出自己怎样的声音。

三、重要的是个人表达

我最初的写作，是十九岁。那时我是一个个头矮小身体瘦弱的女装卸工。因为“文化大革命”，高中毕业后不能继续升学，于是我被街道办事处分配到一家装卸站工作。在这里，我前三个月能拿到三十八元的工资，三个月后，可以拿到四十二元人民币的工资。我靠这份工资养活母亲和我自己。在父亲去世以及兄长都下乡的年代，这是我家一笔重要的收入。

十九岁，正是青春蓬勃的年龄。装卸劳动的繁重劳动和艰辛生活以及整个社会对装卸工人的蔑视和可怜，令我感到生活的苦闷和压抑。因为装卸工几乎是中国社会最底层的一群人。在这样的生存背景下，面对这样的工作环境，十九岁的我开始写诗。那是二十世纪七十年代，写诗仍然需要两副面孔，一方面写一些激昂的歌颂劳动的诗寄给报纸或杂志社，试图依赖诗歌改变自己的命运;另一方面写一些抒发自己内心情绪的诗,藏匿在自己的笔记本里或是只在好朋友中传阅。

"文革"结束后,我有幸参加了高考,并且考入了武汉大学中国文学系。

我的大学同学大多都是历经生活的艰辛而终于有机会读大学中文系的文学爱好者们。一九七八年到一九八二年间,文学几乎占据了我们全部的生活。我们成天讨论着当时最流行的文学话题。记得它们主要是:1. 文学作品应不应该写爱情;2. 文学作品是不是只能歌颂光明而不能暴露阴暗;3. 文学作品是不是只能有喜剧而不能有悲剧;4. 文学是不是阶级斗争的工具。它们被我们简称为:爱情问题;歌颂与暴露的问题;悲剧与喜剧的问题;工具论等。在那样的时代,争论从来都没有结果。最后拿出结果的是时间。时间自顾自地往前走。走着走着,这些结果便在无须争论的情况下水落石出。

但是,有些事情是不必讨论出结果的,有过程就可以了。

我正是在这样的一个大争论背景下开始了小说创作。

我们这代人总是和时代同步行进的。时代在想什么,我们就会跟着想什么。天下兴亡匹夫有责,先天下之忧而忧,这种深刻的烙印伴随我们的人生许久许久。当然,时代有多幼稚,我们也就会有多幼稚。因为成长背景和教育背景的局限,似乎很少有人可以超越。二十世纪八十年代,我们就生活在激情之中。写作也都为这种激情所驱使。

一九八七年我写了四个不同类型的中篇小说,它们分别是《白雾》、《闲聊宦子塌》、《船的沉没》和《风景》。这一系列小说,令我收获到极大的荣誉。给我鼓舞也让我更有信心。然后,我就被人叫作"新写实"作家。及至二十世纪八十年代结束,九十年代的来临,这种激情业已度过了它的高峰和低潮而进入了强弩之末。一九八九年之后,严酷的现实和被挫折的理想使得生活冷峻的一面赤裸裸地展示在眼前。改变现实的无力变成了无奈和厌倦。在无奈和厌倦中又不想放弃温暖。那时的我就是这样心情矛盾而虚空。我在九十年代的许多作品,都表达着这样的一种无奈。及至今天,这种无奈感纠结在心,一直延续着,不肯散去。

在这里我想说的是,小说创作不仅是我的热爱,它更成为我的心理需要。呈现在我们面前的世道人心常常与我们所构想的或是所需要的完全不同。它使我们的内心因各种情绪的涌动,形成一种冲动或张力。这股力量一刻不停地在寻机迸发。写作便成了一个很好的突破口。它得以让我通过文字来倾诉和发泄,以减轻我的内心压力。我想许多作家大概也是如此。

这是一种很个人化的倾诉。至于有没有听众或听众有多少,在倾诉者来说并不重要。这个倾诉的过程全然可以尽情尽性。没有人阻止我倾诉激情,也没有人会轻视我倾诉平淡;没有人厌烦我的躁乱,亦没有人嘲笑我的痛苦。文字就是我絮絮叨叨的话语,笔便有如舌头。它带着强烈的个人心境和个人情绪,是最为纯粹的个体表达。

而文学千年来都被人吸引,即令网络发达至今,热爱文学者仍然不计其数。其重要理由,正是在于文学作品源于这样的个体表达,它袒露的是每一个写作者的内心。无数的个人内心中折射着无数不同的世界。它记录着社会真实的场景和莫测的变化,也记录着人性复杂的层次和幽暗的内在。同时,也体会着人和人之间既简单亦微妙,既紧张亦舒缓的神秘关系。世界如此之大,而我们个人的生活触点如此之小。文学尤其是小说,让我们得以了解到一个超越我们自己视野、超越自身常识、超越自己认知深度的另外的世界。我们从中可看到很多不同的人生。有强者的人生,亦有弱者的人生,而更多的是像我们自己一样的庸常之辈的人生。于是我们的生活可以得到很多参照,内心得到很多鼓舞。精神上得到某种力量。我们每一个阅读者都能从中找到自己所对应和所需要的。文学的魅力持久不衰大概也正在于此。

虽然一个人的声音很微弱，并没有多少人可以听到。但当它与无数的声音汇集一起时，便会强大，时代的声音就是这样一点点汇集而成。

希望你能记住水上灯

几年前我应出版社邀请写一本关于汉口往事的书。为了这本书，我查阅了许多历史资料，也翻看了无数关于武汉的老书。它们让我知道了这座城市的历史，恍然看到了它的沧桑。虽然我是在汉口长大，但过去我却对它曾经发生过的一切都茫然不知。大概正是这种无知，才尤其能够触动我的内心。

后来，我写了两本有关武汉的书，一本叫《汉口的沧桑往事》，另一本叫作《汉口租界》。正是在阅读和写作的过程中，一直让我难以忘怀的是汉剧艺人的人生经历。他们的命运唤醒了我写这部小说的欲望。

这个欲望，存放在心许多年。直到去年我才真正开始动笔。用了一年的时间，时断时续地写。整个写作过程非常紧张也非常舒服，直到今年六月完成这部小说的写作。

这是一本有关尖锐的书。这是我在写作之前，写下的一句话。写完之后，我觉得不仅如此。人世有多么复杂，人生有多么曲折，人心有多么幽微，有时候我们自己并不知道。

有人问我，水上灯这个人物有原型吗？应该说她没有原型，但却又是有的。她是武汉诸多汉剧女演员所经历的人生道路的缩影，但却并没有一个汉剧演员与水上灯的经历相同。她是她们中的一个，却不是某一个。在那个动荡不宁的时代，从事着具传奇色彩的演艺职业，对于水上灯这样的人物，什么样的事情都可能发生。尤其水上灯因了自己极其低下的生活地位和惨痛的人生经历,她所具有的倔强性格显得更为扩张。她尖锐、复杂并且任性,有如野生野长、从不被任何绳索约束一样。整个小说,都充满着她的尖锐、复杂以及任性。而这一切,她自己却也无从控制。

在写小说之前,我就想过,我要写一部很好看的书。这其实是我写作以来一直都有的想法。我所写的诸多的中篇小说,也都能看出我在这方面的追求。所谓好看,就是读者拿书手上,翻了开头,就一直想往下看,一直不想放手,出门上班,心里还记挂着书中人的命运。这样的阅读,是我所经历过的事。因此,写一本这样的书让别人也这样阅读,便成为我的一个梦想。而这部小说给了我机会。比之其他题材,它会因为时代的混乱不堪而导致人们的命运多变。古人云,国家不幸诗家幸,自有它的道理。和平时期,因为没什么大事,人们本性中的善恶都被日常琐事所遮盖,没有机会得以散发。而动荡的岁月则不然。在无数次性命攸关的时刻,在无数次面临重要选择的时刻,人们本性中的大善和大恶都因其所面临的这份紧急,而有了极度张扬的机会。它使人突然间会发现,原来人的本性是这样的。文学说到底是人学,文学作品有了人性的深度,便自有了它深刻的意味。

当然,我对小说的理解,也与我自小的阅读有关。一个时代有一个时代的作家,同样也造就一个时代的读者。我从小学二年级第一次开始读长篇小说时,一直都喜欢看有意思的小说。喜欢小说中能有人物让我留下深刻印象。青少年时代我们读过的书,书中很多事情都淡忘了,但那些人物却一直铭记在心。比方林道静、朱老忠、梁生宝、杨子荣等等,随便一数,便有一大串。反观现在的小说,却很难让我数出几个印象深刻的人物。所以,我也很希望读者能像我记忆那些人物一样,记住水上灯。

正是凤凰涅槃时

很多年前,我采访过几个刑事案件中的女性犯罪者。她们都是来自农村,之所以犯罪,全与婚姻不幸有关。其中一个对我说,自从出嫁后,就没有了家的感觉。娘家认为你已嫁出,不再是他家的人,而婆家认为你是外来的,也跟你隔着心。看起来哪里都是家,但实际上,哪个都不是你的家。

她的话很让我惊讶。在中国农村,许多女人的心都没有家园。她们要担负沉重的劳作,还要养育孩子照顾老人。所以,有一种说法是,中国最艰难的人是农民,农民中最艰难的人是妇女。这是一个很重大的话题。自那以后,我就特别希望能有一个机会,深入乡村,去了解一下当代妇女的社会地位以及她们的文化程度、婚姻形式、生活情绪和日常习性,还包括乡村女童受教育的情况。但因我从未下过乡,几无农村生活经验,对乡下会有一种莫名的畏惧。同时,我一个陌生人,去到村庄,人家拿你当客,交谈很难深入。而走马观花式的采访,又没有意义。所以这件事,就一直悬挂在心,却也一直没能做成,这是我人生中很大的一个遗憾。

在这样的心情下,我读到了吴治平女士写的《中国乡村妇女生活调查》。阅读的心情,可谓喜出望外。这份调查根扎于湖北随州,从一个区域的乡村妇女们所参与的社会改革,所经历的自我人生,所面对的婚姻生活,林林总总,涵盖广阔,令我们从中看到了无数妇女最为真实的面貌。

今天的农村正历经着千载未遇的巨变。它与我们曾经从文学作品中所认识的乡村生活以及他们的处世观念已然不同。当青壮男性放弃种田跑进城市打工赚钱,使妇女成为农田的强劳力;当市场经济渗透到乡村,土地可以承包转包、农产品可以自主经营;当交通和通信的发达、城市生活铺陈在眼前,形成巨大的诱惑;当教育和文化的普及、妇女自我意识的觉醒;当乡村妇女干部成为领导者一员,与男性干部同行共事;当选举制出现在每一个村子,妇女开始参与竞选;当社会性意识开放,丈夫有了外遇,忍耐还是离异;当化妆品、胸罩、卫生巾走进乡村,妇女们的胆怯和骚动;以及妇女们面对乡村风水、习俗、禁忌、信仰、宗教等等所持有的态度。诸如此类,吴治平女士皆以客观详细并且感性温和的笔触,悉数写入她的调查之中。让我们透过随州这个小小的视角,几乎就能看到中国农村妇女所面对的生活,以及她们的压力和勇气,困惑和觉醒,当然还有她们的悲伤和无奈。

吴治平女士原是湖北随州市宣传部副部长,五十三岁时退居二线。为什么女性就该早早退岗,而男性却可以多干数年?当年的吴治平也曾满腹疑问,觉得社会对女性未免不公。大约也是这种不服气,令她不甘人生就此歇息。在高校的农村问题研究专家们的指点下,她带着笔记本,走进了乡村,开始她长达数年的农村妇女调查。

因为有着长期农村工作的经验,吴治平女士很容易与乡村妇女打成一片。她大量的时间待在乡间,与她们一起吃住,一起聊天,一起干活,倾听她们的苦恼和欢悦。她熟悉她们的方言俚语,知晓她们的倾诉方式,了解她们的物质欲望,懂得她们的内心秘密。她的调查遍及随州的田野乡村,盖因为此,整部书中都没有空洞概念抑或满纸说教,而是饱含浓郁的乡土气息,原汁原味,鲜活生动。它有细致的家庭结构或经济收入图表,有实在的故事和鲜活的人物，有深刻的感慨和沉重的追问，有图片有问卷有言论有试验。所有这些的存在，使得这本书丰富可信，充满真实的力量。从种田能手肖荣到养猪的黄俊，从“吊妖婆”柳婆到“小资农妇”黄郁，从过度忍耐的秋蓉到大胆开放的桂花，从遭受处分的叶舟到竞选落败的洪艳，从“岔把子”国珍到好管闲事的秦国秀，从孤独的老人到留守的儿童，等等。每一个人的背后，虽然是无数个体的酸甜苦辣，却也折射出社会大变革带给她们的冲击和影响。同老式妇女相比，她们依然宽容依然忍耐依然勤劳依然乐观，但她们的内心世界已拥有了另一重天地。

阅读《中国乡村妇女生活调查》，最重要的收获是：我们看到了农村妇女整体的进步。看到了她们不甘于自己从属的命运，一心想要站起来做自己主人的强烈意愿和行动。看到她们努力为自己寻找家园的身姿。她们仿佛正处于凤凰涅槃的过程之中，希望中有一份沉重，沉重中却有无限希望。

大俗通雅

一

认识何祚欢，当然是从他的评书开始。小时候，我的武汉话说得不地道，就听评书，看他们怎么说。不自觉间，通过收音机知道了作为演员的何祚欢。那时候，他常说评书。细想起来，没有仰慕没有崇拜更没有发烧，只是觉得这个人说话有趣，尤其他的武汉话说得比别人都更有味道，至于说些什么却全然不记得。

后来，我自己也成了文化圈里的人。进了这个圈子，不管是做什么行当的，东一次开会，西一次联欢，总归会碰到一起。见到何祚欢也自然而然，何况他又是那么有名。

第一次见到何祚欢我还在省电视台当编辑。怎么就认识了，怎么就熟悉了，这之间有过什么样的过程，我居然一点没有印象。见陈伯华就不一样了。我那么清楚记得跟她在一个聚会上同桌，那么清楚地记得她吃水果嗑瓜子以及她把瓜子送进嘴里的姿态，甚至她说话的语气和表情也都记忆犹新。与她之间，想是因我对汉剧的陌生，而导致一种遥远的距离，因了这距离，倒把这一切搁在脑子里生下根来。而何祚欢呢，他说话的语气和腔调，那么令人熟悉，就仿佛是一个很早很早就认识的人，见面未曾开口，就已然熟人熟事，可以不拘礼节，可以不必客套，可以不装模作样，可以用老熟人的口吻开玩笑。如此这般，又何需记忆来帮忙拴住那些认识的过程呢？下回见了，还是一样的熟稔。对，就是这样的感觉。相信这不只是我一个人的感觉，几乎全武汉人都会有这样的感觉。何祚欢这样的人物，在武汉有多么家喻户晓，多么受人欢迎，这是外地人想象不出来的。所以，我总觉得，像他这样的人走出门，买东西不需要排队，坐汽车不需要买票，进餐馆不需要花钱，违反交通规则不会受罚，就算半夜遇到打劫的，多半打劫者看清被劫对象不仅放手不劫，没准反手敬他一支香烟或是掏出笔纸敬请签名。这样的事情虽则是我的想当然，但的确难保没有。

何祚欢二十几岁就在武汉走红。他在舞台上说评书，在电视里开茶座，现在已然红遍武汉三镇。人们对他的声音实在是太熟了。他只要一开口，不管在哪里，不管能否见到他的人，不管有没有人介绍说话者为谁，只要是武汉人，谁都能一口报出来：哟，何祚欢咧！

有一篇文章写得传神：武汉人民看到何祚欢就想笑！用一句地道的武汉话说，是那个事！

二

在我们的印象中，曲艺演员大多文化水平不高。想是因为出道太早，没有来得及上学便登了台的缘故。但何祚欢不是。他是上过学读过书的人。读过书的人当演员和没有读过书的人当演员，经常会表现出一些根本的不同。那便是前者会演也会写，后者却只会演，拿起笔就干着急。所以，何祚欢演出的许多节目就是他自己写的。我以为这比那些只会创作却没有舞台经验的人写出的作品要受用得多。将自己想要表达的东西，放进自己熟悉的表演形式中，这常常有一种出其不意的效果。无论是人随事转，还是事随人走，无论是起伏跌宕，还是峰回路转，无论是抖开包袱，还是收回笑声，都更加容易收放自如，一切皆在自己的掌控之中。演员到这一步，其实是进入了一种境界。这些会演又会写的人，更容易在自己的舞台上出类拔萃。何祚欢如此，业已去世的令我们充满敬意的夏雨田也是如此。

在这世上，有些人我们常常称他们为高人，这就是有时候他们会蓦然地做一些你意想不到的事。比方王石去爬珠穆朗玛峰，潘石屹去演电影，少年作家韩寒去当职业赛车手，好莱坞电影明星施瓦辛格去当州长，如此之类。这些人着实开发着我们许多凡人从业的想象能力，以及左右我们对生活浪漫方式的选择。而我们的高人、在武汉这个大舞台上眉飞色舞、欢笑连天的何祚欢呢，他是否也有高招亮出？

一句老话说得好，大俗通雅。有一天，我们看到那个给我们生活带来快意的何祚欢，那个神气活现，妙语连珠的何祚欢，突然静静地坐在桌前：像个一本正经的作家一样，开始了自己的文学写作生涯。他并非像诸多的名人那样，将自己生平写成自传，而是一本正经地写开了小说和随笔。

初闻此消息时，我有一种咧嘴的惊讶。暗思他这么有名，演出费也不少，居然也来跟我们抢稿费。然后就开始看何祚欢的小说和他零零星星的随笔。几年下来，他的产量，跟职业作家也差不多少。

这样，就有了这套文集的正式出版。

三

坦率地讲，读何祚欢的作品，是需要定力的。因为一看这个名字，就会情不自禁地想起他弥勒佛一样的笑脸和他永远挂在脸上一圈套着一圈的眼镜片，笑意便会由衷地从心底而出。以这样的心态，读何祚欢的作品，又如何进入得了状态。所幸他的作品不是悲情小说，否则哭与笑都不方便控制。

这套文集共九本，其中三本小说，两本评书，两本随笔，一本戏剧，一本自传。这五大类型的作品立体地展示着何祚欢的文才，也展示着他的内心。评书和戏剧都上过舞台，我们不去多说。两本随笔也涉猎甚广，有关武汉掌故，有关演出感受，有关舞台轶事，有关戏品人品，有关艺人艺事，文均不长，但从中可让我们很清晰地看到何祚欢的思想、心态、观念、情感，看到强大的人格力量支撑在文字的背后。看多了也会想，何祚欢之受到那么多人的喜欢，仅仅是因为他的演出水平高？仅仅是他能让我们欢笑？仅仅是他能写能演？显然不仅如此。相当的程度上，是他的为人行事作风做派，将大家对他的喜爱一推再推，推到现在的高度。说到底，做人比演戏更加让一个人光彩夺目。

在这里我最想说的是何祚欢的小说。在这套文集中，小说是他最重要也最多的一个部分。在初读何祚欢的中篇和短篇时，虽然也认真，但我在心态上还是拿他当一个艺人的玩票，并没有调动地我的阅读热情。因为虽然都是创作，呈现的样式不同，写法和读感也都是很不同的。他能写评书，写戏，但未见得就能写好小说，我心道。

但是，当我读到他的长篇小说《舍命的儿子》时，说实话，委实有吃了一惊的感觉。这是一部几乎可说是拿起来就放不下手的小说。因为放不下，我背着这本三十万字的小说到上海出差，坐在候机室里读，在飞机上读，待在宾馆的房间里读，连读了好几天，几乎一行字都不愿意漏下。那种阅读的快感，真是无以言表。

这部小说讲述的是汉口金号老板刘怡庭的一生。重点表达着他是如何自己创业又全力扶植和真心善待与自己有着盘根错节关系的亲戚朋友。他的那些来自各路的亲戚们，在他这棵大树下歇脚乘凉，却还要不时的折枝砍桠，最后终致他过度劳累操心而早亡。所谓“舍命的儿子”的命名大概正是由此意而来。我想这个人物大约是何祚欢心目中的汉口英雄。刘怡庭宅心仁厚，有胆有识，勤扒苦做，忍辱负重，敬上惜下，侠肝义胆，机警果决，灵活变通，诸如此类词汇，用在他身上一点也不为过。与此同时，他遇事不公，遇人不淑时，在绝不姑息绝不妥协绝不示弱绝不手软的情况下，也网开一面，让出台阶，留一条生路与人。这个人物是汉口商场上历经磨练打拼出来的有着浓厚武汉人气息的真实英雄。是何祚欢尽全心倾全情塑造的诚信商人。这个人物很饱满很有力量也很真实可信。汉口当年的商场，正是因为有着这样的商人，才有着汉口这座商业都市的发达。

大约是说评书的功底帮助着何祚欢，他在落笔写人时，几乎个个都活灵活现，我觉得所谓形容有血有肉，栩栩如生，指的就是这样的一些人物。而最可贵的是何祚欢的语言又极是上口。通篇小说看下来，除去对话有着原汁原味的感觉，所看到的还是文人写作的路数，并无过多俚俗气息。有些人以为写汉口市井生活的小说，语言一定要俗透，甚至俗得土里土气，就连作者自己的描述语言也得如此。殊不知，这一种俗法掌控不好，极易导致全篇小说连同作者的思想和情感表达，都一律地俗起来。我总觉得这不是写小说的正道。所幸何祚欢的这部长篇语言掌握很有分寸感，他将武汉人个性和生活状态，以及说话的口吻、语调表达得淋漓尽致，而同时又把武汉气息中带着低俗的东西剔除出去，留下了一些鲜活的精神。这也是我喜欢这部小说很重要的一点。

如果说我对这部小说有所不满的话，是觉得它在结构上有一点点问题的。三十万字的小说，从开始就办丧事，一直到最后结尾都没有办完，多少给人一点阅读的疲劳，并且在正读得起劲时，要不断地被这丧事干扰，不断地阻断阅读快感。我想这不是上策。当然,正或许是因为何祚欢习惯于评书的单线进展方式,借办丧事为由,将人物一个一个地拉出来,一个人一个人的写,就仿佛一场演出要讲完一个人的故事一样。讲完了,这个人就完事了。或许这本来就是何祚欢追求的一种风格,即将评书的形式和小说的形式结合起来。但我要坦率地讲,这样写起来比较容易,却相当程度上既然削弱了小说的容量,又消减了小说的力量。使得一部原本应该厚重的小说,变得有些轻巧,甚至整个格局都透着一点点小气。

当然,这也是我这样苛刻的读者的挑剔。无论如何,这是一部好小说,好看,有味。读起来让人兴味无穷。试沿着书中那些生动的细节去感觉汉口当年,似乎轻易便能触摸到汉口这个商业都市的体温,体味到汉正街的气息。喜欢汉口往事的人,喜欢阅读小说的人,读读这本《舍命的儿子》,相信一定会有很多的收获。

四

感谢何祚欢大哥让我帮他的文集写序。使得我不好意思当面说出口的话得以通过文字表达出来。一个人一生做好一件事就不容易了,而何祚欢却把表演和写作两件事都做得那么好。我心里对他充满敬意。

最真实的记录

很多年前,我跟朋友一起去看谢国安的摄影展。那时我年轻,对大多事经常持一副满不在乎派头,所谓看展览,也无非是陪着朋友过去晃晃。不料一看竟大吃一惊。那时已基本是彩色照片的天下,而谢国安让我们看到的却全是黑白作品。要命的是,他的作品几乎没有什么美景美人,呈现在我们面前的照片尽是平民的日常生活,并且这些生活场景多在窄街陋巷之中。他给我的感觉,仿佛是想打算用最世俗的生活,去挑战世俗的审美趣味,同时也挑战时尚。我对摄影技术纯是外行,但谢国安作品中人物的瞬间表情以及他们的眼神,却让我看到另一种意味深长的东西。这种东西,你甚至说不出来是什么,当你顺着它朝前走,不知觉间,你似乎能看到人物的内心。概因为此,这个展览让我有怦然心动感,于是回家后写了一篇短文,名为《黑与白的力量》,而那时,我根本不认识谢国安。

几十年过去了。生活已然变化得天翻地覆,谢国安却依然如故,他依然沉静而固执地拍摄他的黑白照片,依然一以贯之地捕捉最常态最平庸的市井生活场面。仿佛生活一直在向前走,而他的眼光则总在朝后看。生恐快步前进的人们遗漏掉太多东西,而他有义务去俯身把这些遗漏一一捡拾起来。

这样,我们就看到了谢国安展示在此的几百幅影像作品。

对于生于武汉、长于武汉的谢国安来说,武汉是他永远的创作动力和背景。在这里,你看不到任何宏大的主题,亦不见都市的壮丽建筑，更无金碧辉煌的奢华场景。绮丽风光、优雅小品、奇异画面，美女人头诸如此类摄影作品中常见的内容，也都被谢国安摒弃掉了。同时被他摒弃的还有紧张和激烈，尖锐和刻意，焦虑和冲突，以及波澜壮阔以及稀奇古怪以及痛苦绝望等等，所有现代社会的惯见表达，谢国安似乎都选择了放弃。通过他的镜头，你能看到的是简陋而颓败的生存环境，粗糙而凌乱的日常生活，从容而淡定的市井人生，看到的是一份城市基层的平民生活最原始最自然最真实的影像记录。

谢国安的关注焦点始终是人，是在日常生活中行进着、动作着的人，以及这些人在动感中的瞬间姿态和表情。通过人的生活环境、人的工作场景和人的活动区域，来表达他对都市最大的族群——城市平民不经意人生的关注。他展现的这些生活场面何其鲜活，何其随意，又是何其的简单。但所涉及的内容却丰富得你看到了这些，几乎就看到了这一族群的所有：他们的勤劳，他们的认真，他们的平淡，他们的好奇，他们的坦荡，他们的幽默，他们的嘈杂，他们的无聊，如此如此，几乎囊括了他们的一切。他们生活在窄街陋巷，他们过着清贫的日子。他们充满朝气，也充满镇定；他们有着自足，也有着无奈。他们努力地追赶生活，努力地改变命运，同时也被生活和命运所改变。这些场景，司空见惯，熟悉到让人日见而不察的地步，而当新生活飞奔而来时，又是被我们最早忘得干干净净。现在它们却被谢国安一一抓入镜头，成为凝固的影像，也成为永恒的记忆。

印象中的谢国安，像很多他的同龄人一样，充满忧患意识。他似乎总是忧心忡忡地观察和拍摄他生活的城市——武汉。这座历史悠久的城市，近些年大兴土木。修小区修地铁修大厦修隧道，城市如同一座大型工地。该留的不该留的，一律拆毁。老街区和老建筑在不由分说中，被逐一清除。那些老屋原本承载着这座都市百年间发展的历史轨迹，那些老街，亦渗透着本土居民和远方游子们的深厚情感,还有久居在此的祖辈们所留传下来的生活形态和生活习俗,都随着喧嚣的大拆迁灰飞烟灭。新的大楼拔地而起,新的小区亦花团锦簇,但是却少了一份时间留下的沧桑和无数绵长的怀想以及深切的记忆。当熟悉的一切,变成陌生,当亲切的一切,变得遥远,类似谢国安这样的老居民,或多或少,都有一分痛彻心扉的感受。也许是担心这种生活被永远忘记,也许是害怕记忆中连印象都不再存有,也许是深恐后人们根本无人知晓前人曾有过怎样的生活,没准就是这样的一些也许,促使着谢国安以马不停蹄地方式拼命拍摄。他想记录生活,他想复制原态,他想留下记忆,他想铭刻真实。他用成千上万的图片来传达自己的内心,以及阐释自己对都市生活的认知和理解。他为城市也为历史留下最为真实的生活影像。

当我一张张翻阅这些作品时,有时会想,谢国安其实是一个真正的另类。虽然每一张图片,我们单独看,都不高调,都不怪异,都不唯美,都不前卫,但当它们组团结队,形成合力,你便会发现,它展示着旁人所不屑于的琐细,表达常人所不介意的庸常,捕捉着常人所不正视的粗俗,关注着旁人所不顾及的平实,吃饭的、睡觉的、洗澡的、照相的、过路的、玩耍的、摆摊的、开店的、纳凉的、围观的……如此这般的人与事,平常到极致,也世俗到极致,全不追求时尚,亦不迎合大众,特立独行,风格独具。虽则是静态图片和凝固场景,却有粗犷不羁的生活流在奔腾涌动。

谢国安曾经说过:“一座城市最大的意义莫过于能让它的市民尽情享受生活的乐趣。”其实我在他的这句话中,既看到了他的失望,又看到了他的希望;因为失望,他的作品中常有忧伤和无奈,又因为有希望,他的作品满是踏实和活力。作品中人物的瞬间表情,似乎代表着谢国安的纠结:有平静也有忧伤,是淡泊也是无奈。

还想说的是,对于城市来讲,矗立在大街的豪华办公楼和商场,或是成为城市坐标的音乐厅美术馆影剧院,又或是立交桥快速路等等,它们给城市带来现代意味,如同城市的骨架,而在这些高楼大厦背后的细街窄巷中所孕育的生活以及生活中所有的细节,则是一座城市的血肉。是这两者构成了一个有气派有情感的城市。外来者,匆匆一瞥,看到的只是外在的架势,只有生活在这里的人,才能真正贴近这城市的血肉,触摸到这城市的体温,才能懂得,整个城市的文化精髓来自这里。唯其如此,才会对这城市有热爱、有耐心、有体贴,有赤子之心,有人文情怀。

谢国安请我为他的作品集写序,其实让我十分惶恐。我于摄影,纯是外行。我不知道自己是否能够表达得清楚。但我每看谢国安的作品,都会产生感动。那种来自生活的散漫不拘,那种不唯美但求真的美学趣味,那种给世态人情以关注以关照以关怀的创作态度,以及那种将镜头倾注于平民百姓的价值观念,都让我十分钦佩,也深感温暖。我能体会到潜藏在作品之后强劲的东西:那是来自生活的力量。

一个人的“文革”史

一

“文革”开始时，我上着小学四年级，正处于那种有记忆能力而无行为能力的年龄段。整个“文革”，我几乎都只是一个看客。我所居住的楼房，有一个颇为宽大的半敞开式走廊。楼上四家人，除去正处于饱受冲击的大人（全是工程师）外，共有十一个学生，九男二女，年龄相差九岁。最大的是我大哥，他已上大学，最小的便是我。九个男生中的七个中学生，均被裹入了“文革”，几乎每个人都参加了相应的群众组织。他们白天出门，晚上便坐在走廊上高谈阔论。我则是一个忠实的听众，像听故事一样，听他们讲述外面发生的事情。所有的武汉“文革”中出现的大事件以及著名的人物，我都清清楚楚。

因我的兄长和我的邻居都属成分不好的人，他们参加的组织，几乎都是造反派。为此，对于当时造反派的一些领军人物，我亦了如指掌，鲁礼安便是其中的一个。兄长们在七嘴八舌讲述鲁礼安以及鲁礼安书中多次提到的冯天艾等人的故事时，都带着崇敬的口吻。关于他们叱咤风云的文章，他们口若悬河的演讲，他们振臂高呼的激情，都仿佛令我亲眼所见。如此这般，鲁礼安这些老红卫兵便自然而然地成了我这个少年听众的偶像。盖因为有此经历，当我得知鲁礼安写了一本回忆录，希望我能为他写序的时候，竟是吓一大跳。我的第一反应便是：我怎么敢？我来为他写序岂不是太狂妄了？

但是最终我还是决定来写。不是为了别的，而是因为对于“文革”实在是有太多的话要说。

二

关于“文革”的被人遗忘，三年前，我曾经在我主持的杂志上写过这样一篇“社评”：

“文化大革命”已经远去我们二十五年了。突然之间，原本近在眼前的它、清晰可见并且带着鲜血的它，竟成了遥远遥远的往事。那些受伤至深的人都已然老去，许多的他们业已或是正在告别这个带给他们无限伤感和痛楚的世界；跌跌撞撞地与这段岁月共同进退的中年人们则努力地想要忘却，因为他们的生命时日无多，只有向前才能看到希望，而回过头去则总是只能看到自己废掉的一截青春，徒增伤悲又有何益？至于那些年轻的人们，记忆里几乎没有“文革”。无数残酷的岁月在他们童年的记忆中淡得几乎没有痕迹，倒是许多天真无邪的欢乐却鲜活鲜活地存在于脑海。更小更小的人儿，“文革”的一切于他们只是传说中的传奇，有如一部金庸小说，虽然充满悲欢离合和刀光剑影，却只是让人津津乐道，无论如何也引发不了一丝痛苦的感觉。

十年惨烈的浩劫，十年几乎让中国人民崩溃的灾难，在纸醉金迷的今天，仿佛只是一段陈旧的历史故事，是逝去的老人们坟前的一叠纸钱，是无数饭店酒馆的餐桌上的一杯老酒，是年轻白领们的几声俏笑。连对它的牢骚，人们都快听不见了。

但是，它却是实实在在地存在过。它是那样深刻地影响过我们的生活，它甚至颠倒了我们的思维，扭曲了我们的眼光，改变了历史的进程，重塑了民族的灵魂。它走得是那样深那样远，其实直到今天，它的阴影也没有完全地消失，它的毒素渗透在我们的骨髓之中，只是我们都不想承认罢了。

无论如何，“文革”是一段不该也不能忘却的历史。只是人们(包括历史学家)对它的研究还远远谈不上深度。简单地控诉它清算它以及批判它，在二十五前虽然必要，在二十五年中也还可以，但在二十五年后的今天显然就不够了。对于它的成因，它的根源，它的偶然，它的必然，它的背景，它的时况，它的初衷，它的走向，它的失控，它的专制，它的个人恩怨，它的民间情绪，它的体制问题，它的宣传导向，它的文化程度，它的封闭视野，诸如此类，在今天都应该重新思过。否则，我们的后代甚至连我们自己也不好理解，怎么几亿人一夜之间都跟疯了一样，而且一疯就是十年，疯得没个谱。

那么，理智地冷静地看待“文革”，并分析它反思它彻底清算它，以便将来不再发生这样的事件就实在是太有必要了。

我们编辑部一直想要做一组稿子，来深入地探讨“文革”，但这样的事，显然不是几个人或是一个小小编辑部所能担负得了的。因此，我们觉得这样的事情还是交由专家们来做，而我们则索性开设一个史料性的栏目，请各方人士尤其是“文革”中一些事件的相关人士来谈“文革”中他们的所为，或许这样的原始史料，对于我们了解“文革”，对于专家们研究“文革”，对于读者们看清“文革”，会有好处。

这本杂志终于也为此付出了被勒令停刊的沉重代价。

我将之引用在此，是因为事隔三年，我突然觉得，“文革”式的做派，“文革”式的思维，“文革”式的专制，“文革”式的人治依然在许多的地方左右着我们的生活，干扰着中国的现代化进程。

而那些不该遗忘的内容，却以加速度的方式被实施遗忘。

三

现在我要说鲁礼安和他的这本书了。

在“文革”中，太多太多的人都只是芸芸众生，他们的个人行为只与他们自己相干。而鲁礼安却不是。应该说，鲁礼安是“文革”中的特殊人物之一，因为他在这场浩荡的大革命中，不仅是追随，还有制造。他畅快淋漓的文章、唇枪舌剑的辩才，挥斥方遒的意气、侠肝义胆的豪情，曾经成为武汉三镇的传奇。正因为此，每次传出他被抓获的消息，都会相应地有一场规模不小的“营救”运动。无论今天我们如何评价当年，无论事情的发生发展是对是错，对于鲁礼安而言，那都是他个人最轰轰烈烈也最风光无限的年月。

只是好景不长，鲁礼安最终被投入了牢房，虽然关他入狱的理由现在说起来像个笑话，但他却因为这个笑话，在不时转换但全都黑暗的小屋中度过了近十二年的时光。二十一岁到三十三岁，一个人几乎全部的青春都被永远尘封在此，并且永远也索取不回。曾经与鲁礼安一起“革命”并也坐牢的诸多战友或死亡或崩溃，但鲁礼安却没有。这应该是个奇迹，连鲁礼安自己也说是奇迹。或许是他的充满自信的性格帮助了他。他在狱中一遍遍回忆自己的往事，以致那些事情烂熟于心，睁眼闭眼都清晰可见。那时候，他就下决心要将自己的经历写成一本书。

这一天终于到来。虽然这时候，距他走出监狱的那天业已又过去二十五年。

这是一本重要的书，重要的不仅是内容本身，而是鲁礼安所做的这件事。十年的“文革”时间，实在是太漫长了，漫长得我们无法看清它的真相。随着二十八年时间的推移，这原本就不清晰的真相更是越来越色泽模糊，越来越众说纷纭，越来越是非难分，越来越错综复杂。究竟是什么原因令中国产生如此之大浩劫？是什么理由使中国精英们一夜之间排山倒海的姿态崩溃？是什么力量让阳光一般的红卫兵突然成为人们眼里的恶魔？……这样的问题可以提出成百上千，但答案却总是吞吞吐吐含含糊糊。

当然，这样的问题，鲁礼安一个人的回忆录不可能解答，就算有其他更重要人的回忆录也无法解答，它需要千千万万过来人最真实的记忆。“文革”若是暗夜里的一块巨石，浑然不见它的真实面目，而鲁礼安的回忆录便是一只射向它的手电光。虽然它只能让我们看到巨石的一个点，倘如有无数无数的鲁礼安将自己的“文革”经历写出来，尤其是那些在“文革”中身份地位相对特殊的人写出自己的“文革”历程，那么，这就如同手电筒从各个角度向这块看不清的巨石投射去光照。聚光之下，就算最本质的东西无法触及，但它的轮廓却已然暴露在众目睽睽之下。或许这样，我们方能以最快捷的方式接近真相。

其实，对于“文革”，我个人以为，真相比结论更加重要。这就是三年前我非常希望看到的回忆“文革”的原始文本。

这样，鲁礼安的回忆录应该是开了一个好头。这是他一个人的“文革”史。毕竟他真正投身这场运动只有区区两年时间，余下的日子他都在监狱里度过。那是他最黑暗最艰难的时光。纵是历经了这样的苦难，在鲁礼安长达几十万字的行文间，我们竟仍然能看到他革命浪漫主义的情怀，竟仍然能感触到他当年的激情和亢奋。或许他字里行间激昂有余，沉重不足；或许他对自己的宽容和谅解多了些，自责和反思少了些；或许他在描述有些人时带有个人感情色彩，而缺少一点通达和客观；诸如此类。但不管怎么样，他将一个人在“文革”中最真实的经历和最真实的心态都展示在我们的面前。他让我们看到一个时代的风云动荡与荒唐不堪。他让我们为一个年轻人曾有过的命运、为许多年轻人曾有过的命运、为我们国家和民族曾有过的命运扼腕叹息。他的曲折而痛苦的经历唤起了我们以及更多人想要透彻了解“文革”真相的欲望，也将会唤起了那些“文革”过来人愿将自己的见闻和经历写出来的勇气。

应该说，这就是鲁礼安这本书的意义所在。

说明：

此文是为鲁礼安所写回忆录《仰天长啸》一书作的序。该书在二○○五年由香港中文大学出版的。是一本以个人经历为线索详细回忆早期“文革”的书。

鲁礼安是当年武汉最著名的红卫兵之一。这样一个才华横溢的理工科大学生，因为“文革”，完全改变命运。他走上一条格外艰难的人生道路。

令人叹惋的是，该书出版不到三年，二○○七年四月的某个早上，鲁礼安晨练完后，突然不知去向。亲戚朋友寻找多日，均无结果。直到现在，他仍然杳无音讯，仿佛人间蒸发。

此文除了给鲁礼安作序外，从未发表过。

以我的温暖照亮世界

我们生活的这个世界，是一个充满着色彩的世界。这色彩带着它的热闹和喧嚣直接侵入我们每一个人的生活。它像声音一样，无孔不入。但是，它带给人们的感受却是完全不一样的。为此，我们看到许多艺术家对色彩的选择，以及将自己的画面设置成暖意还是冷意的，往往不是取决于捕捉对象自身的原色，而是受制于自己的情感，说得更准确一点，是受制于自己的人生阅历和人生境况所产生的情感。不同的阅历和境况产生不同的色彩。我们能从他们对色彩的偏爱中看到他们对这个世界的态度。有人热有人冷，有人爱有人恨；有人严峻着面孔，有人充满着温情；有人揭露着残酷，亦有人倾诉着幸福。色彩的取舍决定着一个人的心态以及心境，乃至命运。

但是，女人却有些不太一样。

女人们总是怀着柔情来关注这个世界。无论这个世界给了她什么，无论是山一样重的灾难或是海一样深的幸福，女人几乎不会改变她内心贯穿到底的这份柔情。纵然她曾历尽沧桑，纵然她曾贫病交加，纵然她曾饱尝苦难，纵然她曾肝肠寸断。只要她一旦振作，只要她重新面对这个世界，那种柔情的光芒便总是会从她的眼睛里，从她的笑脸上，从她的举止中放射出来。仿佛她总是相信着世界，相信丑有一天会变为美，恶有一天会变为善。于是，女人的内心中总是怀着希望和信念。当我们的手触着这希望和信念时，我们便触到了这世上最让人感动、最让人拿起了便放不下的东西:温暖。

这个世界的温暖正是女人带来的。这个判断对男人并无贬义。因为男人支付给世界的是力量是勇气是有别于温暖的其他内容。但温暖却是女人制造。正像一个家,寒冷的日子屋里燃着的一口火塘;萧瑟的季节窗台盛开的一束花枝;走进家门一杯清香的热茶,一双清洁的拖鞋,三两个色香俱全的菜肴,诸如此类。不是那种惊天地泣鬼神的壮举,也没有令山河浩荡的气势,仿佛只是一些小品,仿佛只是点缀,但却已然将人生背景上或世界版图上冷冷的色调完全改变。

摆在你眼前的这本摄影集就是证明。

什么话都不必说,什么感情都不必抒发,什么议论都不必陈述,什么经验都不必总结,你看着这些作品,感受到这份温暖,就已足够。

献给我生活的城市

掐指算来，我在武汉这座城市已经生活五十年了。这是半个世纪的岁月，这数字甚至把我自己吓了一跳。从我有记忆起，这座城市就在我脑子里生长。它从一个小小的角落，生长成庞大的武汉三镇。我对它的了解也仿佛从一片树叶，逐渐到一棵树，再到整个树林。

这本小说集所有的人物都生活在武汉这个城市里，所有的故事也都在这里发生。我在写这些作品时，心里有一种很舒服的感觉。我的笔只要落在我熟悉的这座城市，这种舒服的感觉就会陪伴着我整个的创作过程。

所以，这本书，也是献给我生活的这座城市的。我写每一篇小说时，都有自己一点小小的感觉，录在下面，权当是序吧。

一、春天在昙华林见到一个人

昙华林是武昌的一个街区，其状正像我小说里写得那样。我因写《汉口的沧桑往事》一书，对武汉的老建筑作了许多调查，于是，那些同样关注武汉老建筑的朋友们与我有了些联络。有一天，我的同学夏武全和他手下的记者小韩约我去昙华林走走，说那里整条街都是百年老屋。夏武全在那里长大，他非常熟悉那里的情况。

于是就去了。于是就看到了无数破败的老房子，看到它们

2003年与韩少功、李锐、蒋子丹、蒋韵在枫丹白露宫花园合影

2005年在乡下采访

的同时,也获悉它们曾经的往事和现在的状况。有许多的感慨,更有许多的伤心。回来便为夏武全所在的《长江日报》写了篇文章,文章名为《记忆就是文化》,希望有关人士不要随便拆除老屋,因为,在我们去时,看到一些老屋正在被拆毁。

之后,去昙华林的人便多了起来,我自己也常去那边游走。有一天,在太平试馆路,看到一个个子矮小、神情甚至有点猥琐的男人,手拎着数码相机,在为一些老屋拍片子。他一点不像那些喜欢穿奇装异服的专业摄影家们,甚至他的气质与神情跟文化人常有的那种迥异。他工作得很认真,表情中有一种旁若无人的味道。当时我想,这个人是干什么的?他为什么要拍这些照片?他是业余玩摄影或是对近代建筑有兴趣?没等我想完,他便离开了。看着他的背影,觉得这个人的步伐沉重,日常生活多少有些压抑。

那正是早春的一个日子,我看那个人背影时,看到了老墙上的几株新嫩的草芽。突然就有一句话从心里冒了出来:春天来到昙华林。

为这句话,也为了那个我从此再也没有见过的背影,我写了这篇小说。只想很从容很放松地写一个人。一个非常普通甚至有点窝囊的人。他在自己的一生中从来也不想翻起大波浪,只有一点小小的追求。但就算这一点,要追求得到,也不是件易事。他总是不顺。但又没有什么特别的原因令他不顺。这个人常常活在自己的内心里,很难走出去与人交流。有时候他会在偶然间被激活出热情,比方他遇到的昙华林,却因为这热情,他又把自己燃烧一尽。这样说,仿佛更说不清楚。说到底,这只是一个小人物的经历而已。是大多数人总也记不住的小人物,这个世界的地基却是由他们砌成。

写这小说时是去年秋天,交稿时是十一月。那里还不知道有

《断背山》，所以，小说里因为人物需要而有一点同性恋意味。谁知到了今年，因了这部电影，这个话题热了，倒显得我有点跟风。这很无奈。早知如此，不这样写的。不过，既然已经这样了，也无所谓。

我把这个小人物安葬在清江边上，我觉得这是最适合他的地方。

二、出门寻死：回去了也是悲剧

一些喜欢探讨的朋友总喜欢问，你这篇小说写的什么内容？其实没有一次我有说清楚过。甚至我想把其中的故事简单地复述一遍都很是犯难。因为，我从来都没有让我小说中的故事只是成为一个简单故事。它背后延伸的东西多而杂乱，仿佛有着许多触角的海葵。倘若你把那海葵的触角忽略不计，只是展现它的中间的那团身体，那它呈现在人面前的就不是海葵了。

这可能正是我写小说惯有的方式。喜欢让人物也好，事件也好，都有着众多的根须。喜欢让这些根须扎在深深的背景之土中，彼此间千缠百绕，错综复杂。

有的人读我的小说，可能只读到表面上那幅常态的图景。但有的人，尤其一些与我心息相通的人，却一定能透过常态的图景中看到背后那些缠绕在一起、永远存在、永远都拆剪不断的死结。

有一天我去菜场买菜，听到两个卖菜妇女的在相互发牢骚。我去时，她们刚好讲到这里。一个妇女说，真是活得发烦啦，不如去死它算了。另一个妇女说，死有么事难，可是你说死哪里死得成？前一个妇女说，我么样死不成？我活不成未必还死不成？后一个妇女又说，你死了你的伢么办？你公公婆婆么办？你娘屋里一屋人么办？我还不是一样？我要死了，我那个瘫子男将么办？都跟到去死？说白了，毛主席讲妇女撑半边天，我看硬是撑了整个天。你一死我一死，我俩儿屋里的天就都塌了。这个妇女说着笑了起来，前一个说想死的妇女也大笑起来。

她们俩人的心态和状态都让我十分惊异。听着她们的笑声，再看着她们粗糙的双手和满是皱纹的脸，我又有着十分的感动。我知道武汉的好多女人就是这个样子。矛盾、辛苦但却自寻快乐的活着。这份快乐中只有自己知道其间有着多少的辛酸。

这便是这篇小说最初的契机。

我其实我自己也是这样。在我站起来生活时，我是一个乐观主义者。我战胜所有困难，好好生活。活得不好，也很少抱怨别人。只是一旦我坐到桌前，开始写小说时，我的心便开始往下沉。就仿佛有一个无底的洞，总也沉不到底。这个时候，我就是一个悲观主义者，无论如何都乐观不起来。

这样的心境也导致我的小说常常是一个悲观的结局。有一个评论家说我再往下走，便走向虚无。我想他说的是对的。

虽然这里的何汉晴没有死成，但这一个结局何尝不是悲观的？没有办法，我的人生观和阅历，决定了我的写作。

我倒是希望我成天面对的生活能够帮助我在某个日子让我的小说乐观起来。

三、中北路上空空荡荡

前一阵，老从中北路过，每次过时，往事都会扑面而来。突然间，就有一股想写它的感觉。

我第一次到中北路时还在当装卸工。有一天，我们装卸站不知道是什么活儿，要去武汉重型机床厂。于是派了几个女装卸工，其中有我。我们带着工具，披着搭肩，坐上一辆无篷的卡车上。我并不知道卡车走的是条什么路,印象中过了长江大桥后,我们很快就在一条夹在乡间菜园中的土路上行驶。卡车开过,尘土飞扬,然后我们就到了武重。武重给我留下了深刻印象,宽大的厂门和宽大的厂区,都让我激动。但我们去那里到底干了什么活儿,却一点也不记得。回去的路上,我和我的几个伙伴都对武重的工人羡慕至极,纷然说如果能到武重当工人,真是天大的幸福。

这是我第一次到这么大的工厂去,第一次领略这么气派的厂房,那些壮观的场景足以让年轻的我记忆一生。

说来这是三十年前的事。

三十年后我的家就住在了武重附近。而我曾经去过的那条土路也早已成为了武昌重要的一条马路,它被叫作了中北路。随着城市的变迁,随着武汉长江二桥的修建,中北路一天天地重要,一天天地壮观起来。同样的随着变化的还有武重和他们那些曾经是我眼里有着天大幸福的工人们。

只是,武重厂门的变小让我心里有一点点难过。我也在不少场合中遇到这个工厂的工人。他们有些是下了岗的,也有些是没下岗的。每次碰到他们,我都会想起很久以前,我是怎么去武重以及我是多么想到武重当工人的事。想得多了,想写点什么的念头就更加强烈。

这就是我写这篇《中北路空无一人》最初的想法。在我正要动笔时,我看到报纸上一场官司的消息。于是这条消息经我改造后,成为我小说中的主线。

有时候我会感谢命运,它让我在年轻的时候落在中国社会的最底层,时间不长不短,刚好四年,就好像是上了一轮大学。四年里的劳动和生活,我所获得的东西,在我的生命离年轻越远的时候我越发感觉到它们有多么重要。我过去的同事们,老的大多已经去世,年轻的大多已经下岗。下岗的他们与下了岗的武重工人，命运大抵相同。近年里，经常会有一两个电话打给我，他们报出名字，让我既熟悉又陌生，既遥远又亲近。从这些电话里，我能回忆起许多我几乎淡忘的名字。于是，那些名字上会浮出一些面孔。每次我听到他们的消息时，没有多少欢欣，心里反倒有更多的疼。我知道我不管离他们有多么远，但我始终留下了一份情感在他们那里。因为正是他们的命运，让我明白，生活对于很多人来说是多么的艰难，而这份艰难有时与能力无关，与家世无关，与运气无关，与知识无关，与环境无关，与性格无关，与金钱无关，与身体无关。有关的只是命运，是一切。

这不是个人悲伤

好几年前，我在一张报纸上看到一个农村孩子一路打工步行到武汉来上大学。他交学费时，拿出一堆零钞，那就是他一路打工挣来的钱。这件事给我印象特别深。当时就有以此事为素材写一个短篇的冲动。写了开头后，觉得自己并没有想好，便放了下来。很多年过去了，我们便听到这个一个词：蚁族。说的是大学生毕业后，蜗居在城乡接合部的艰难生活。而在实际的生活中，我也经常遇到这样的一些年轻人。比方，电脑坏了，过来帮我修电脑的小伙子。马桶坏了，过来帮我修马桶的年轻人。以及，走到街上，那些帮房地产公司装修公司之类散发宣传广告的人，等等。他们都很礼貌，言谈举止，会让你觉得他们受过高等教育。他们的神情大多也很平静和坦然，仿佛认定这就是他们的人生。经常在与他们接触后，我偶尔会想，当年那个打工上大学的孩子，会是他们中的一个吗？

后来便经常看到关于这些蚁族们打拼的报道。报纸上也满版登着他们居住环境的照片。我们这些二十世纪八十年代毕业的大学生，坐在一起聊天时，偶尔也会谈到他们。比较起来，我们反而会觉得自己运气比较好，尽管我们被耽误了许多年头。但至少在那个时代，我们这些没有官员后台，没有社会背景的普通人，靠了自己的个人奋斗，可以实现自己的一些梦想；至少我们与那些官员或富人子弟都处在相等的平台上。而现在，普通百姓的孩子，乡下穷人的孩子，想要获得自己的成功，是多么不容易。

涂自强真的很努力。他甚至就是我们所见到的年轻人当中最努力的那一个。但是，谁都能看到，他作为一个穷人的孩子，一个想要改变命运的农村大学生，真要在这大都市里从容地站住脚，根本不是件容易的事。他要付比其他人多得多的代价，这代价或许相当沉重。有时候，我们看到一些年轻人为改变命运，为更迅速达到目的，采用一些非正常手段。这样的人数不在少数，并且非正常手段不会被人鄙视反被人们羡慕。如此怪象的出现，正是因为通过正常渠道的奋斗和个人的努力来改变命运，对于很多人来说，实际上是一个相当遥远的梦，遥远得让人没有耐心等到那一天。

这个话题扯开说，真是说不完。

总而言之，涂自强以他的宽厚和善良，一直认为这一切的结果，是自己运气不好，他所有的不幸，也只是他的个人悲伤。但我们知道，这不只是他的个人悲伤。

记得我三十年前写过一篇小说《风景》，其中有个人物叫七哥——一个穷人的孩子，他改变命运的方式就是去寻找一个有背景的老婆。他做到了。而现在，涂自强们，连这样的老婆都找不到。因为时代不同了，许多女性的价值观与以前也不一样。她们大多不再盯着男性的学历呀才能呀一类，而是只盯着他们的地位和财富。所以，我以为现在的社会，恶劣的生存条件，如同一只凶猛的狼，天天啃噬着涂自强这一类年轻人的身心。在这样的一个不健康、不公平的社会中，所有的人尤其是穷人，都是被伤害者。这不是个人悲伤，而是一个时代的悲哀。

独自坚守

一

一九八三年早春，我刚从大学毕业不多久。因为发表了一两篇小说，受邀去南京参加《青春》杂志举办的文学笔会。那是我第一次与文坛正式接触。怀着一份不安和一份胆怯，踏上去南京的轮船。在船上靠着一本《七剑下天山》的小说，打发漫漫水路。

在这次笔会我见到许多我大学里早已熟知的作家，他们中很多人的作品我都读过。像上海的程乃珊、薛海翔，南京的姜滇、赵本夫，杭州的于劲，安徽的曹征路以及我们湖北的映泉等等，这之中还有山西的李锐。

其实在那之前，我还真没读过李锐的小说，或许是因为山西离我们太远了一点，又或许是李锐这个名字太大众化了一点。所以第一次怎么跟李锐见的面，在什么场合，说了什么话，我几乎没留下一点印象。

我们在一家部队的招待所里住了近半个月。那时的笔会似乎每人都得留下"买路钱"：交完稿才能走人。于是，我就成天就待在房间里写小说。在那里我完成了我的第一部中篇小说。似乎连草稿都没打，就交上去了。心态就像考试对付老师一样。现在看来，那仓促间写完的作品，实在幼稚不过。我自己都不愿意再重读一遍。

照当年笔会的规矩，最后总有一周左右时间供大家旅游。春天的江南，莺飞草长。对我们这些外省人来说，有着极大的诱惑，这一趟旅游也由此成为我们的一个期待。要命的是《青春》杂志的编辑们已经无数次去过那边，他们竟没有一个人愿意再陪我们跑一趟。于是他们极力地说服我们放弃这一旅行。笔会上，一半的人或许业已去过江南，比方上海的作家们，对游江南本无兴致；另有些人属谦谦君子，摆一副客随主便的姿态，毕竟这是个好礼节。但也有好几人来南京之前就怀有畅游江南的预谋，见《青春》编辑部如此这般，便很是失望。私下便嘀咕着说怪话发牢骚。发了几天牢骚，旁敲侧击也试探过几回，对方始终黏黏糊糊着不表态。这副做派终于让这帮人愤愤然了。于是一天晚餐时，有人揭竿而起，大声宣告：没人带路，我们自己去！一定要去，剩下我一个人也一定去！

这个揭竿的人就是李锐。

中国的事，从来不缺起哄者，缺的就是陈胜吴广。现在我们有了自己的陈胜吴广，群情立即振奋，饭桌上的当即有站出七八人，个个表态，决意追随。《青春》的编辑见此状，也顺梯子下台，表示这一行人游江南，所有费用皆由编辑部支付。

最后我们组团五人，有湖北的映泉、安徽的曹征路、部队的肖于，当然也有我。领了一笔经费，快乐地去了江南。李锐自然而然成了领队。白天我们旅游，晚上就在宾馆里谈文学。李锐从一九七七年起就在《山西文学》当编辑，对文坛当时的流派和话题以及风云人物都十分熟悉。不似我等几个，虽然也写小说，人却都在文学界外做事。所以，主谈者也总是李锐。记得当年的李锐一谈便是宏大的问题，世事国事，人学文学，纵横捭阖，敲金击石。谈得兴起时，人还要站起来，挥动手臂，一副拯救天下舍我其谁的气概。而当年的我们，也都有强烈的铁肩担道义情怀，关注点也都在这里。对那些小情小调,鸡零狗碎的事没有半点兴趣。于是,我们四个人都成了李锐最好的听众。

那一趟江南玩得真是开心,几乎每天都有数次让人笑喷的乐子。记得最后一天我们抵达镇江的北固楼,李锐突然激情万丈,对着长江大声念着辛弃疾的《南乡子》:“何处望神州,满眼风光北固楼。千古兴亡多少事,悠悠,不尽长江滚滚流。年少万兜鍪,坐断东南战未休。天下英雄谁敌手?曹刘。生子当如生孙仲谋。”我们不问青红皂白,跟着一起激动,也大声而反复地念着。念完方知,李锐夫人蒋韵马上就要生孩子,在李锐心里,那应该是一个有如“孙仲谋”似的儿子。那天我们在北固楼就喝了酒,每一次碰杯,大家就一起大声喊:生子当如孙仲谋。

因为处于一个有激情的时代,又有一个有激情的旅伴,所以就有了我们那一趟有激情的旅行。回到南京后,听我们讲述这一路的故事,笔会上好多人都跌脚后悔,说早知如此,也都该跟去的。

半年后,我到兰州开“飞天”笔会时,再次遇到李锐。一见面我就急着问:蒋韵生了个什么?李锐很高声回答说:生了个人!

这样的回答让我怔了半天,不知说什么才是。后来得知,蒋韵生了一个女儿。还得知,这个女儿有一个可爱的小名,叫泡泡。二十年后,这个叫泡泡的女孩子,像她的父母一样写起了小说。她叫迪安。

二

现在想来,自我认识李锐起,他就是血气方刚、疾恶如仇的一个人。但凡讨论严肃一点的问题,他便一副雄赳赳气昂昂锐气冲天样子。用流行的话说,活脱一个“愤青”。

后来我也渐渐成为文坛中人。依然去各地参加些约稿兼游玩的笔会。在一年一年的笔会中，有时会遇到李锐，有时也遇不到。无论遇到还是遇不到，彼此的信息都一直通着，电话往来着，邮件互传着，友谊随时间，一天天加深着。不觉二十多年过去。

当年许多的愤青在岁月的磨砺中，青没了，愤也没了。或许这就是成熟，但或许也是识时务，更或许是把世事全都看淡。心一淡下，眼里的刺便越来越少，耳边的风声也平顺了。这就是人生的自然呀。没办法对这样的自然说对说错，每个人都有自己生活的路数，无数不同的路数组成现今的人生。

但是当年曾经率领我们"游江南"的李锐，虽已年过五十又过五朝，头发白了，皱纹也不客气地爬到额上，却似乎依然"愤青"如故。他的激情与愤怒、他的歌哭与悲哀、他的焦虑与担忧、他的急进与尖锐，一如二十多年前，从不曾缓和；他疾恶如仇，他剑拔弩张，他拚命诘问，他拒绝合唱，也都一如二十多年以前，绝不衰减。用李锐自己的话说，这是死不悔改。

所以，每隔一两年收到李锐寄来的书，尤其是他的随笔集时，我都会有些心虚。光是那些书名，《拒绝合唱》，《谁的人类》、《不是因为自信》等，都让人生出压心压手之感。在这些书里，李锐是绝不肯停下思考和追问的，也绝不肯停下批评和鞭笞，他事事都跟你较真。反观自己写的书，什么《闲聊》呀《拈花一笑》呀，内容和情调跟李锐的文章一对比，就觉得自己对人类呀文明呀民族忧患呀生命哲学呀什么的宏大主题有一种很没心没肝的样子。所以我知道，李锐对我非常友好，但对我写的散文随笔多半懒得正眼一瞧。这很正常，人和人不同，喜怒哀乐也不尽相同。虽然都写文章，男人重思辨，女人重感觉，关注的东西自难相同。再说了，像李锐这样的男人，天然有一种"担当"感，觉得天下的大事，人间的小事，他都是有责任的。虽然没有人让他去担这份责任，可是他自己就是觉得与他有关。所谓"天下兴亡，匹夫有责”，就是说给李锐这种人的。所以他的文章，表达的都是对大事的思考，关注的是大事的走向，言语很重，思想很沉。

这世上的大多人，活得都很劳累辛苦。有人写文章，充满着温暖，就仿佛他慈爱地伸出一只手，轻轻地安抚那些疲惫的心灵：你辛苦了，不要想得太多。一切都会过去。明天是美好的。于是辛苦和劳累的人们有一种被关怀的满足，内心对这份安慰充满感激。但也有人写文章，却是拿一把刀，划破笼罩在生活表面上的帷幕，深深地掀开，露出其根底，并大声地对着那些永远劳累和辛苦着的人们说：看看吧，这就是你们为什么会活得这么辛苦劳累的原因，你们只有除掉了这个根，才有可能解脱。而那些长年苦累着的人，本来就苦累，看到自己苦累的原因，又发现除掉这根并不容易，反觉得更加累了。于是他们一点也不领情，说不定反过来会厉吼一声：关你什么事！

我想李锐的文章就是拿刀的那一种。所以我估计他的那些思想言论的书一定卖得不会太好。卖不过那些吃喝玩乐的书是毫无疑问的。因为这个时代，人们要风花月夜，而不要刀。人们累死苦死，也只想找杯酒喝，麻醉一番自己，而绝不想知道自己因何而苦为何而累。

这样一说，倒似乎觉得李锐身上有点点堂吉诃德气了。其实，这是一份无奈。这份无奈，李锐心底自知。

李锐的随笔我几乎都读过。这是些不会让你静心的文字，也是些不会让你有半点轻松的文字。它会把李锐惯有的悲愤和沉痛传导给你。让你不安，让你惶然，让你自愧。当然，我读它们时，不时也会有点顽劣心态：看你们这些人一天到晚在生些什么气！

有一天，在北京，李锐跟我和蒋子丹讲述他下乡的邸家河现今发生的一些事。李锐说起那里农民的耕地被巧取豪夺、不得已找他求助的过程。说起农民的紧张害怕和茫然无主意,以及他在帮助他们的过程中,既要帮农民又要担心他们是否会遭到报复。语言如何表达,分寸如何掌握之类,很复杂。来自乡下的故事,总是带着残酷的色彩。在听李锐讲述过程中对自己和对农民的心理分析,立即就明白,为什么他的文章总是或藏或露地置有那么多的刀锋。

所以想,这世道的风花月夜,其实是无数惨烈的人生血拼而成,而人们只赏红色不识血。因为这个,李锐才会如此愤怒。

三

对于一个作家来说,让他安身立命的是他的作品。像李锐这样既没有什么身世背景,又没有圆滑的技巧上下拉关系,想要被人认识、被人熟悉以及想要说话有人听、发言被重视,也就是说,想要人不微言不轻,最终也只有华山一条路:写好小说。

我不知道李锐是从哪一年开始写作的,只知道他的作品与许多作家相比,不算大量。他早期的小说,我也读过好多,像《丢失的长命锁》、《红房子》这些,其实也都写得很好看。但是后来《厚土》一出,真就像厚的土,把它们的光彩都遮盖住了。没有办法,《厚土》实在太厚重。

《厚土》是给李锐带在最大声誉和影响的一部书。一九八六、一九八七年,大家的心都正为着这样的事和那样的事,纠结着萧条着退守着。李锐却像甩炸弹一样甩出一批作品。这就是《厚土》系列。这样的土地上这样的土人,这样的生死这样的生活,这样的牲畜这样的粮草,这样的山川这样的河流。他的吕梁山印象呼啦啦地烧疼了众人的眼睛。一时间,文坛上都在说《厚土》,说李锐。

李锐也因此而名扬天下。

李锐的夫人蒋韵也是作家。听说蒋韵的名气原先比李锐大，人们介绍李锐时总是要把蒋韵先抬出来。《厚土》出来后，情况就倒转了过来。我就此事问过李锐和蒋韵。蒋韵就笑，李锐则一副大男人的派头说，本来就应该这样。

其实李锐写出《厚土》是迟早的事。他对文学的热爱、认真和执着，熟悉他的人都很是知道。吕梁山间荒远偏僻的邸家河六年的农民生涯，给了他苦难，也让他理解了苦难。用李锐自己的话说，没有邸家河这六年，无论如何他是写不出这些小说的。其实我想，邸家河六年给李锐的还有更重要的东西，那就是让李锐这个来自北京的洋学生跟这世间无数偏远的邸家河有了一种血亲的关联，让他的生命和他们的生命扣在了一起，自觉而成为他们中的一员。

据我所知，走出邸家河又走上文坛的李锐，之后常常同夫人蒋韵一起离开城市，游走在外。他们走长城走黄河走西口走吕梁山，邸家河自是来来去去着。他们是或许是寻找着什么，也或许只是想走走。无论是有目的或是无目的，并不重要。重要的是，他们足迹所至，都是在这个庞杂的社会、这个层叠的人生、这个民族的文化最根底处。在那里，就算他们什么都不用做，甚至什么都不想，只是目击，只是呼吸，就有足够的营养。

所以，李锐（包括蒋韵）总是不停地有新作出手。长篇一部跟着一部。《旧址》、《万里无云》、《无风之树》、《银城故事》等等，等等。李锐在不停地写的同时，也不停地跑。不仅是跑黄河跑吕梁山，也跑美国跑欧洲，跑世界各地。有时想想人生真是很奇妙，你不过给文学一个邸家河，文学却给了你全世界。

坦率地说，其间的两部长篇《万里无云》和《无风之树》我不是太喜欢，所以也没有看完。不知道是不是李锐世界各地跑多了的缘故，里面多了些花招。我总觉得，这不是我想看到的李锐的小说。我怀念的还是“厚土”的意味。后来，李锐又送给我一本《银城故事》,我刚看了一章,就很高兴地对李锐说,我又找到《厚土》的感觉了。其实,像我这样的阅读者,有时也未免过分。人家凭什么非要总去写《厚土》一类的东西呢?换换写法,有什么不行?

都说李锐被诺贝尔文学奖提了名。我很愿意李锐得到这个大奖。因为私下里我们几个朋友约定,李锐要是得了奖,起码把零头弄出来让我们大家花光。

四

说李锐时,我是一定要说说他的夫人蒋韵。蒋韵是我最喜欢的朋友之一。她的温婉、内敛和敏感,与李锐的激烈、外露和尖锐,形成反差,也形成互补。所以,跟李锐说说话,你若觉得他的话过于激烈锐利,就回过头跟蒋韵说说话好了。她一定是用她温柔而委婉的声音,把你的感觉又扯回来。我在很多会上听过蒋韵的发言,我知道在李锐的思考中,一定有蒋韵很多的思考。

因为夫妇两人都是作家,做的是同样的事,开的是同样的会。进进出出也都成双对。朋友们就经常会调侃他们说,你们两个天天这样,你对着我,我对着你,出门进家都说一样的话,累不累呀。我们都看累了。

但好像他们到现在还没有说累。

蒋韵的小说与李锐的风格完全不同。叫我看,蒋韵有许多小说都写得非常好。所以我和蒋韵密谈时,几次我都说,别看他的名气大,你这几篇比他写得好。蒋韵暗笑,然后用她一如既往地温婉语气说,我也这么觉得,不过别跟他说。

其实我知道说不说都没关系的。文章里的李锐总是在愤怒和痛苦着,但生活中的李锐却是宽容和幽默的,甚至可说是十分搞笑。这里我都举不出例子，因为李锐的搞笑属于现场急智型的，人家说句话，他一跟进，就立即引起大笑。很简单。这和张炜的幽默不一样。张炜会说笑话，他貌似严肃地讲述，但却足可以把我从沙发上笑得掉下来。有一回在山东境内旅行，还有一回在海南境内旅行，有李锐夫妇，加上韩少功、张炜等几人，我也被叫着一起去玩。一路上听完他们谈文学谈人文精神，又听他们说笑。韩少功的幽默不动声色，往往恰到好处地抛出；张炜是不苟言笑地说故事，却将所有听者笑呛倒；李锐则全是急智性的插科打诨，又机智又快速。他们文学谈了什么人文精神谈了些什么，我是一个字也没有记住，光是记得行程多少天，我就笑了多少天。

那真是一段永远不再回来的开心岁月。

现在我追着一篇篇看李锐新近的小说“农具”系列。“农具”只是他推门的把手，推开门来，里面全是人。

说到底，李锐把自己的内心和自己的眼手都沉放得很低很低，一直低到邸家河农民的小屋里。但却把自己的精神取向和理想追求，放得很高很高，高至无形。这样的作家，他的作品不绷得紧紧，才怪。

虽然我的写作和我的处世与李锐的很不相同，但我读李锐的作品，看他的为人做派，感觉他的坚守和不屈不挠，经常都会生出感动。在我们现在这个社会，一个人这么做，其实是很难很难的。

每个人都有自己体会世界的方式

每个写作者在发表自己的文学作品后，都会明白自己或许会面对一些文学批评者。他们可能对你的作品有着完全不同的解读。在他们的解读中，或可能会给你莫大的鼓励，或可能会提出极好的建议，但也可能会报以激烈的批评。他们的批评态度也因人而异，有人是和风细雨，也有人是雷电冰雹，有人是心怀诚恳，亦有人刻意挑剔，如此种种。这是我们写作一开始就明白的事。这也是件自然不过的事。文学创作和文学批评，从来都是文学的一体两面。二者具备的文学，才是更丰富更有意义的文学。

但文学批评家从来不是文学创作的指导者，他们不可能指引和教导作家的写作。对于写作者而言，真正的作品，都是由内心出发的，是自己内心激荡的产物。是他人所无法教导的。所以，在我看来，文学批评家更像是一群专业的阅读者。因为他们有着大量的阅读，对于文学的理解和分析，拥有比普通读者更多的对比和经验。他们常常会从各个不同角度去重新解构作品，或许会搭建一个与原作完全不同的世界。他们也经常冒些非常有意思的看法，有些观点甚至让人觉得惊人。但他们更多的人，会在作品的分析基础上，提出自己的建议，这些建议和观点经常给作者以启发和激励。从我自己这么多年的创作来看，从文学批评家那里所获得的教益也非常之多。他们的言论经常促使我向作品的更深处思考。

但是，写作是极个人化的，而阅读也同样带着强烈的个人色彩。人和人的差异很大，每个人的成长环境、教育背景、性格气质以及基因遗传都不一样。一部作品的发表，有人引起共鸣，有人激起抵触，有人格外喜欢，有人特别反感。有人痛哭流涕，有人拍案骂娘。如此之状，都是常态。电脑还有不兼容系统，人更是繁杂。有些人体会世界的方式跟写作者完全不同。所以他们对作品的理解，经常会朝着写作者根本意想不到的方向而去，有的甚至是反方向。而此时，他们所理解的文学，也跟写作者所理解的文学不是一码事了。就算是批评家阅读无数，也逃不出这个劫数。这是件不可救药的事。由此，当一篇作品发表后，我们也经常会看到一些非常不舒服的批评文章。文章提出的问题甚至会让你目瞪口呆，你完全想象不出来批评者怎么在理解你的作品，你甚至会觉得有一种来者不善的感觉。觉得他严厉痛批你的作品并非因为作品，而是因为其他。

但无论如何，作为写作者，我会尊重读者和批评家的所有批评。尊重所有的不同观点。无论怎么解读，无论如何苛刻，我都会保持这种尊重态度。因为这是他们的权利。也是因为，对于作品的看法，有着各种各样不相同和不相兼容，文学的世界才会更加丰富有趣，文学也才会千百年来富于魅力。

但同时也要说的是：作为写作者，尊重并不意味听从。当有的意见与自己的感觉完全不同时，选择不听不理也是写作者的权利。因为每一个写作者也要尊重自己的内心的文学，并且尊重自己。

培养阅读

有一种现象很有趣，我们看作品时，会发现，越是年轻的人写的东西，调度语言的能力越差。表面上看起来花里胡哨，却无法细看，一细看便知其文字粗糙，废话连篇。有时一连读上几段，都不知他在说什么。而一个老作家当年在二十岁时写的东西，与现在二十岁人写的东西相比，花哨的东西可能会少一些，小感觉也不那么细腻，但在语言的老到、凝练和干净上，在表达事情的准确和明了上，却是现在的年轻人所无法比的。

有时与年长者谈起这样的话题。他们多时会说，我们年轻时读的是什么书?! 他们读的是什么书?! 他们的话让我意识到，问题出在阅读上。

的确如此。老辈的人当年都是读四书五经出山的。他们对古文古诗烂熟无比。他们读书是从最难的书读起，以后反而越读越浅。就是我们这一代人，至少也在初、高中时期，完成了对中国几大经典文学作品和外国重要作家作品的阅读。有些男生甚至还读了一些更深奥的哲学类书籍。而如今的年轻人呢？在常常与他们闲聊时，你会发现，那些重要的文学作品，只是他们书架上的装饰，他们几乎是不读的。当然，书中的故事他们也会知道，他们的来源是电视剧或缩写版或白化文翻译本，而非阅读原作。他们的读书，是从最肤浅最通俗的书读起，这类书因为简单而读起来省事舒服，读完后也不需要思考，这就养成了他们轻松读书的习惯，也造就了他们倦于思索的惰性。于是稍稍深奥一点的书，他们便不想去读，也无力去读了。或许有一天，他们想让自己变得深刻一点，想要读一些深刻一点的书，但他们却已然静不下来，因为他们把人生最好的阅读时间错过了。于是，那些经典作品的思想魅力和语言魅力，他们无法体会也无能领略得到。随便找几个大学生或中学生打听一下，问问他们中精读过多少经典作品，答案肯定是让人失望的。非但是失望，有时你会急得跺脚，因为在他们中流传最广读得也最火的东西，很可能是一些低幼读物甚至是文化垃圾。他们在这样的读物中成长，我又怎么能指望他们写出来的东西文字漂亮？——当然不包括个案。

这是件很可惜的事。所以，在很多的人文章里我们都看到了“阅读危机”这四个字。

阅读危机肯定是存在的。但我以为，表现最严重的并非一些普通读者或年轻学生。因为这世上阅读是件最自由的事。他们读书原本就是猫抓老鼠式的，逮着哪篇是哪篇；是赶热闹上集市似的，潮流说哪篇好他就说哪篇好。书对他们来说也无所谓品位高低，打发过那段无聊的时光就行。我们对他们简直也没什么理由去苛求，只有耐心地等待他们阅读能力的慢慢成长。

真正的阅读危机其实存在于那些专门的读家中。你只要看到他们欣赏、推崇和鼓吹的作品，你就知道他们的读书水准有多低，趣味有多俗，见解有多肤浅。你都不敢相信他们也受过高等教育并且从事文字工作。最要命的是他们自己不会读书（或许根本也不读书，也只读缩写本之类）不说，还老是要指导别人怎么读书。而且他们还特别敢发表言论。有的书，你相信他非但是不会读，非但是没读懂，甚至他读都没读过，就敢一派大家风范地发表自己的高见，就敢对着传媒说三道四，指点江山。

正是他们以自己的无知和低俗来影响其他的读者对图书的认知，影响整个社会的阅读趣味，影响文学的品质，他们是一群很可怕的人。现在整个社会阅读趣味的低下,主要就是这帮人阅读趣味的低下。而他们自己全然认识不到这一点,他们坚定地认这只有他们才是高品质文化的代表者。

这是件没办法的事。

所以我常常想,我们的一些文学刊物是否可以把它的重点从培养作家写作转向培养读者阅读上来呢?因为作家本身是无须培养的。一个人的写作在于自己的天赋以及勤奋以及对文学热爱,而阅读却需要正确指导。

让我们的读者读雅而非读俗,读真而非读假,读精而非读粗,其实这也是为他们的写作打下最坚实的基础。

两个无奈的人

在小说《武昌城》里，我写了两个人物。我一直觉得这两人对自己的人生有一种深重无奈感。他们一个是攻城篇里的罗以南，一个是守城篇里的马维甫。

这两个是我小说中最重要的人物。在那里，他们以正面形象出现，并且明显地带有我个人的情感。他们也得到诸多读者的关注。有读者认为，这是两个与以往小说中着力设计的正面人物完全不同形象。你为什么要这样写？你喜欢他们吗？

我的回答自然是肯定的。攻城篇中的罗以南是一个软弱的人，他只想逃避现实，甚至对革命毫无兴趣。只是因同学梁克斯的强迫，他抱着无所谓的态度，踏上了北伐的征程。他人在北伐队伍中，心里却并未怀有救国的热情，他只是听之任之，对军中诸多事有时还会持不同想法（当然他并未说出来。）。他态度明朗而执着地要救梁克斯，只是出于人道精神或是出于朋友之谊。及至他的后来，他重返军队，也不是为了某个理想，他只不过是在完成朋友的遗愿。他要让梁克斯年轻的一生有所贡献。因为梁克斯说，他唯一的贡献就是促使罗以南没有去当和尚而成了为战士。罗以南始终处在这样一个被动的过程里，很多年以后，革命不要他了，他才实现他年轻时当和尚的愿望。而马维甫则根本就不是革命者。他是阻挠革命一方的北洋军官。他的手上或许还沾有北伐革命军的血。他完全不赞同学生的革命，但他同样也反对杀学生的头。在这场战役中，他坚守城防，无论城内多少百姓因此而丧生，无论城外多少生命因此而终结，他心有所动，但却依然坚定不移地执行命令。因为他是军人，他须得忠于职守。他的良知分成了两半。一半同情百姓，一半忠实军队。虽然最后在各种情况的迫使下，他默许了开城，但现实却让他突然发现，自己无法面对自己的背叛。他的良知醒了，而他的人格却毁了。这样的结果，令他死于自戕。

在查阅历史资料时，我会觉得很多事情很多人，我们是无法判断的。也没权利去判断，所以，我们不可能轻率随意地说对和错，因为隔着时空，我们与我们想写的事件并没有贴身，尤其是历史，再多的阅读，都无法真正了解真相。所有战事，都有双方对立。而身处于任何一方的人，都有他自己的理由。就是我们通常所认为的敌人，他作战的理由也未见得就是从恶出发。敌人和坏人是两个概念，而自己人和好人也是两个概念。所以，正义和非正义以及好人和坏人，这是两个完全不同的层面。人的思想和性格是很复杂的，人和人之间的关系也是很复杂的。作为写作者，只需站在每个人物各自己的立场和角度，按照他们的思想逻辑设身处地写出他们各自内心深处的感受就好。同样，也能更准确地表达出我所想要表达的东西。

只是，无论怎样，我对罗以南马维甫这样的人实在有所偏爱。在一个非常的时代，这样看重良知和人格的人，却都是身不由己地活着。他们一旦作出自己最初的选择后，便不再有自己的个人意愿。他们面对着共同的困境，这就是他们做着自身并不想做的事。强行攻城不是罗以南所愿，而拼死守城也不是马维甫所愿。他们努力挣扎，想摆脱这种困境。但是，却因为他们的个人品质，比方他们所怀有的人道精神、他们对忠诚的理解、他们对生命的器重等等，都使得他们只能在现实面前屈就，按现实规定的路线行进。一旦试图脱离，或许陷入更大的困境之中。用马维甫的话来说“无论我做什么，我都无法拯救自己”。他们其实都清楚地看到自己的困境,但却无力走出。他们内心的复杂,无人能够理解。这样的困境,我们都有。哪个时代都有。

只是,当理想与现实发生冲突时,依赖个人的品质个人的素养和个人的能力,根本无法实现自我拯救。人生就是这样无奈。而我的小说,便是要尽可能表达出这样的复杂和无奈。

寻根去

二十世纪八十年代有太多好玩的事。

那时候，我在电视台当编辑。工作比较闲，领导对我也不错。只要文坛有活动，领导都签字让我去参加。人民文学杂志社的编辑向前是我在武大中文系的学姐，她负责南方片组稿。有时一人外出组稿她觉得不太方便，便经常叫我陪她。我那时年轻，玩兴正浓，每叫必到，目的特别纯粹，就是跟她一起游玩。

有一年，向前大姐去湖南，说是跟韩少功他们一起去湘西寻根。我一向跟湖南作家关系密切，听向前大姐一吆喝，立即就奔往湖南。

我们一行六人，除了我和向前大姐外，其他四人韩少功、叶之蓁、聂鑫森、张新奇都是当年正走红的作家。写作多年，个个都有响当当的作品。尤其韩少功，关于寻根的文章写出不久，接着又发表了吓人一跳的《爸爸爸》。许多文学青年的热情都被他煽动起来了，大家似乎都忙碌着寻根。他们四人全是向前大姐最重要的组稿对象。而他们对文学的虔诚，也常常令我自惭形秽。他们每天谈文学要谈许久，我几乎一句嘴都插不上，真正是跟着混乐子的。

没有任何编辑带着，我们自己买了火车票，然后直奔湘西。那时出门也不设计路线，更不清楚目的地会是什么样子。交通亦不发达，我们的行程只能用乱跑来形容。第一站到的是湘西的首府吉首，然后又就搭车转船去到王村、去凤凰、去张家界。

走哪算哪。每到一地，便先找地方志看。人多心不静，其实也看不了什么。晚上无聊，有时就在街上闲逛。二十世纪八十年代的乡镇，有一种古色古香的味道，街巷里常常听到艺人们说唱。那声音沿着窄巷曲曲弯弯地传到我们耳里，苍凉悠远，令人怦然心动。我们时常也凑过去听。湖南话难懂，对于我来说，像是听天书。

路上的生活条件是极差的，但是大家似乎都不觉得有什么不好。有一天不知是住在哪里，没有水。洗脸都没办法。我们一行便跑到外面，找到一个高架水槽，四个男作家远远地把水槽两头一堵，我和向前大姐就用那水槽的水洗漱一番。那天晚上水槽附近的山上，有当地的年轻男女隔山练歌。他们一唱一和，遥相呼应。煞是有趣。张新奇在他们吆喝时隐忍不住回应了一嗓，结果引来一群女声呼应。不知谁说当地风俗是你应了歌就要把人娶回去。结果把张新奇吓得够呛，对面再怎么挑逗都不敢回声了。

还有一晚，我们去凤凰附近的黄丝城。印象中是走路过去。黄丝城小小的，却相当完整。我们登上城墙，绕着城走了一整圈，一路走一路谈沈从文。之后就坐在城墙上唱歌。天黑黑的，也没什么人。我们对着远处的山影，大声地唱了一阵子歌，然后才回家。这天的住宿条件行程中最差的。我和向前大姐所住的房间下是猪圈。猪在下面呼噜呼噜地出声。很臭。客栈也没有电。可是我们依然情绪很好。晚上，点着煤油灯又开始谈文学。一直谈到凌晨三点。谈到兴奋处，几个男作家会站起来挥胳膊。其实我一点不记得到底谈了些什么。但在破烂的房间点着油灯的昏黄场景和他们慷慨激昂的神情，却是记忆犹新。当年的文学是何其神圣，而当年的文学青年们又是何其虔诚。

那一路，居住条件最好的是在王村。王村后来因为拍《芙蓉镇》的缘故而名闻天下。但我们去的时候，它不过是一个美丽而默默无闻的小镇。王村的瀑布相当引人注目。男人们在上瀑布洗澡，女人在下瀑布洗澡。全是赤身裸体。男作家们一见即兴奋，立马加入到上瀑布的队伍中。我和向前大姐却没有勇气加入到下瀑布女人的洗澡队伍中。

我们分别住在两个房东家里。那时候，就算是住宿条件最好的王村，也没有一个像样的厕所。我和向前大姐每天都是去野外，一人放哨另一人解决问题。真是又狼狈又好笑。那年的端午我们是在王村过的。王村原本清静的梯街，突然就到处是人。乡村的仪式是让人大开眼界。放鞭划船自不可少，最令我印象深刻的是一根高高的粗竹竿上挑着一张小竹椅，竹椅上坐着一个极小的小孩。小孩子先是满不在乎，后来似乎有些怕了，便放声大哭。他一个人居高临下地哭着，哭了一会儿，居然就在上面睡着了。让我们看得心惊肉跳，

那一趟真是跑了好多地方。长了许多见识。我一直在城市长大，几无下乡经历。一趟走下来，仿佛知道，这世界还有个地方叫“民间”。同时也知道民间有许多我闻所未闻的东西。它们的深刻寓意，也是我在书本上阅读不到的。或许就是那一年，往乡下跑，去乡间采风，吸取营养，成为我生活中相当重要的内容。

武昌曾经有城

武昌以前是有城的。这个概念我竟长久不知。

我在武汉生活了五十几年，青少年时代住在江北的汉口，三十岁后住到了江南武昌。我在山水逶迤的武昌街上来来去去，逐渐对它的地名了如指掌。我坐在公共汽车上看了洪山看蛇山，也寄着自行车穿过古楼洞，路经胭脂路，还到花园山参观过老教堂。但我从来没有想过武昌以前是不是有城。

直到有一天，我的同学夏武全约我一起去昙华林看老街老建筑。夏武全在长江日报当副刊部主任，跟我在武大中文系同一个班甚至同一个小组。毕业后因为所从事的工作都与文学相关，所以我们日常来往颇多。他们要做一个关于城市老建筑保护的专题，请我也说说话。这样的邀约我自然不能不去。便是那一次，我在湖北老前辈石瑛家的后院，看到了武昌城残留下的一点城墙角。同去的历史专家冯天瑜先生说，这真的是老武昌城的城墙砖。我有些惊讶，甚至有点震动。抚摸着那些古朴而苍老的墙砖，心里竟有万千感受奔腾而起。原来武昌有城啊！我当时这么想。

然后就开始留意了。

相当长一段时间里，我为写《到庐山看老别墅》、《汉口的沧桑往事》和《汉口租界》三本书，在图书馆和档案馆翻阅资料以及在武汉的街巷中穿梭考察。甚至开着车，把整个张公堤从头到尾跑了一趟。长时间地泡资料以及实地观看，我对武汉这座城市的理解又深入了一层。我知道自己生活多年的城市，竟有着如此复杂丰富的历史，有着如此惊心动魄的事件。时光将这一切都已掩埋。生活在这时光层表层上的人们，成天东奔西走，忙忙碌碌，竟对它曾经惊心动魄的过往一无所知。这其中包括一九二六年初秋的武昌围城。

我曾经问过很多人，你知道武昌围城的事吗？回答仿佛统一过口径：不知道呀。有一天，我站在大东门，望着蛇山和长春观的屋顶，心想，你们是知道的。你们都亲眼见过那惨烈的场景，你们的身上甚至浸染过血迹。但你们却只是默然。

我动念写《武昌城》是二〇〇六年。在阅读了关于武昌战役的回忆资料后，我开始动笔。这一年是武昌战役结束的第八十年。十月，几乎在当年围城结束的日子，我写完了它的上部，即围城部分，有近八万字。小说发表在《钟山》杂志上。因为篇幅太长，不便转载，读到它的人竟是不多。这是很让我遗憾的一件事。

小说发表不多久，我在东北大学当教授的二哥来武汉开会，会议结束后在我家小住了两天。二哥是文学爱好者，早年当知青时在乡下写过小说和相声，说来当年也是湖北的业余作者。我们经常笑说，当年如果高考他选择的是中文系的话，说不定就是那些厉害的老三届作家中的一员了。但是二哥的愿望却是当科学家，他选择了理工科，成了他所学专业的专家。虽然远离文坛，二哥却仍然热爱阅读。他把高阳所有的历史小说都读过一遍。我家的二月河小说也都挪到了二哥的书架上。而我二嫂则是王安忆最忠实的读者。在我家小住的两天里，二哥读到了《武昌城》。他说，你写得很好呀，我非常喜欢。可是你为什么不把它写成长篇呢？

其实从一开始写这部小说我就是中篇的构想。我恐怕自己对历史的氛围把握不好，对战争的场景描述不真，便没打算写长篇。但二哥的话对我却是富有诱惑力的提示。我想，是啊，其实是可以写成长篇的。我可以按我自己适合的方式来写，按我所理解的历史氛围和我所推测的战争场景来写。小说毕竟不是原始事件的还原，而更重要的恐怕还是写作者对历史事件的想象。于是回过头来，我再次翻阅资料。那些曾经被我放弃的关于武昌战役的林林总总，重新浮出水面。同时，我开始利用互联网，寻找更多有意思的细节以及搜集我所不知的事情。便在这样的搜索中，我看到了一份有关武昌战役部分人员死亡名单。这便是“附录”中的第六部分。这份名单令我发呆。看着那些密密麻麻的名字，我觉得，无论如何，我应该把这场战事记录下来。让更多的人知道，在我们经常路过的大东门，在我们耳熟能详的小东门，曾经有如此多的人在此长眠。他们用自己全部的鲜血浇灌了这片土地。让我们从此路过这里，心里会想起他们，想起他们为什么而死。我们今天和平安宁的生活，正是建立在他们的生命之上。

于是，二〇一〇年，我重新开始动笔写《武昌城》。我准备以两个独立的中篇来展示这场战事。守城和攻城，各有自己的角度，各有自己对事情的看法，也各有自己的痛苦和悲伤。战争将人性中的大善大恶都张扬了出来。我相信，无论革命军还是北洋军，投身行伍，有人是为了解决饥饿，有人是为了反抗压迫，有人是因为天性尚武，也有人就是无可奈何。但亦有人，为的就是理想。这理想便是希望中国有个美好的未来，希望能投入自己的一己之力让的国家和平安宁。他们的理想是相同的，只是选择不同结果也全然不同罢了。

这些人，我们都应该记住。

为了让人们能更透彻地了解武昌战役，我作了一个附录，以补充小说所发生的历史背景。毕竟，那个时代离我们太远了。

春天，我完成中篇《刀锋上的蚂蚁》之后，便开始全力写这部作品。而这期间，不断地插进一些事来，打断我的写作。所以时断时

2005年在乡下采访

2009年秋在法兰克福

续，一直写到今年春节前夕才完稿。感谢编辑杨柳的耐心等待。我的第一部长篇《乌泥湖年谱》亦是杨柳的责编，那部小说她等了十几年。她的认真和专业，我深有体会。我们自一九八三年在兰州认识后，弹指间，已经过去了快三十年，真的是老朋友了。从那时候开始，她就找我约写长篇，一直约到现在。我们俩人所做的事似乎一成不变，她依然当她的编辑，我依然写我的小说。当年我们青春勃发，现在却已然几近老年。有时候我会觉得，只有在和平岁月，才有可能一生都在同一个地方做同样一件事，从不改变。这样想过，真的会由衷感谢那些曾经为了我们今天的和平安宁而付出生命的人们。

把《武昌城》的稿子交给杨柳，我对她说，如果你喜欢，我就很高兴了。

我们终于开始走动

彼此隔绝的时间实在太久了。现在我们终于开始走动。

尽管当今传媒发达,两岸百姓对海峡另一岸的生活并非一无所知。但是,所看到的一切,却也大都浮在表面。那是他人眼之所见,是他人心之所觉。而作为作家,亲临现场,亲闻亲见,亲身体会,却是一个必须。只有这样,才能明白根底和究竟,才能知晓现实和状态,也才能理解心意和情感。所以,我以为,文化交流的前提便是相互走动,对坐闲聊。像串门一样,像走亲戚一样,不带戒备,不带负担,不带偏激,不带敌意,当然也不带阿谀和谄媚,只需带着一颗寻常之心和一份友善之情,接近对方,关注彼此,就挺好。走得深了,聊得透了,自可抵达相看两不厌的境界。

正是这样,在湖北深邃的秋天,台湾作家过海而来。走三峡,进神农,登武当,临襄阳,感受内陆深处的山川水色。在台湾清新的春天,湖北作家渡海而去。下日月潭,上阿里山,看垦丁海,观太鲁阁,体会海岛一隅的风土人情。虽然时间短暂,彼此也都只能是走马观花,却也算有了一个愉悦的开始。

行走是看风景,闲谈却是交心。走走谈谈,说说笑笑,信口开河,雅俗皆宜,对于交流,这最是自在自如。看景观情固然要紧,但撤去设防的聊天却是旅途中的精髓。所幸,大家的语言是相通的,文字是共识的,不必有翻译介入,一开口,便能懂得对方的话意。随意地引用典故,由衷地念首诗词,也都是每个人轻易间即可会意的。就连唱歌，彼此也很容易地哼到一处。此时间，方会顿悟，原来我的屈原也是你的屈原，你的郑成功也是我的郑成功。李白杜甫是我们共同的李白杜甫，吴承恩曹雪芹也是我们共同的吴承恩曹雪芹。我们竟是有如此繁多的相同，我们的文化非但同根，就连枝蔓也都完全一样。我们共同拥有的历史实在是太过漫长，突然觉得这半个多世纪的不相往来与中国有史的几千年相比，委实很短，短得只如转眼一瞬。一群素不相识的人，只需几天的熟悉，便不觉得曾经有过隔绝。

只道是大家相距很近很近，近得消失了间隙。直到一次又一次，坐到桌前，认真起面孔，讨论文学。你说你的，我说我的。谈及深处，又始知一道海峡，实际上还是隔出了许多的不同。体制的不同，导致思维方式的不同，生活形态的不同，导致文学呈现的不同。于是询问，于是疑惑，于是碰撞，于是探讨。各抒己见，各持己说。

这样的对谈真是太好了。不同又有什么关系？有不同才有各自的色彩，各自的光芒，才有个性，才有丰富。文学正是靠了它的个性和丰富，方才历千年而仍具魅力。文化的交流，并非是要对方认同自己，也不是硬要从对方中找到与自己的相同之处，而是我们彼此了解这些不同的背景，洞悉这些不同的根由，了然于心，从而理解这种不同，尊重这种不同，以及欣赏这种不同。

我想，这就是我们交流的意义。

看　画

什么时候认识向林的，都记不得了。反正就是在一起吃饭吃饭吃饭，然后在吃饭的时候说话说话说话。吃得多了，说得多了，你插话我搭白，哄笑声中，便熟了。时间的介入，或有一天，还不清楚怎么回事，就成了朋友。中国的人情世故，一向就是这么有趣。

向林是个幽默的人。只是他的幽默感，是那种不轻易让人觉察得到的幽默。因他说话节奏不快，好像有一句是一句，容易蒙蔽人。其实多听得几回，便知他言谈中机锋处处，让人大笑不已，也回味不已。画家说话搞笑的人真是比较多。一个李全武，一开口别人就说不成话，有他在，永远没有寂寞。另一个陈绿寿，更是能说，只要他出现，所有人几乎都会从头笑到尾。这两位似乎跟向林都是前后同学。但向林的风格与他们不一样。向林的幽默没有李全武和陈绿寿来得热烈夸张，他是有点冷的那种，甚至听他说完，要怔一下，然后再失笑出声。这些画家最会讲他们美术学院的段子，尤其一些经典故事，我听过好几回。每次听时，都会笑得几乎要从椅子上跌下来。那差不多是可以写一部长篇小说的素材——这是说笑。

因为喜欢看画，所以对画家尤其崇拜。每每去唐小禾老师的画室，看着墙上正画着的巨幅油画，看着铺得满桌的颜料和诸多我几乎不认识的工具，看着巨大的用于爬高爬低的工作架，心里都会涌出许多感动。然后再看着墙上的画作一天天趋于完美，看着大家站在画前认真地比画和议论，及至再看到一幅艺术作品的最后完成，真觉得画家很是伟大。

向林的画室我没有去过，想必大同小异。甚至在很长时间里，我并不知道向林画过什么。有一天，在省美术馆看画展，看着看着，就看到了向林的那幅《1969 年 11 月 12 日 · 开封》。端挂在墙上的这幅画会让懂得历史的人心里"咚"的一下，呼吸立即就沉重起来。因为这段往事太过沉重。阴沉而压抑的画面上，躺着瘦骨嶙峋的那个人。那个曾经顶天立地的人物，那个曾经是共和国主席的人物，却在如此一个简陋而清冷的房间里，辞别人世。十一月十二日，这个日子似乎寻常，但却也是孙中山的来此世界的日子，只是那时间是在一百零三年前。对于历史，开封这凄然一幕，真是极短的一瞬，但它却唤醒了我们漫长的记忆。这个节点或说这个片断，任何时候回想起来，都足以刺痛中国。对了，这幅画给我的感觉，若用两个字形容，就是"刺痛"。

之后，便看到了向林更多的作品。有写实的也有画虚的；有说理的也有抒情的；有冷静地也有热烈的。但最能令我怦然心动的却是两幅"红色机器"。

在向林的画布上，这是两部没有任何背景、陈旧破烂、锈迹斑斑的东方红拖拉机。一个履带厚重，一个车轮单薄。仿佛还在往前开，却是显得跑不动。仿佛让人有些痛，却又终究让人叹。仿佛有热，却还是冷。仿佛说理，却是抒情。仿佛是讲述往事，却更像见证历史。而向林，仿佛什么都没有说，却又什么都说透了。两部机器，如此平静而不动声色。在这不动声色之下，却涌动着向林强大的激情。他把自己的感想和情绪都倾泻在上，甚至连他的判断和价值观，也都明白交给了观众，似乎是在说，这就是我看到的，其他的，你们自己去想吧。

这是我很喜欢的作品。我喜欢这种不刻意但却多维度的表达。画面平静却有沧桑。而这沧桑之中有人生，有世事，有历史。有时间的流逝，有空间的律动。它扩展了人们思绪的天空。你可以顺着他的思路，走很远，走很久，甚至比画家走得还要深入。艺术从来就不是让人停留在作品之中的。好的艺术是能开拓你并引你前行的。它将你的想象你的情感你的思想引领到辽阔之地，让你看到无垠的天空。相对向林的那些热闹的充满理念和强化观点的《幸福生活》以及《虚幻空间》，这组作品却带着画家的内心，一直钻入到观者的骨髓深处。虚幻的幸福生活只需扫一眼就可以了，但红色机器，却迫你必须驻足凝视，久久地久久地，与它散发的气息融为一体。这是让人动容的作品。

看了这组作品，我才知道，向林的激情和才华也是不易让人察觉的。在他内心深处，他其实相当热烈奔放，也相当深刻敏锐。但在日常生活中，却少见他张扬和释放。得亏这两张作品，将他的才情暴露无遗。

渐渐地，我知道向林画过许多作品，也得过许多奖项。不过，我以为，以向林的阅历、性格和思想深度，他更适宜画“红色机器”这类有力量的作品。那种明确表达意念的、浅显诠释某种哲理的作品，那种过于热闹和艳丽的画面以及它们所传递出来的信息，眉目清晰，直白外露，我也觉得这不太像向林。——我大概是把自己的喜好强加于向林了。由此说来，我以为，向林的强项还是抒情，而非说理。他的骨子里带着古典性，而非现在的荒诞风。——我纯是外行，当作闲扯吧。

唉，艺术这东西，或是真有神灵相助。十几年后，向林又画了《模型》一组。感觉也很棒，整个味道似与《红色机器》异曲同工，但却又明显少了些东西，形虽然依然似，但神却不太似了。那叫做“神”的东西或许正是画家内心处最原始最朴素的情感。时间已然将它改变，人力不可强行挽回。再怎么努力，画面所呈现的都是不同的精神和魂灵。

恍然意识到,色彩和线条都只是完成作品的一部分,它们需要画家内心的激情来调和。同样的作品,画者的情绪不一样了,出来的作品便会不一样。哪怕一模一样的追求和画风,但给人的视觉感受和情感冲击却依然是不一样的。审美从来都不是一个人的事。无论如何,一幅作品的完成,至少要两个人。一个人是作者,一个人是观者。无论文学还是美术。

跟画家们一起玩,显然我是外行。对画不懂。但坐在他们中,听他们闲聊和说笑,也很容易判断他们在同行中的地位。因为像作家凭作品说话一样,画家在同行中地位,也同样凭作品论定。虽然有些人身居高位,有些人画价奇高,但画作却并不被同行看好。在画家堆里,便也显得气短。民间有话说,出水才看两腿泥。画家似乎比作家来得更明确。

而向林却是大家敬重的人。

寻找内心的家园

像我这样的人注定没有家园。我们随着父母工作的变动而迁徙。没有故乡,没有根底。在一个无亲无友的城市居住下来,偏偏又居住在几乎全都是外地人的宿舍里。那种客居的感觉,那种与周边人的生活不相同的感觉,那种语言表达上的差异,以及那种对当地习俗的陌生,似乎永远都存在。我在这里读书生活工作,成家立业生子,多少年过去,却依然生活在诸多说外乡话的人群中间。这是一些甚至比我在这里生活过的年头更短的人。

有一天,我回到我居住过二十多年的宿舍看朋友。我居然在那里迷路。以前我住过的楼房全被拆光,宿舍周边的小路、菜园、河塘以及树林,全都消失。出现在那里的是一幢幢民宅,就连我少年时代最喜欢攀爬的那些棵大树也都不见了。记忆里曾经深刻的一切,完全消失一尽。宿舍里的年轻人都不相识,而老人们却只零星地剩下了几个。岁月时光和城市改造,将我生活过的所有场地都灭掉了,这使得人想要凭吊往事都没有去处。原本由外乡而来,慢慢住熟悉的地方又变得如此陌生,变成有如他乡。看到这些,心里真是有说不出的失落。忍不住与一些朋友说起这种种感受。唏嘘感叹之间,突然发现其实大家差不多也都如此这般。

定心细想,在这样一座巨大的城市里,像我这样的人又该有多少?一个人没有自己可以回去的地方,甚至没有自己可以回顾的地方,就像是没有家园。那种惆怅和沮丧,自然浓厚深重,郁结于心。

有一年,我为了写《到庐山看老别墅》一书,去档案馆查找资料。大约由此,我走进了近代史。之后应出版社之约,我又写了《汉口的沧桑往事》和《汉口租界》。我在图书和档案中翻查,也在城市的大街小巷穿行。我开始阅读这座城市的过往和它的旧事。诧异、惊奇、震撼、感动,各种情绪时时在这样的阅读中交替。读着读着,恍然就把自己读成了其中一员。在我对这座城市有了认知和理解之后,所有的漂泊感便在这样的阅读中,渐行渐远,愈来愈淡。我情不自禁地去写这城市过去和现在的一切。而我笔下的人物,也在这座城市里越来越多,越来越活跃。他们告诉我这城市的生活,将我视为他们的亲人。然后,由他们引领着我在这座城市四处观察和行走。向纵深处走,也向开阔处走。我随时随地都能遇到我书中的人物。这些人物的命运已然同我的命运交织在了一起。就这样走着走着,突然在某天,我觉得自己仿佛已然被植入进了这座城市。我的家园从此就是它了。不仅是居住的,也是心灵的。这就是武汉。

关于一九二六年的武昌战役,便是在那样的一段时间里读到的。那些久远的记录,有回忆有日记,也有口述。武昌城曾经经历的战争场景以及沉痛的往事,对我有着极大的冲击。因我就住在武昌。我们居住在此的无数人居然都不知自己脚下的过去。而当年城外发生激战的地点和城内饿死人的地点,都是我们司空见惯并且熟悉无比的地方。热闹繁华之下,埋葬着如此的悲壮和惨烈,使得我情不自禁想要把它写出来。写成一本书,让人们知道我们的所居之地真实的往事。这本书就是能让我今天站在这里的《武昌城》。谢谢大家对它的肯定和喜爱。

我想说的还有,其实是文学在带领着我寻找和发现。寻找到家园，也发现我自己。它让我的人生变得自信和愉悦，也让我充足和踏实。它让我尽可能努力地用自己的作品表达自己。虽然只是一个人的表达，但背后却站着一群人。它让我知道，我的状态便是诸多人的状态，我对这座城市的感受便是诸多人的感受，我看到的城市便是他们看到的城市，我所拥有的情怀便是他们所拥有的情怀。我描述的内容表达的情感便也是他们想要描述的内容他们想要表达的情感。如此想过后，那种没有家园的感觉便不复存在，我的心也平静了许多。

作家对社会要有担当

对于我来说，作协老主席骆文先生不仅仅是我的领导，他还是我的邻居。他家就住在我的屋后。平常我们都叫他骆老。我进出家门，经常能遇到他老人家。有时他手上拿一点菜，有时拿着报纸。他永远挺直着腰板，缓步而行。他的脸上也永远都带着微笑。开口说话，声音洪亮，说到有趣时，会发出朗朗笑声。因骆老的小儿子骆苗是我的大学同学，我们彼此关系也一直不错，所以骆老除了领导的身份，又有些像自家长辈的感觉。因此，对骆老便更有亲近感。

第一次见到骆老，是一九八二年春天的长江诗歌笔会上。那时我大学还没有毕业。跟随着那么多著名诗人们一起看大小三峡，在我是一个全新的体验。笔会到尾声时，举办了一个新老诗人的座谈会。我也作为大学生代表被邀请参加。在著名诗人们发言完后，骆老突然点着我说，我们也请大学生谈谈他们对诗歌的想法。那时候，我年轻，不知天高地厚，又没经历过世事的磨砺，于是很坦率地说，我们觉得很多老诗人已经不会写诗了。可悲的是，他们并不知道他们不会写，却还在那里使劲写。

这话实在是太犯忌，因在场坐着的都是大多是老诗人。他们觉得我狂妄或是不把他们放在眼里，也是自然。但我自己却浑然不觉。作为主办者骆老估计也有些面子挂不住，毕竟来的都是他那个年代的文友。之后，骆老在很多场合都对我进行了严厉批评。

虽然吃了批评，但这并未影响我对骆老的尊重。年轻出道，挨批评在我理解是正常不过的事。除了吓得我很多年开会都不敢发言之外，其他好像也没什么，我自己也没当回事。二十世纪八十年代中期，我在电视台工作，那时住集体宿舍，写作自是不太方便。有一段时间，我手上有篇小说非常想完成，便写信给骆老，问他是否能帮我请一个月的假。结果骆老竟然很快帮我解决问题，让我得以有了一个月的创作假，并且作协还安排我住在当时作协的招待所里写作。那是我写作生涯中非常重要的一个月。我后面好几部作品都是在那时构思而成。

在创作上，骆老一直给我很大的支持和帮助。一九八九年我调到作协，跟骆老的接触更加多了。那时我是专业作家，对社会上很多事情都漠不关心，只是自己在家写作，极少参加集体活动。当时的骆老是作家企业家协会的会长，他动员我出来参加作家和企业家的文化活动。坦率地讲，这些活动，的确让我的人生打开了另外的一面。活动期间，跟骆老有过很多交谈。他一直跟我表示，作家应该更多地介入社会，对社会要有担当意识，而不能只是关起门来写作。那几年，我随骆老一起参加了好多次与企业家们的对话。那些企业家，多是国有大型企业的领导者，他们非常专业地谈及企业改革中现存的种种问题。他们的忧患意识以及对改革的进程的评价和判断，真的影响到了我。最重要的是让我更加开阔地认识了社会、理解了现状以及感悟了人生。

有一年，时任作协党组书记的蒋林同志突然跟我说，如果我们想提议你当作协主席，你怎么看？那时我对公共事务没一点热情，只想自己在家当个作家，做点专业的事。我立马说，千万别找我，我没兴趣。

大概骆老听说了我的态度，有一天我从外面回来，他与作家洪洋一起正站在我家旁边的坡上等我。骆老说，我们要跟你谈谈。

然后便提到了当作协主席事宜。他说，我们对你的要求是：如果没让你当，你不当也很自然。但如果哪天上级提名你当作协主席，在征求你的意见时，请你一定不要拒绝。我们希望你能出来承担一些事情。他甚至要我当面答应他们的这个要求。这个谈话，对我来说还是有点震惊的。但我吃惊之后，还是点头答应了他们。

几年后，果然有一天，上级就出任作协主席一事来征求我的意见。那时我的脑海里浮出骆老的声音和他说话时的神情，他那么认真那么严肃，那样充满着期待。我想当初我曾承诺过骆老，现在我应该有所承担，应该为作协做点事。

骆老是老革命，他对这个社会充满责任感，对作协也充满着责任感，对作家这份职业也倍有神圣意识，似乎有着使命在身的感觉。他八十多岁高龄时，为写长篇小说，还在冬天跑到东北去采访。回来后，跟我们笑谈他在冰天雪地里的采访经历。他充满乐观充满勇气。他始终在把他的想法传达给我们，于默化潜移中，我们已经深受影响。

在骆老去世十年忌日，真是有很多话想要说。我从心里感谢他老人家多年来对我的帮助和鼓励。尤其是他引领参加社会活动以及要求我对社会有担当的教诲，都直接影响着我现在的世界观。至今我仍然记得他经常说到的话，作家应该对社会要有所担当。

是我永远怀念的人

前几天，收到百花文艺出版社寄来的徐迟的自传《我的文学生涯》，最初这本书是以小说《江南小镇》为名发表的。但全书的内容都是徐迟自己的经历，我以为现在这个书名虽然朴素，但来得更加贴切。书出得很大气，很漂亮，欣喜之余，也有些伤感。睹物思人，时间过得好快，徐老离开我们已经整整十年。翻书时想起徐老经常跟我聊起的文学，如果这时候徐老向我询问文学，我又该作何回答呢？说文学正以它自己独有的方式繁荣，还是说文学是以更快的方式在堕落？这十年的沧桑，真不是几句话可以说尽。

认识徐老是一九八二年的春天。那时我还只是武大中文系四年级的学生。刚刚写过一篇小说和几首诗歌。当年的我，很年轻，说话也很冲。因为参加一个诗歌的笔会，我是这会上唯一的大学生，于是被点名发言。大概我因参加这个笔会间，对许多我曾经仰慕的诗人产生失望，所以发言时便将自己的失望说了出来。我发言的大意是，在大学生眼里，很多诗人已经不会写诗了，这很可悲，但是更可悲的是，他们还不知道自己的诗不受欢迎，还拼命去写。这话现在想来，实在是很伤人，但当时的我却浑然不觉。

我发言时，徐老并不在场，第二天，他派一个编辑找我，说想跟我谈谈。我有点紧张，这是必然。因为徐迟一篇《哥德巴赫猜想》在全国轰动，我在考大学时，读着这篇报告文学来激励自己。我甚至从来没有想过，自己会跟徐迟面对面地说话。所以，当我站在徐迟面前，虽然装得满不在乎，但实际上心里却在发抖。徐老让我把头天会上的发言复述了一遍。然后说，很好。你讲得很好。整个谈话不足五分钟，但从徐老嘴里说出的"很好"这两个字，却让我记忆一生。我对徐老的敬重和信任，大概就是由从这次谈话起。

一九八五年作协开省代会，因为历史原因，派别斗争得厉害。伴随而来的为主席团位置的争夺也很厉害。那时的我，在电视台工作，远离作协，与文坛的纷争斗毫无关系，同时又因写了一些小说，在文坛上多少有一点影响。在两派互不相让之中，像我这样的人很容易获得选票。于是我不小心被推选为作协副主席候选人。许多人为我高兴，但我自己并不爽。我觉得我的文学成就还不至于当副主席，而这个候选人有点"渔翁得利"的味道，它也让我的自尊心有些吃不消。所以，我决定拒绝它。我希望能有一个比较自然的方式来表达我的想法。于是在开会前，我找到徐老，告诉他我的心情。徐老立即赞同我的意见，并且在选举之前，亲自代我在会上说明我的意思。当徐老用他委婉的语气和有分寸的措辞在会上替我作说明时，我真是庆幸自己我找到了一个能够理解我的导师。

从那以后，与徐老的接触就比较多了起来。现在想来，年轻时的我，心高气傲，非常独立。相信凭着自己的个人奋斗，凭着自己的能力，能在文学创作上走出自己的路来。不希望有名人提携自己，也不想跟在名人身后转悠，更不会拿自己的作品请他们指教之类，生怕旁人误认为自己是某某的门生之类。所以，对省里这些德高望重的作家们，更多的是敬而远之。时至今日，回想这种偏执和清高，自己都觉得有点过分，它使我丧失无数聆听高人见解的机会。

但是徐老却从来不介意我的不主动，他倒是经常约我去他家里聊一聊,有时还辗转托人带话,说他和洪洋老师想跟我谈谈文学创作。洪洋老师住在徐老的楼下,每次去,我们都会在徐老家里一通长谈。谈文学,谈彼此最近的创作,也还文学现象,从来也不扯鸡零狗碎的话。有一次,徐老还和洪洋同志一起兴致勃勃地跑来我家。也没什么特别的事,就是谈新近的文学话题。虽然说,那时我们对文坛许多事也感失望,但那种失望是满怀着希望的失望。写到这里,真是对当年关于文学的所有谈话,充满怀想。现在,又有谁还会记得谈文学呢?

我们生活在世俗之中,常常难免变俗。但每每与徐老聊天,我都会校正自己,不让自己成为一个俗人。虽然很多人已将低俗变成一种潇洒,但我还是愿意像徐老一样,追求一种雅一点的活法。

我读过徐老几乎全部的作品,知他一直都是一个浪漫主义者。从一开始写作就是。我觉得他一方面在性情上有一种天然的纯净和浪漫,另一方面在思想上又有一种特别的敏锐和清醒。尤其在回顾自己一生走过的路时,他的清醒常常让我震惊。那种过来人将一切看透的苍凉潜伏在他每一句的话意背后。徐老常说,要写长篇,一定要写长篇。要不停地写。但不要写那些应景的文章。要写真正的文学。真正的文学是有自己独立精神的。有时候还会加上一句,不要学我,写杂了,把时间都浪费了。——这样的反思,没有几个人能够做到。

还有一年,我为徐老拍一个专题片时,请徐老写一句他自己的人生格言。结果他在我同事的笔记本上写下了"悬崖勒马"。这四个字当我吃了一惊,再三话询问徐老,此话的含意为何。徐老一直笑而不答。我们几个同事议了半天,也参不透其中含意。对我来说,这一直是个谜。

以徐老的成就和影响,他满可像很多人一样,心态安然地吃功劳一辈子,但他却没有。他内心始终有一种痛苦。他尖锐地剖析自己也深刻地反思文学。他深知他这一代人无意中或者无奈中丧失和忽略的东西，就是独立的文学精神。因此，他时时地提醒我们，希望我们不再走他们曾经走过的弯路。

十年过去了，这些话犹在耳边。

重读《江南小镇》，看着上面那些熟悉的照片，真有一种格外的亲切。这是我最喜欢读的一篇徐老的作品。那样丰富，那样感性，那样平和，又那样真诚。从中我能看到，徐老就是沿着那样一条路走过来，以那样的阅历而成为一代大家。

在徐老去世十周年的日子里，这篇短短的文字，远不足表达我对他的怀念。需要说的是，在我成为作家之后，对我做人和做文都产生过巨大影响的就是徐老。我会永远记他在心里。

情到深处人孤独

——《三个六月》序

我承认我已经好久没有读当代的外国小说了。除了自己忙碌之外,一个重要原因,便是无从选择。书店的书太多,翻译而来的书亦多,有时候买上几本被传媒吹捧得天花乱坠的,却无法卒读。

少读或不读的结果,便使得我阅读经验始终停留在老作品上。尤其美国的小说,满脑子有的还是海明威啊,杰克·伦敦啊,米切尔啊,福克纳啊这样一些人。抱以这样的心态来读朱莉亚·格拉丝的《三个六月》,其结果必然是大吃一惊的。

至少它有一点点颠覆我对美国文学的印象。

小说将十年中的三个六月分为三个部分。贯穿始终的只有一个主人公:芬诺。一个家庭的长子,同性恋者。在这三个六月他都出没其间,占着相当的篇幅。

第一个六月是一九八九年的六月。篇名叫《牧羊犬》。贯穿全部的是父亲保罗的现实和回忆。因为丧妻之痛,保罗厌烦了人们对他的同情,跟着一个旅游团到希腊去。旅行途中,他认识了年轻的女画家弗恩。他一边沉浸在对妻子的漫长回忆里,一边几乎带着暗恋之意去感觉弗恩的点点滴滴。过去进行时和现在进行时交叠着。他将他的家庭从头至尾地回忆了一遍。从他的妻子、他的同性恋长子芬诺到他的双胞胎儿子戴维和丹尼尔。回忆看似平淡,却充满着无边的忧伤:他热爱他的妻子,他的妻子却更爱狗,他期待他的长子,他的长子却是同性恋。

第二个六月是一九九五年的六月。篇名叫《端方正直》。像第一个六月一样,依然是由死亡拉开序幕:居住在希腊小岛上的保罗死了,远在纽约的长子芬诺回家奔丧。像他的父亲一样,芬诺在这一部分中也是在流水一样的现实生活中,满怀着深情和忧伤,回忆自己的家和自己的状态。在这个过程,有三件事让人印象深刻,一是芬诺曾经爱过的女孩嫁给了他的双胞胎弟弟之一,但他们却不能生育。另一个弟弟虽然有孩子,却只是三个女孩。为了延续家族血脉,他们动员芬诺提供精子,以便让他的弟媳怀孕。另一件事便是小孙女不愿意祖父的骨灰抛进大海,将骨灰盒藏了起来,造成骨灰失踪事件。还有一件事便是芬诺的同性恋人马尔的生病和死亡。在生活中,这都该是大事,是该让人一口气看到始末的。但在小说里,却被作者用芬诺散漫的回忆和他奔波于家乡和纽约两地的杂乱的生活,分割成碎片。这些碎片流动于无数的生活场景中,时隐时显地露出端倪,很原生态的感觉。这一部分是小说的主体。芬诺对两个弟弟以及其家人们的感受,他对自己同性伙伴的感受(包括同性恋人的死亡和背叛),占据这个六月最主要的内容,它几乎就是芬诺的心路历程。

第三个六月是一九九九年的六月。篇名叫《男孩子们》。这里所有的一切都是在女画家弗恩的眼光中展开的。弗恩曾是第一部分中芬诺的父亲保罗欣赏和暗恋过的那个年轻女画家。十年过去了,弗恩经历了欺骗、死亡和背弃:她爱的男人托尼是同性恋(他曾经是芬诺的同性伙伴);而她不爱却与之结了婚的男人乔纳因了弗恩的态度,跳楼自杀;她怀上一个叫斯塔夫罗斯的男人的孩子,而斯塔夫罗斯却已然不知去向。按说这时的弗恩应该是满心悲愤的,是痛苦绝望的,是忧伤凄凉的。但是她却没有。或者是,作者没有让她如此这般。经历过这些曲折的弗恩在作者平静的叙述中，依然从容地过着自己的生活。直到她认识了芬诺（一个芬诺将整部小说的人物都纠结到了一起）。弗恩从芬诺的眼睛里找到了安全的感觉。最重要的是，他们彼此从对方那里找到属于自己的愉悦。

这是一部极感性的、几乎没有故事、只有生活片断的小说。它里面充斥着大量的个人感觉和生活细节。这些感觉跟着细节产生，而这些细节又随着感觉浮出。遍地都是，似乎杂乱，却又似有章。在这些细节和感受中，始终回响着两个声音：感伤着的是回忆，平静着的是现实。感伤的回忆中，充满着人世的温暖；平静的现实中，又显得很心地茫然。对往事有着幸福的回想，亦有着感伤的懊悔，而在眼前的新生活中，又仍然像过往一样正在进行着许多的摩擦和矛盾，它们又将成为未来回忆的懊悔。生活就是这样。

小说中的人物不是挣扎在底层的穷苦之人，亦不是挥金如土的富豪一类。他们是我们生活中最常见的一群人：衣食不愁但却平凡随意。他们没有创业的理想，没有当成功人士的欲望，没有犯罪分子倾向，亦没有堕落至不堪。他们只是我们身边无处不在的凡俗人群。喜欢按自己的生活方式生活，一种正常不过的凡人的生活。这些人，没有一个人是作者眼里的完人，亦没有一个人是作者眼里的坏人。但他们却是生活在真真实实中的人。他们所散发出来的气息，也是我们熟悉并且真切可感的气息。你从他们中间仿佛信手拈出一个，就能在你身边寻找得到相同的另一个。大约正是这样的一些日常生活，这样的一些庸常情感，让我们从作品中能觉出一份凡俗生活的亲切和普通人物的真实。

芬诺是小说中最重要的一个人物。是他把那些出没在小说各个角落里的人有意无意地扭在了一起。除此之外，能将那些松散地生活在各地的人和他们零零碎碎的生活联系在一起的，便是进行的生活和对过去的追忆。现实和追忆就像两根麻索,串起那些松散的片断。令他们绞在了一起,共同进退,难拆难解。以我看,这也算是构成《三个六月》的一个特点吧:它好像是有结构——将小说以十年间"三个六月"的方式,变成三个独立而又相关的部分。它们既非浑然一体的,亦不是各成体系。它们之间只是万缕千丝地连接,有如姊妹。而同时,它又给人完全没有结构感的印象。它即时而随意,混乱而散漫。回忆和现实交叉进行,收放自由。那种时空的过度和交换,几无章法。

但这小说的意味深长之处可能也正在这里。作者娓娓道来,浓情淡意。恰似一个人既怀着痛楚和伤感又带着宽容和温暖,对你倾诉自己的心情。人物怎么走,故事怎么变,似乎全看倾诉者即时的情绪。你可从人物波动而多变的心态,看到作家自己波动而多变的心情。如此这般,你也只能随着作者忽而沉入往事,忽而回到今天。

据作者自己说,这是一部关于我们在心碎、羞愧和遗憾,以及在失去机会的边缘,如何生存和生活的书。

她说得不错。但作为中国人来读这样一部小说,多少还是会有"隔"感。毕竟文化不同,生存的空间环境不同,成长的背景亦不同。像这样一部没有什么情节而故事偏又零碎的小说,一部人物线索散漫而难以追寻的小说,一部近乎抒情散文而喜欢来点小哲理的小说,仅仅依靠那些很真实的现实场景和很感性的生活细节,要想让一个中国人在阅读中沉浸下去恐怕还是有点难度。大多的细节离我们多少有些陌生,人物生活的场所也令我们多少有些陌生。篇幅短一点还好说,偏这小说还这么长。

好在她的语言很有东方人的细腻和隽永,许多的感觉也都被描绘得美丽而有诗意。在叙述的过程中,且还另有一种情到深处人孤独的意境。这样的情调和趣味,相信女读者会比男读者更容易心动。

不过作为写作者,我倒是很喜欢这小说的另外一点,那就是我们生活中许多杂乱而细微的感受,常常在我们写作过程中,为追求作品精粹和凝练,被我们精减和剔除掉。我们选择的细节过多地考虑为主题服务,为主要的人物服务。而这部小说却不。它不管主题不在乎人物,只是听命于生活。它相对完整的留下它们,拾起它们,甚至唯恐不够。这便使小说包含着大量最原始的生活感觉,你在读它时,能强烈地觉出这种生活的流动和意蕴是多么丰富。

世俗的生活是很养人的

在报纸激烈竞争和传媒高度发达的今天,办一份报纸并不算太难,可是想要把一份报纸办好却是不易。这个好是指它除了内容有看头,上下左右的人都喜欢而外,还得有人掏钱来买,也就是说它得在市场上有人气。要想赚得这份人气也够麻烦,一来它不能太过媚俗,因为太俗便遭来雅人的叫骂;二来它也不能太过媚雅,因为雅狠了必定受众面少,发行量就上不去。发行量是报纸的硬指标。它的数字越大,扑面而来的广告就越多。广告一多,报纸就能存活下来。活下来的报纸方能多少按办报人自己的意志来做点事情。一份报纸做俗还是做雅,有时颇难决策。雅俗之分往往也就在分寸之间,这个度多少有点难得掌握。办一份报纸,其过程中的酸甜苦辣我想只有办报人自己才能有最深切的体会。

诸多的小报大约也一直是在这样做雅还是做俗这样的夹缝中挣扎。虽然这份报纸的定位是面向市民,是打算做俗的,但做报纸的人却并非市民。所以读报时看得出,他们既想要按自己的审美趣朝雅处走,又想要按市民的阅读兴趣往俗里去。于是我们看到栏目的设置是亦雅亦俗。这些栏目下的东西,许多都是标题俗,文章却不俗;版式俗,内容却不俗。应该说,这是一种好思路。做过传媒的人都知道,无论报纸还是杂志,想要做到雅俗共赏,并不简单。以前我做杂志时,试图追求雅俗共赏,于是将杂志在形式上靠俗,在内容上则靠雅,但是我们可能在趣味上过雅了一点，以致发行结果并不十分理想。

小报能从中看到世俗生活的林林总总，以及对民生的关注。其实我从来都不反对俗。因为在生活中大家都是俗人。吃喝拉撒、养颜生病、炒股存钱、买房装修、听歌看戏其实都是俗事。俗的东西自有它俗的趣味。世俗的生活是很养人的，它让人活得不修边幅、自娱自乐，有滋有味。而关注民生则是很养报的，它让一份报纸永远带着人民的情感，心息与百姓相通，行动为百姓服务。报纸拥有它特别的力量，关键便是在此。但是俗是有度的。大俗可以大雅，而通俗和低俗之间也是泾渭分明。

其实新闻或话题，人物或者事件，总归不离两大类型：有聊或者无聊。因为世间生活也好，人生历程也好，原本就是由这样两大内容组成的。在我们实际的生活中，无聊的内容甚至更多于有聊的内容。因而我们的阅读中，也不可能只读有聊的东西，正如我们平常说话，也不可能都是有聊的话题。无聊也常常给人别一种享受。打个比方，有聊的东西如果是水果，充满营养，无聊的或许就是瓜子之类闲食，让你消磨时光。我经常会觉得，一份报纸要办得有人气，一定得有无聊的内容。问题在于，会办报纸的，常常能将那些无聊的内容做得好玩而有味道。就像那些最会写文章的人，并非是能把有聊的东西写得丝丝入扣的人，而是能把无聊的东西写得雅趣横生的人。其实这些都是最考验编辑和记者水平、笔力的东西。

纵是万箭穿心，也得扛住

有一天，我去深圳，朋友老Z开车带着我在深圳转悠。走到一处，看到一幢房子。老Z说，都说这个房子风水不好，所有的道路都冲着它，风水师说这叫万箭穿心。在这里做生意的，没一个做成了。我当即脱口便说，这真是个好小说的题目。

又一天，一个朋友给我讲了一件事。说是一个女人，她丈夫下岗后跳楼自杀了。她全靠自己吃苦耐劳做苦力来赡养公婆和儿子三人。因为长期忙碌，她完全忽略了公公婆婆对儿子的影响。结果儿子接受了公公婆婆关于"如果不是你妈，你爸就不会死"观念，心里对自己的母亲有一股怨恨。长大成人后，对母亲亦是十分冷淡。那女人觉得活着完全没了意思。她觉得再苦再累都能扛得住，但却扛不住儿子仇恨目光。

还有一天，在报上看到介绍汉正街的女扁担们是怎样夹在男人中用一根扁担艰难地讨生活的报导。

一天又一天，这样和那样的一些事，都有意无意地传达到我这里。慢慢地，它们在我的心里连接着一片生活。在这片生活中，一个叫李宝莉的女人出现了，她渐渐清晰，渐渐突出，渐渐地醒目。

这个李宝莉，是不讲究的生活品位的，是谈不上文化教养的，是粗粗拉拉的，是高声武声的，是脾气火暴的，是在丈夫面前颐指气使的，是有小小心计的，是平凡而庸常的。但同时，她也是热心快肠的，是刀子嘴豆腐心的，是刚烈坚强的，是忍辱负重的，是孝敬和爱戴家人的，是能把眼泪往肚子吞的，是乐观面对生活的，是敢于担当的，是有大爱和大善的。

其实这正是我心目中武汉女人的形象。走到街上，我能见到她们，坐上公汽，我能遇到她们，进到菜场，我能与她们打交道。在武汉，她们的影子随时都在身边晃动，她们的声音也几乎无处不在。我看她们已经看得烂熟，对她们的说话方式、行为做派也早已了然于心。我一直想把她们最真实的一面写出来。我一直在努力尝试。

像武汉这样一个老工业城市和一个老商业都市，有着无数下岗的女工，也有着无数做小生意的女人。她们像男人一样，在这样一个竞争激烈、节奏快捷而又市场纷乱的时代艰难的讨一份生活。相信她们中的许多人都遭遇过人生的大劳累和大苦痛，但你看到她们的时候，她们却很少像小女子一样哭哭啼啼，或是时时露一副苦瓜脸，更或是见人便痛诉自己的遭遇。她们常常用咋咋呼呼的大笑把自己内心的痛楚掩盖起来。顶多说一句，么办呢？天塌下来还不得自己扛？总不能天天哭萨。

有了李宝莉，我的心也变得温暖了起来。顺着李宝莉眼光和手势，我又看到其他人物。唉，人生就是这样。面对生活，大家各有各的活法，各有各的思路。当然也就各有各的辛酸，各有各的快乐，各有各的苦痛，各有各的幸福。各有各的温暖，各有各的残酷。

只是，人生有多少快乐、幸福和温暖，就会有多少辛苦、苦痛和残酷。我想，我要表达的大概不外乎这些。